谨以本书致敬中国共产党成立100周年

国家何以兴衰

历史与世界视野中的中国道路

周文◎著

THE RISE AND FALL OF A NATION

China's Road from the Historical and Global Perspectives

中国人民大学出版社

·北京·

自序　国穷国富的秘密在于国家治理能力

究竟是什么原因，使得中国和西方世界在 15 世纪以后的经济发展历程上走出两条截然不同的道路？中西方历史大分流的成因一直是困扰国内外学术界的一个重大难题。

长期以来，学术界受到“西方中心论”影响，固化于西方理论共识。一种观点认为，相较于欧洲，近代中国处于政府的高压管制之下，劳动分工受到人为束缚，国家可以肆意剥夺人民的私有财产，阻断了市场的自然发展，把资本主义萌芽扼杀在摇篮里。

近 200 年来，中西方学界大都接受这种观点，但是中国崛起的现实却给这种解释带来了挑战。不论是 2008 年的国际金融危机，还是近年来西方流行的逆全球化和单边主义思潮，都显示出市场原教旨主义的局限，暴露出新自由主义经济理论的问题。

因此，重新审视“西方中心论”，更为严谨地分析国家在这一历史时期的作用，或许可以找到解开历史大分流谜团的真正钥匙。

西方何以走出中世纪迷雾

事实上，相比西方，中国同样有着市场经济的理论和实践。宋元时期江南经济出现全盛，明清时期市场经济走向成熟。从 16 世纪开始，中国进入了一个农业发展和贸易复兴的时期。私人商业自由发展，土地、劳动力以及商品皆存在竞争，而市场经济也走向成熟。政府则总体上严守着儒家的最低税收、轻徭薄赋及藏富于民原则。只是到了近代，现代意义上的中国经济增长却遥遥无期。清政府既不能兑现给民众的福祉，也无力抵御外来侵略，更没有引导变革的能力。虽然这样的传统确实曾经创造了历史上的辉煌，但是最终没有将中国带入现代文明。

当今西方的自由主义经济主张与历史上西方的政策实践相去甚远。政府在欧美国家经济崛起的过程中扮演了相当重要的角色。在英国，由托马斯·孟倡导的重商主义一直到 19 世纪仍有余威，而自由主义经济理论的提出在很大程度上是为了反对当时广泛存在的重商主义实践。在法国，托克维尔非常明确地提出，在 18 世纪，政府权力已经十分集中，极其强大，惊人地活跃，它不停地支持、阻止或批准某项事业。由汉密尔顿建立起来的美国学派，也认为政府应当通过制定工业化战略等方法来促进国民经济自给自足，以摆脱英国对于美国经济的支配。可以说，是政府的积极管控而非自由市场成就了西方国家的经济崛起。

今天我们可以更清楚地看到，欧洲之所以能走出中世纪的迷雾，正是源于在激烈的国家竞争中探索建立起政府主导下的财政军事国家模式，通过国家构建和殖民扩张，把整个世界席卷入现代经济体系之中。

不可否认，市场经济的特征是自发性交换经济，但市场经济的形成有赖于一套特定的政治与法律制度，特别是现代市场经济更有赖于现代国家的建立。国家治理能力与市场经济发展呈正相关。纵观历史，国家的发展也有一个“托尔斯泰定律”，这就是：成功的国家都是相似的，失败的国家各有各的失败。由此，我们可以得出结论：大凡成功的国家，政府都能够更好地发挥作用。

近代中国落后在于“弱政府”

关于近代中国为什么会落后，影响比较大的一种解释是，中国出现了资本主义萌芽，却没有形成良好的市场经济制度，长期的“闭关锁国”将中国从前进的列车上甩掉。

事实上，将经济发展的动力完全归因于市场和市场经济体制，这是毫无根据的臆断。透过历史，我们可以清楚地看到，曾经繁荣的中国经济之所以走向衰落，并非由于没有推行市场经济，而恰恰是因为有市场化而无强大政府。1840 年以前，中国市场缺乏管制，鸦片泛滥，而禁烟影响了英国的利益，才导致鸦片战争的爆发。五口通商以及更多的口岸开放并没有让中国经济迎来腾飞，相反却使中国经济逐渐沦为半殖民地半封建经济。

有国家治理能力超越才有经济超越

市场是经济交换的场所，其本身并没什么神秘之处。市场规模的扩大，可以推动分工的深化，从而提高劳动生产率。但我们也不要忘记市场给经济带来的问题：过度竞争与经济无序。而近代中国经济恰恰就是一种经济无序又缺乏治理的市场经济，或者说是走向市场经济的另一个极端，从而制约甚至抑制了技术创新与技术革命的动力。

中国在 19 世纪和 20 世纪上半叶的全球经济竞赛中表现得如此糟糕，现在又如此突出，较为令人信服的解释是国家治理体系的完善和国家治理能力的提升。众多学者在总结中国改革开放 40 多年以来经济发展的成功经验时，认为中国道路的成功建立在一系列特殊而重要的制度基础上，而中国政府在某种程度上寻找到了积极发挥“帮助之手”作用而尽量避免“攫取之手”影响的方法。

自有人类文明史以来，无论是西方世界的兴起，还是东方世界的赶超，经济的发展总是依靠国家为主体推动。事实上，国家治理体系与治理能力的兴衰永远是经济发展变动的主线。

以史为鉴，单纯的市场和全然的政府计划都无法将国家经济发展引入正途。研究如何使市场在资源配置中起决定性作用、更好发挥政府作用并实现市场与政府的有机结合，才应是当代经济学研究的主题。

无政府主义者认为，市场经济令政府变得无关紧要。无政府并非海市蜃楼，当今众多发展中国家仍然迷信于此，但是这些国家基本上都落入发展陷阱。缪尔达尔在《亚洲的戏剧——南亚国家贫困问题研究》中曾指出，国家贫穷大多源于“软政府”。

今天的中国正在走近世界舞台的中央，不但创造了经济发展奇迹，而且创造了社会长期稳定的治理奇迹。而当前西方面临的危机不仅仅是发展的危机，更是治理体系和治理能力的危机。无数事实揭示出一个真理：没有国家治理体系和治理能力的超越，就不可能有经济发展的超越。

正是沿着这样的思路，促成了此书的诞生。

周文

2021 年 8 月

目录

第一章

疫情大考彰显中国道路自信

2020年伊始，一场没有硝烟的遭遇战不期而至。突如其来的疫情，成为摆在中国共产党和中国人民面前的一次“大考”。新冠肺炎疫情，是新中国成立以来在我国发生的传播速度最快、感染范围最广、防控难度最大的一次重大突发公共卫生事件。这既是一次危机，也是一次大考。

疫情发生后，国际社会高度关注中国怎么应对、应对效果如何。

实践证明，党中央对疫情形势的判断是准确的，各项工作部署是及时的，采取的举措是有力有效的。防控工作取得的成效，再次彰显了中国共产党领导和中国特色社会主义制度的显著优势。这是制度之优，更是国家治理能力的展示。在疫情面前，中国交出了世所罕见、令人敬佩的满意答卷，向世界全方位展示了中国治理的高效。

“中国速度”何以如此之快？“中国力量”何以源源不断？全世界都在叩问，世界上其他国家和地区的人都无法不思考这些问题。

一、枪炮、病菌与钢铁

关于不同国家发展水平的差距，以往的解释归因于：社会制度、武器装备、科学技术、流行病、语言文字等等。

贾雷德·戴蒙德在《枪炮、病菌与钢铁》中开创性地谈到欧洲殖民者赖以征服新大陆的三大秘密武器，归结为枪炮、病菌与钢铁。他认为不同民族之间相互作用的历史，体现为通过征服、流行病和灭绝种族的大屠杀来形成现代世界①。

对于枪炮，中国人有着深刻的了解，因为中国的近代史就是西方列强用坚船利炮打开的。事实上，枪炮的背后，有钢铁这类工业文明的象征支撑着，所以钢铁也是征服他人的一个利器。

新中国刚刚成立时，我们曾过度迷信钢铁指标。为早日实现中国的现代化，各地各行业保驾护航"钢铁元帅升大帐"。当时工业上钢铁生产指标越提越高。街头巷尾墙头标语都是"以钢为纲，超英赶美""倾家荡产，大炼钢铁""让钢铁元帅升帐"……超英赶美，主要是钢铁产量的赶超。

① 戴蒙德．枪炮、病菌与钢铁．谢延光，译．上海：上海译文出版社，2014：49.

前两个容易被世人理解，而病菌则容易被很多人忽视。戴蒙德深刻剖析了病菌对人类历史的影响："过去战争中的胜利者并不总是那些拥有最优秀的将军和最精良的武器的军队，而常常不过是那些携带有可以传染给敌人的最可怕病菌的军队。"① 戴蒙德讲道，美洲印第安人的大规模死亡，并不是因为欧洲人用枪炮屠杀了他们，而是欧洲人带去的病菌几乎使他们灭绝。欧洲人来到美洲之前，美洲地区居住着 500 万左右的印第安人，但其中有将近 90%的人在 16 世纪的几十年时间里死去。对此，麦克尼尔在《瘟疫与人》里进一步证实了这一点。由此颠覆了历史教科书的说法：不是哥伦布的勇敢、西方的枪炮征服了新大陆，而恰恰是病菌给新大陆带来了毁灭性的打击。

应该说，在所有灾害类型中，瘟疫对文明发展的影响是深刻而长远的，相对气候灾害来说，它可以说是有过之而无不及。

最典型的事例就是发于 14 世纪中后期的黑死病。西方学者认为它已成为"中世纪中期与晚期的分水岭"，"标志着中世纪的结束"。黑死病对中世纪欧洲社会的经济、政治、文化、宗教、科技等方面造成了剧烈冲击，产生了巨大影响。有许多

① 戴蒙德．枪炮、病菌与钢铁．谢延光，译．上海：上海译文出版社，2014：193.

学者把黑死病看作欧洲社会转型和发展的一个契机。经历了黑死病后，欧洲文明走上了另外一条不同的发展道路、一条更加光明的道路，原来看起来异常艰难的社会转型因为黑死病而突然变得顺畅了，因为这一契机不仅推动了科学技术的发展，还促使天主教会的专制地位被打破，对文艺复兴、宗教改革乃至启蒙运动产生重要影响，从而改变了欧洲文明发展的方向。

黑死病让欧洲走出黑暗的中世纪，与欧洲成为 1500 年后的世界霸主有着千丝万缕的联系。它与发生在此后的宗教改革和地理大发现一样，是人类历史上的重大历史事件。甚至可以说，这场黑死病直接催生了当代西方文明。

但是，弗里斯在《国家、经济与大分流》中说："自然的力量是伟大的，而且极富功效，但是制度的功效比起自然伟大得多。决定现代历史产物的是制度，而并非气候、地理等自然力量，更不会是疾病爆发等因素。"①

无论如何，历史反复证明，大灾、大疫、大战，对于任何一个国家都是大考。而恰恰是在这些方面，中国已多次显示了制度的优越性。中华民族在历史上经历过很多磨难，但从来没有被压垮过，而是愈挫愈勇，不断在磨难中成长，从磨难中奋起。

---

① 弗里斯．国家、经济与大分流．郭金兴，译．北京：中信出版集团，2018：中文版序言．

二、中国冲击：疫情让西方看清楚中国力量之所在

这场疫情，让更多的人深刻认识到，中华民族之所以能历经辉煌到衰落、再从衰落走向伟大复兴，五千年文明连绵不绝，靠的就是上下同心、众志成城，靠的就是国家的统一调度、自上而下的动员能力。

疫情发生以来，党中央高度重视，始终把人民群众生命安全和身体健康放在第一位，充分发挥制度优势，举全国之力，团结一心，采取了最全面、最严格、最彻底的防控举措，展示出中国强大的动员能力和综合实力。在这场没有硝烟的战疫斗争中，中国共产党带领中国人民书写出的“中国故事”、发出的“中国声音”令世界动容。

对于这场疫情大考，世界卫生组织总干事站在人类福祸的高度，盛赞中国行动速度之快、规模之大世所罕见，展现出了中国速度、中国规模、中国效率。

疫情发生后，全国驰援湖北、支援武汉，29 个省区市和新疆生产建设兵团、军队等调派 330 多支医疗队、41 600 多名医护人员驰援疫区，19 个省份对口定点支援，10 天内迅速建成火神山、雷神山等集中收治医院和方舱医院。中国向世界展示出了强大的动员能力、组织能力和协调能力，让世界看到了

中国人民的凝聚力。这种凝聚力来自出色的领导力。可以说，没有以习近平同志为核心的党中央的坚强领导，没有各级党组织力量的发挥，这样的奇迹是不可想象的。

在整个疫情防控防治过程中，可以看到，大到一座城市，小到一个村庄、一个小区，中国人的组织能力、执行能力和觉悟都非常值得称道。

在一个拥有广袤的国土、有着 14 亿人口的国家，这样高效的组织应对效率，只有在中国共产党领导下，只有在社会主义的中国才能做到、才能实现。世卫组织总干事在发布会上说道："我一生中从未见过这样的动员。"对一个国家来说，最值得夸耀和最让世界注目的，就是执政党强大高效的执政能力，是执政者的高效迅速反应能力。

西方对中国存在三大忧虑：一是 14 亿人口大国崛起，会带来资源、能源的挑战。二是对社会主义中国崛起的警惕，因为其所带来的不同意识形态、社会制度、发展模式必然会对西方形成挑战。三是国强必霸的西方逻辑。因为资本主义制度从本质上讲是一种掠夺关系，以强凌弱，国际国内都是如此，所以按西方的逻辑，中国崛起后必然会独霸世界。而对西方来说，它希望中国永远是它们可以"薅羊毛"的地方，而不希望中国强大起来。不仅如此，西方还极力对中国进行围堵，对中国实行武器封锁、技术封锁，它最希望的结果是将中国直接给围堵垮了。即使到现在，它这个念头还未打消。

西方的担心总有西方的理由，但是其没有看到：中国人是勤奋的，中国市场是庞大的，中国政府是力量强大的。

外力既无法减缓中国的发展速度，也无法影响中国的发展进程。在18—20世纪的300年时间里，西方凭借种种机缘巧合赢得了人类历史上前所未有的地位，通过殖民掠夺实现了对东方的超越。现在回头看，西方的成功也带来了灾难性的后果，它导致西方国家的民众习惯过安逸的生活，而忽略了对自身文化断层的认识。

几百年间，各种问题不断累积，导致西方时代落幕，而中国不断实现赶超。但是西方并不反思，也一直不承认自身的问题，而是认为只要遏制中国的发展就能保持自己的优势。毛主席曾说："多少一点困难怕什么。封锁吧，封锁十年八年，中国的一切问题都解决了。"[①] 所以，西方对中国的围堵一直在进行，但中国的发展却一直没有停滞，反而是不断在加速——加速发展、加速崛起。我国领土广袤，拥有最多的人口，以及五千年绵延不断的文明。中华民族是一个有着坚忍不拔的毅力、巨大韧性的民族。中国有着极其强大的凝聚力，以及强大无比的国力，而且地大物博，经济总量早在2010年就跃居世界第二。中国还有着世界工厂的地位和完整的产业链。所以，中国是任何力量都不能够围堵成功的。

① 毛泽东．毛泽东选集：第四卷．2版．北京：人民出版社，1991：1496.

对此，几十年来，西方一直在研究，在寻找答案，但是一直没有找到。当西方人看到中国打响的疫情防控人民战争、总体战、阻击战所展现出的统一领导、统一指挥、统一行动的战略布局以及同心同德、同舟共济的集体主义精神时，他们中的有些人开始彻底地醒悟了。

这次疫情让西方清楚地看到中国政府和中国人民的团结：中国政府一声令下，需要居家的就待在家里，而且政府让怎么干就怎么干，政府的调动能力、民众的主动配合简直发挥到了极致。

世界卫生组织和许多国家都发出感叹，这样的动员它们闻所未闻，从没见过……由此，有些西方人彻底明白了为何中国是西方无法撼动的。

原因只有一点，那就是“14 亿人的团结”。即使是几千万人的国家，如果能团结一致，那也是不可撼动的，更何况中国是 14 亿人的团结。

上下同欲者胜，同舟共济者赢。14 亿人对政府的信任、对国家的支持、为国家的牺牲，才是最强大的力量之所在。

为什么中华文明能成为五千年连绵不中断的文明，就是因为中华民族越是遇到极端的苦难，就越是具有凝聚力、向心力、奋进精神。有 14 亿人支持政府，听从调动，万众一心，众志成城，就没有什么艰难困苦不能克服。有了这种团结，什么奇迹都可能创造出来。

士不可以不弘毅，任重而道远。罗素在谈到中华文明为什么历史悠久时说道："到目前为止，我只找到一个答案。那就是，中华民族是全世界最有耐心的民族，别的民族心里想的是几十年，而中国能想几百年。中华民族不可摧，能够继续等下去，也等得起。"①

三、中国何以能：一个被西方有意藏匿的事实

面对这场疫情大考，中国交出的"答卷"让世界惊叹。中国在短时间内完成了一项项看似不可能完成的任务，处处彰显出中国非凡的全民动员能力，展示出中国强大的国家能力。中国有最能凝聚全国力量和最有办法把人力、财力、物力切实有效地集中运用到疫情防控工作上的制度体系和社会环境——在党中央统一指挥、统一协调、统一调度下，全国人民坚定信心、同舟共济、科学防治、精准施策，"全国一盘棋"释放出无穷无尽的战斗力。

高效的国家治理能力

中国政府高效的治理能力令人肃然起敬。国际社会普遍认为，中国采取的坚决有力的防控措施，展现出的强大的"领导

① 罗素．中国问题．田瑞雪，译．北京：中国画报出版社，2019：294.

能力、应对能力、组织动员能力、贯彻执行能力”，生动诠释了什么是“中国力量”。解开中国力量的密码就是国家能力。

所谓国家能力，就是国家将自己的意志变为行动、化为现实的能力。每个国家都有自己的意志，即想办成的事，但是要把意志变为行动、化为现实绝非易事。

霍布斯（Hobbes）看得很透彻。“在没有一个共同权力使大家慑服的时候，人们便处在所谓的战争状态之下。这种战争是每一个人对每个人的战争。”“在这种状况下，产业是无法存在的，因为其成果不稳定。”[①] 他的意思很明白：一个有效国家是经济发展与社会进步的必要条件。孟德斯鸠也表达过同样的意思：国家如果治理得不好，在彼岸世界就难以幸福[②]。

在工业革命（18 世纪下半叶至 19 世纪）前后，欧洲发生了 5 件大事：军事革命（16—17 世纪）、财政—军事国家的出现（17—18 世纪）、大规模殖民主义（16—19 世纪）、大规模奴隶贸易（16—19 世纪）、税收增长（17—20 世纪）。这 5 件大事都反映出国家能力的变化，而国家能力的增强更可能与工业革命的出现息息相关。

在欧洲出现近现代国家（具有一定的强制能力与汲取能力的国家）之前，世界各个地区的状况差不太多：经济几乎长期

① 霍布斯．利维坦．黎思复，等译．北京：商务印书馆，1985：95.

② 孟德斯鸠．法的精神：上册．许明龙，译．北京：商务印书馆，2012：152.

停滞，没有什么增长。欧洲近现代国家开始出现以后，情况发生了变化，经济增长开始提速。起初的增长提速并不明显。不过，在西欧国家的基础性能力得到提高后，其经济增速就逐渐加快了；二战以后是欧洲资本主义发展的黄金时期。而中国在整个 19 世纪与 20 世纪上半叶，人均 GDP 增速很慢，甚至是负数。

流行的观点认为，亚当・斯密只强调市场这只“看不见的手”，而强烈反对国家干预。其实，这是对他极大的误读。如果认真仔细阅读斯密的著作就会发现，他最关注的是秩序、好政府与个人自由安全。在他看来，罗马帝国崩溃后，欧洲之所以经济停滞，是因为暴力盛行。野蛮民族对原住民的掠夺和迫害中断了城乡间的贸易。罗马帝国时期很富裕的欧洲，一变而为极贫乏、极野蛮的地区。即使最坚定的斯密学派也不得不承认，英国和其他欧洲国家在 19 世纪的经济发展同万能的自由经济毫无关系。

换句话说，有效国家才是斯密政治经济学的基本前提，而并非自由放任。只有在有效国家的保障下，市场才能运作；没有一个有效国家，市场主体根本无法正常运作。

更具体地说，英国工业革命的时点恰好与中西军事大分流的时点吻合。这绝不是巧合，而是因为战争与强权造就了更强大的现代国家，而具有强大国家能力的现代国家为经济发展奠定了基础。所以，蒂利（Tilly）说，战争制造国家，国家强化战争。

国家能力如何影响经济发展

从欧洲的历史看，其作用表现在对内对外两个方面。对内，国家能力可以为当时的“改革开放”保驾护航，以创造一个霍布斯、斯密期盼的和平内部环境，从而更好地发展自身产业。对外，国家能力可以用来做两件事情：一是掠夺海外资源，掠夺方式是殖民主义与奴隶贸易；二是打开海外市场。

反观近代中国，按照荷兰经济史学家皮尔·弗里斯（Peer Vries）的解释，近代中国衰落更可能是中了市场的“魔咒”，而不是西方流行的说辞——将中国落后归因于门户不开放、闭关锁国。加州学派的彭慕兰（Kenneth Pomeranz）、戈德斯通（Jack Goldstone）和弗兰克（Frank）也坚持认为，清代中国经济即使不比英国更为资本主义化，至少也与英国处于同一水平。但不同的是，相比西方国家，清朝政府更倾向于对市场实行自由放任政策。18 世纪的中国缺乏财政支持，没有一家国家银行，缺少稳定的国家贷款，生产更趋于分散，很少见到生产者的联合。因此，无政府主义和混乱无序才是近代中国的真正威胁①。

---

① 弗里斯．从北京回望曼彻斯特：英国、工业革命和中国．苗婧，译．杭州：浙江大学出版社，2009：43.

同样，回首过往，西方的衰落更可能是源于自己的理论，这个理论就是新自由主义理论，其太过推崇市场化。这个理论本来是用于误导更多发展中国家的发展的，结果却“搬起石头砸了自己的脚”。恰恰在这方面，中国一直保持高度警惕，坚持运用中国理论，走好自己的道路。这个理论就是强调核心力量，强调党的集中统一领导，更好发挥政府作用，始终坚持市场与政府关系的有机结合和辩证结合。由此，中国不断突出重围，道路越走越宽广。正如罗马大学东方学院院长、意大利著名汉学家费德里科·马西尼（Federic Masini）所说，在这场战斗中，中国及时采取有效措施，行动迅速有力，让我们看到了中国政府的坚定决心和卓越能力[①]。因此，疫情大考只是中国道路成功的一个缩影。

四、疫情大考彰显中国治理能力

一个民族的生命力会在面对磨难和灾害时得到锤炼，一个国家的治理体系和治理能力会在应对风险挑战的过程中经受考验。

---

① “中国树立了世界防疫的典范”（患难见真情　共同抗疫情）. 人民日报，2020-02-25.

2020年的新冠肺炎疫情是近百年来人类遭遇的一次影响范围最广的全球性公共卫生事件，更是对全世界所有国家治理能力的一次重大考验。这是一场危机，也是一场大考。在这场政治制度和治理模式的大考中，中国交出的答卷让世界瞩目。

全方位彰显了中国治理的高效

面对巨大的灾难，习近平总书记以大无畏的英雄气概向世界声明："中华民族历史上经历过很多磨难，但从来没有被压垮过，而是愈挫愈勇，不断在磨难中成长、从磨难中奋起。"抗击疫情，既是一场大仗、硬仗，也是对我国治理体系和治理能力的一次深度检验，是一次综合性大考，要通过这次考验，必须充分发挥中国特色社会主义制度的优势和治理效能。

实践证明，党中央对疫情形势的判断是准确的，各项工作部署是及时的，采取的举措是有力有效的。这是制度之优，更是国家治理能力的展示。在疫情大考面前，中国交出了世所罕见的、令人敬佩的满意答卷，全方位彰显了中国治理的高效。

在疫情肆虐的日子里，世界各国都在寻求解决的办法。有人说疫情就像试金石，试出了那些无良政客的丑恶嘴脸，也试出了一个国家应对突发公共卫生问题的能力，更试出了一个政府的凝聚力和人民的拥护力。

中华民族从古至今都是在一次又一次的民族大融合中不断发展壮大的，民族自豪感、民族向心力自古就有，而且随时间推移而愈加增强，不会随着时代变迁而消失。

全球抗疫触及面广，让全世界都能深刻感受到来自中国的治理成效；它强度大，每天都在震撼着每个敬畏生命的心灵；它全面真实，中西方制度全方位比较，谁优谁劣自在人心；它信息畅通、方式新颖，各国民众几乎每时每刻都能获悉来自世界各地的最新信息，观察到各国抗疫模式及其效果。

疫情是一面镜子，照出了各国应对速度的快慢、效率的高低，也折射出在应对重大公共安全事件上各国治理体系、治理能力的高低。中国给世界提供了经验，也为全世界赢得了时间。

西方“灯塔”黯然无光

一直以来，在某些西方无良媒体的宣传中，中国是落后和专制的代名词。而2020年新冠疫情发生后，中国展现给世界的却是党中央的凝聚力、人民的奉献精神和一种民族自豪感。这让那些曾经质疑我们的人有了全新的认识。

中国举一国之力，奋力遏止疫情扩散蔓延，以巨大的自我牺牲为世界其他国家赢得了宝贵的“时间窗口”。但令人遗憾的是，由于一些国家根深蒂固的傲慢、偏见和治理的低效，错失了这一“时间窗口”，以至于这些国家陷入难以控制的局面。

应对传染性强、蔓延速度快的新冠病毒，拼的是综合实力，比的是制度的有效性。长期以来，西方国家一直沉浸在自设的优越感中难以自拔，总认为它们的治理体系更先进，治理能力更强大。尤其是美国，总喜欢把自己当作全球的“灯塔”。然而，在疫情面前，“灯塔”却反而黯然无光：患得患失、优柔寡断、自相矛盾，甚至荒腔走板，令人大跌眼镜。

“神女应无恙，当惊世界殊。”反观中国，凭借党和政府坚强有力的领导、高效的执行团队、强大的组织动员能力、上下同心举国一致的战时状态，以令人惊叹的速度构筑了应对疫情的铜墙铁壁：从 2020 年 1 月 20 日开始，中央政治局连续多次召开会议强力推进疫情防控，党和国家领导人多次亲临一线调研指导、慰问走访，中央指导组坐镇武汉指挥调度，多个职能部门联防联控。从千万级城市果断封城，到 19 省份对口支援湖北除武汉市以外的 16 个市州及县级市；从各地相继进入最高等级响应状态，到科学防控坚持“四早”“四集中”；从“中央怎么说，百姓就怎么做”，到各项作战指令“一键抵”……我国治理体系和治理能力的优势，在这场同时间赛跑、与病毒较量的殊死搏斗中得到了淋漓尽致的体现。

当然，面对这场疫情大考，我们并不认为自己十全十美。与特朗普政府满满的“迷之自信”相比，我们总是说，疫情也暴露了我国在重大疫情防控体制机制、公共卫生应急管理体系等方面存在的明显短板，需要总结经验、吸取教训。也有“他山之石”值得借鉴。比如寸土寸金的新加坡每平方公里就有一家发热门诊机构，堪称抗疫“七星阵”；日本作为较早发现病例的国家之一，疫情总体平稳，其层层分级的诊疗及报告制度、全天候的信息公开网络、发达的工业体系，以及成熟的法律法规都是坚实保障。

疫情大考彰显中国共产党的领导力

出色的领导能力是国家治理的根本和核心，也是凝聚力量的关键。中国特色社会主义制度的最大优势是中国共产党的领导，这一制度优势为中国发展进步提供了根本保障，也为这次防控疫情提供了坚实支撑。作为一场总体战，由于疫情影响全局，只有发挥党的统揽全局、协调各方的领导作用，才能做好疫情防控工作。因此在整个疫情防控中，党的领导贯穿各领域、各环节，既有核心的引领，又有中心的聚焦。

首先是习近平总书记高度重视，亲自指挥、亲自部署，多次召开会议、听取汇报、作出重要指示，时刻关注着疫情防控工作，每天都作出口头指示和批示。2020 年 1 月 25 日，中国农历新年第一天，习近平总书记主持召开中央政治局常委会会议，对疫情防控特别是患者治疗工作进行再研究、再部署、再动员。会议决定成立中央应对疫情工作领导小组，立即派出中央指导组；国务院联防联控机制也充分发挥了协调作用。短短不到一个月时间，习近平总书记就主持召开了 4 次中央政治局常委会会议、1 次中央政治局会议，专题研究疫情防控工作和复工复产工作，先后主持召开中央全面依法治国委员会、中央网络安全和信息化委员会、中央全面深化改革委员会、中央外事工作委员会等会议，从不同角度对做好疫情防控工作提出了要求。

此外，针对疫情，党中央专门印发了《关于加强党的领导、为打赢疫情防控阻击战提供坚强政治保证的通知》。正是在党中央的统一指挥下，各省先后启动重大突发公共卫生事件一级响应，凝聚全国人民力量共同抗击疫情，防控工作才被有力有序地推进，形成了抗疫的强大合力。

疫情大考彰显中国高效的应对能力

高效应对能力是国家治理的关键。制度优势是一个国家的最大优势，但是这种优势必须通过高效的应对能力来体现，从而把制度优势转化为国家治理效能。高效的应对能力就是运用制度威力应对风险的冲击，既要有防范风险的先手，也要有应对和化解风险的高招；既要打好防范和抵御风险的有准备之战，也要打好化险为夷、转危为机的战略主动战。

先进的制度、强大的国家治理体系和治理能力从来都不是从天上掉下来的，也不是在风平浪静中凭空构想出来的，而是经过无数风险磨难，在严峻考验中诞生、完善和发展起来的。新冠肺炎传播速度快，需要我们同时间赛跑，与病毒较量。因此只有具备高效的应对能力，才能打赢这场阻击战。

可以看到，在疫情防控中，正是制度优势全方位展示了高效的应对能力。首先是始终把坚持全国一盘棋、统筹各方面力量支持疫情防控作为重要保障，把控制传染源、切断传播途径作为关键着力点，加强疫情防控工作的统一领导、统一指挥、统一行动，打响了疫情防控的人民战、总体战、阻击战。其次是防控防治应对有序，针对地区特点和疫情形势因应施策，既有分类分区谋划，也有分层分级分类指导，严守“四道防线”，步步推进、层层深入，统筹协调联防联控措施，筑牢群防群治严密防线，形成了全面动员、全面部署、全面加强疫情防控的战略格局。

疫情大考彰显中国非凡的动员能力

动员能力是国家治理能力的重要方面。评价一个国家的治理能力，首先要看的是动员能力。国家治理能力强，体现为国家拥有强大的动员能力。只有拥有强大动员能力，才能高效地统筹资源，才能充分调动广大人民群众的积极性，凝聚形成整体的合力，从而实现集中力量办大事。此次疫情是突发性的灾害，其传播速度之快、影响范围之广、治理难度之大前所未有。因此，没有强大的动员能力，很难取得防控成效。疫情防控防治是一场人民战争，必须要全体人民共同参与，上下同心、众志成城才是战胜疫情最有力的武器。

可以看到，疫情发生后，各级党组织和广大党员、干部冲锋在前，顽强拼搏；广大医务工作者义无反顾，日夜奋战；人民解放军指战员闻令而动，敢打硬仗；广大人民群众众志成城，守望相助；广大公安民警、疾控工作人员、社区工作人员等坚守岗位，日夜值守；广大新闻工作者不畏艰险，深入一线；广大志愿者等真诚奉献，不辞辛劳，为疫情防控做出了重大贡献。面对这场疫情，中国行动速度之快、动员能力之强、规模之大，让世界惊叹。由此，中国在短时间内完成了一项项看似不可能完成的任务，处处彰显出中国非凡的动员能力，这对战胜疫情起到了重要作用。

疫情大考彰显中国强大的执行能力

执行能力体现的是国家治理效能。制度执行力是把制度优势转化为治理效能的关键。制度的生命力在于执行，没有制度执行力就没有国家治理能力现代化。“中国制度”行得通、真管用、有效率是通过执行力来体现的；否则，再好的制度都是摆设。这场突如其来的疫情充分体现了“中国制度”可以很好地凭借强大的政治体制机制生成强大的行政执行力，这种强大的执行力可以为应对疫情防控防治中的系统性、整体性、协同性的考验提供保障。

面对疫情突袭，中国以强大的执行力不断交出答卷：从中共中央政治局常务委员会召开会议，决定成立中央应对疫情工作领导小组，到国务院联防联控机制成员单位迅速落实，协调联动，加紧控制疫情、救治患者、科研攻关、公开信息；从国务院发布延长春节假期通知、国家卫生健康委员会每天举行发布会通报疫情，到更多救援人员、设备、物资抵达湖北，武汉紧急建设临时医院，国家卫生健康委员会组建医疗队、派出督导组，财政部提供资金保障，国家发改委补助项目建设，科技部推动科技攻关，工信部保障物资供应，以及广大农村和社区挂横幅、贴标语，对民众动之以情、晓之以理，付诸有乡土特色的“硬核”实招，有力阻止了疫情的蔓延。中国的疫情防控从决策到执行的无缝衔接，既灵活高效又精准，全国迅速编织起一张横到边、纵到底、全覆盖的渗透农村和社区的疫情防控网络。

正是因为有强大的执行力，与西方失控、糟糕的局面相比，中国疫情防控一直有条不紊地推进，取得了积极进展。但是，中华民族从来就不是一个自满的民族，在成就面前从不停步。习近平总书记强调：“这次疫情是对我国治理体系和能力的一次大考，我们一定要总结经验、吸取教训。”疫情大考是一面镜子，既反映了我们国家治理体系和治理能力多方面的显著优势，也暴露了有待加强的某些弱项短板。比如，一些地方和部门暴露出在预防预警、先期处置、应急能力、市场监管等方面的短板和不足。

所有这些问题，反映出的正是国家治理体系和治理能力方面的短板甚至是缺陷，但从中吸取的经验教训将成为未来完善我国治理体系、提高国家治理能力的重要财富。恩格斯说：

"没有哪一次巨大的历史灾难不是以历史的进步为补偿的。"①在未来实现中华民族伟大复兴的道路上，我们还会面临各种大考，仍然需要时刻保持忧患意识，不断提高治理的综合能力和驾驭能力，真正把问题解决在萌芽之时、成灾之前。

我们有理由相信，这场疫情很可能会和历史上许多大疫情一样，将改变人类历史。我们正在见证人类历史大转折。在这场超大规模的政治制度和治理模式的同台竞争中，中国明显胜出，中国特色社会主义制度明显胜出。正因为如此，从大势来看，虽然中国在前进的道路上还会面临沟沟坎坎，甚至惊涛骇浪，但世界将以更快的速度向东方倾斜、向中国倾斜、向社会主义倾斜，这次世界范围的疫情之战就是这种倾斜的催化剂。

五、疫情大考给世界的启示：推动构建人类命运共同体

中国的快速崛起令人目眩、让人着迷、引人思考，这一世界级的现象具有多重意义：它意味着剥削他国、主导全球秩序长达500多年的西方的衰落，意味着后殖民时代南方国家的整体崛起，更意味着一个自鸦片战争以来蛰伏已久的伟大文明从

① 马克思，恩格斯．马克思恩格斯全集：第39卷上．北京：人民出版社，1974：149.

站起来、富起来到强起来。对人类文明而言，中国对西方的赶超，不仅是中国人民的伟大创新，还是人类文明与现代智慧的共同结晶。

警惕西方意识形态偏见的“病毒”

一些西方人不希望看到一个崛起的中国，而是奢望看到“历史的终结”。一些西方人无法正确看待中国的崛起，一直认为这是一个偶然的历史事件，不断预言中国会出现倒退甚至崩溃。西方社会唱衰中国的论调从未间断。不管唱衰也好，捧杀也罢，中国经济都将按照自己的方式发展下去，并且愈加行稳致远。西方预言的破产，是西方偏见的必然结果。西方要做的不是唱衰中国，而是与中国携手发展，实现共赢。

一场突如其来的新冠肺炎疫情，又让那些敌视中国的西方势力看到了希望。一些西方大国不断借疫情污名化中国，发表种种险恶言论来贬低、妖魔化、攻击中国。一些国家甚至幸灾乐祸，公然声称疫情之下“中国所失可能是自己所得”，企图再次唱衰中国经济。“司马昭之心，路人皆知”，种种险恶用心一再暴露出西方某些人士的傲慢、偏见与无知。要看到西方的巅峰时代早已过去，西方应摒弃对自身文明优越的笃信，放弃对中国的偏见。在新冠肺炎疫情在全球200多个国家和地区蔓延的严峻时刻，把“锅”甩给某个国家、戴着有色眼镜来打量某个国家乃至发表仇视言论，不仅无益于解决任何问题，还会恶化不同国家及地区的人民之间的关系，产生比病毒更坏的影响。

卡尔·曼海姆（Karl Mannheim）在《意识形态与乌托邦：知识社会学导论》一书中说，“在历史发展的任何阶段到处都有人对他们的对手表示怀疑和不信任，这可以被看作是意识形态这个概念的直接前身”①，“如果一种思想与产生这种思想的现状不符，这种思想就是乌托邦”②。现在来看，西方意识形态不但变成了乌托邦，而且正在演变成新的病毒——意识形态偏见的“政治病毒”。过去，西方意识形态偏见这个“人造病毒”的主要攻击目标是中国发展模式、中国道路以及实现中华民族伟大复兴的中国梦。现在，西方意识形态偏见的“政治病毒”则是借疫情将中国经济前景“妖魔化”。时间和事实将证明，由意识形态偏见和双重标准带来的“政治病毒”危害更大，治疗起来也更加困难。看待中国经济，西方不但要擦亮眼睛，更要不时给那些错误认识“消消毒”。

在人类的所有幻想中，政治幻想是最危险的。世界范围内兴起的“中国热”正是中国经验得到认可的最佳体现，向东方看正成为世界主流，因此意识形态偏见是经济发展的大敌。实践证明，中国不是独善其身的“专车”，而是世界发展的“顺

① 曼海姆．意识形态与乌托邦：知识社会学导论．李步楼，等译．北京：商务印书馆，2014：89.

② 同①234.

风车”，更是人类进步的“快车”。不可否认，疫情肯定会给中国经济和社会带来一定影响。正因为如此，中国经济发展需要与西方尽可能展开合作，“各美其美，美美与共”。如果任由西方意识形态偏见像病毒一样蔓延，长期扭曲对中国的全面正确认识，更可能威胁和危及西方自身的经济安全，而且这种威胁是无法借助口罩或护目镜来消除的。

警惕全球化逆潮“病毒”

当前经济已成为全球化经济，当今世界是一个利益共同体。在任何灾难面前，没有人可以成为局外人。无论是公共卫生事件冲击，还是产业链停摆，一荣俱荣，一损俱损，任何国家都不可能独善其身。2019 年以来，全球经济已显露出疲软的增长态势，新冠肺炎疫情的出现更是令全球经济雪上加霜。在这场抗击疫情的战斗中，中国与国际社会积极合作，用“中国行动”和“中国节奏”践行着全球化的使命和担当，有力地促进了全球经济的恢复和发展。此次疫情让整个世界真正认识到，中国经济的发展离不开世界，世界经济的稳定更加离不开中国。随着疫情得到控制和中国各行各业有序复工，世界将会看到疫情后中国经济的爆发，中国依旧是世界经济增长的“引擎”。

事实上，在全球经济紧密相连的时代，抗击疫情早已不是某一个国家的事情。在全球经济面临疫情冲击的关键时刻，今天的世界造不出西方所期盼的“诺亚方舟”。各国唯有携手共进、紧密合作，才能取得抗击疫情的最终胜利。中国在此次疫情中的表现越发得到国际社会的认可，抗击疫情的中国经验更是让西方看到中国力量和治理全球化问题的希望所在。正因如此，一度盛行的“逆全球化”呼声暂时性“失语”。

回望近些年充满不确定性的世界，“黑天鹅”事件的出现很大程度上是由于经济发展的包容性不足，不同国家、不同阶层、不同群体难以尽享经济全球化带来的好处。经济全球化遭遇回头浪，逆全球化、去全球化的讨论甚嚣尘上；贸易战与逆全球化主义，让世界经济前景更加不明朗。人们担心新冠疫情的爆发与全球性蔓延会让全球经济面临更大的挑战。大疫如大考，互信互助才是解题之道。在抗击疫情时，全球展现的彼此团结与互帮互助，让更多人看到了全球一体化治理的曙光。因此，疫情后各国携手并进，持续推进全球化朝着正确方向发展，已成为当今的重要课题。

从当前形势来看，因疫情引发全球性经济危机的可能性并不大，但是出现另一种形式的全球性经济危机的概率却不低，那就是贸易战。历史已经证明，发动贸易战争，不仅无助于本国经济的发展，反而会加重全球经济危机。早在 90 年前，美国就曾实施贸易保护主义，其颁布的《美国关税法》引发了他国报复，上演了一场全球贸易大战，全球贸易额大幅萎缩，最终加速了美国乃至全球的经济衰退，引发了历史上最著名的那场大萧条。

这场全球蔓延的新冠肺炎疫情，对人类智慧也是一个考验。历史上，美国屡屡向各国高举“关税大棒”，如今的美国政府似乎正在重复历史错误。贸易保护主义的“病毒”正在折磨着美国，同时还传播到了其他主要经济体。一旦贸易保护主义向全球蔓延、渗透，可能比新冠病毒更加无药可救。为此，世界“免疫”系统必须战胜它，以恢复开放贸易和重整商业健康。全球携手合作才是解决这场危机的真正出路。

在这场疫情大考中，国际社会看到了众志成城、共克时艰的中国，看到了顽强不屈、逆境奋进的中国，看到了迅速出击、蹄疾步稳的中国，看到了担当有为、守护世界的中国。这是以行动诠释构建人类命运共同体的庄严承诺，这是以行动践行阻止疫情蔓延的大国担当！

在过去几年的全球化和国际化进程中，各国过于侧重经贸的分工协作和政治力量的抗衡，却忽略了病毒也随全球化而散播及肆虐，以至于今天尝到苦果。要想吸取这次的教训，人类社会今后的进程必须更重视平衡与共生。

一些西方有识之士已很好地提出了问题：是时候正视中国了。在世界其他地区的生活中，中国已经成了重要的一部分；中国正在担起符合其地位的责任，正在书写自己命运的篇章，也在协同书写世界命运的篇章。我们必须承认，中国会用不同的方式思考、行动。因为中国人在构建自己的社会时，也在无意识中形成了一套与西方不一样的价值观标准。

这个不同于西方的价值观标准就是：中国人民不仅希望自己发展好，也希望各国都发展好。依照西方价值观，西方人很难理解：中国，一个正日益走近世界舞台中央的大国，既不通过侵占他国领土，也不通过对他国政治军事的介入，是怎样在国际上立足的，又会如何越来越稳定。事实上，按照中国人的价值观，即使在将来，中国也不会立志于成为帝国，更不会奉行霸道和王道，而是行大道，奉天下为公。对此，早在 18 世纪中期，孟德斯鸠在《论法的精神》中已给出过答案。他说，一般来说，所有国家都有一个相同的目标，那就是保存自己。不过，每个国家都还有一个特殊的目标。罗马的目标是扩张，斯巴达的目标是战争，中国的目标是安定①。

中国已不是过去的中国，西方也不再是过去的西方。西方要想对中国有更多的了解，就要用变化的眼光看待中国的发展，因为世界正在经历一场巨变。今天的世界没有永远的王者，唯一不变的是永远在变化。在全球化浪潮中，再没有任何事情是天经地义和不可改变的。换句话说，要用全新的目光看待中国。

世界已进入新世纪，新世纪有一个公式，就是学会分享。

---

① 孟德斯鸠．论法的精神：上册．许明龙，译．北京：商务印书馆，2012：185.

西方要解决好自己的世纪难题，就要从现在起，从今天起，学会分享，因为全球分享的世纪已现端倪。

这场疫情也为我们敲响了警钟，它告诉我们：人类与传染病的斗争是永无止境的，这场战争还将继续下去。中国的探索与实践，已经越来越清晰地带给世界重要启示，这就是抗击疫情离不开命运共同体意识。病毒无国界，人类是命运息息相关的共同体。与疫情较量时，谁也不可能成为局外人，人类唯一的出路在于守望相助、共克时艰。

这场战“疫”再次提醒人们，要真正构建一个全球命运共同体，仍然任重而道远。在这个伟大进程中，中国从未缺席，中国一直在奋力前行。当今世界，各国经济联系密切、利益交融，共同利益是孕育人类命运共同体意识的土壤。世界好，中国会更好；中国好，世界也会好。虽然中国人民现在正在经历一场没有硝烟的战争，但中国还是一如既往地为世界和平、发展和繁荣做出重要贡献。面对疫情，世界各国需要共同努力，有效遏制疫情扩散，彻底战胜病毒。从某种意义上说，这是此次疫情带给世界的最大启示，必将有助于推动构建人类命运共同体。

西方主导全球化500多年的历史已证明，“西方标榜的共同利益不过是一个修饰性的比喻而已。失去共同目的和共同的利益，我们就失去了共同的准则、共同的思想和世界概念，世界已分裂成为无数原子式的个体和集团的碎片”[1]。在“碎片化”的新格局下，如何做好全球产业链分工及自身的“防御”“愈合”，需要长期不断地进行探索。当下解决现实中全球增长动能不足、全球经济治理滞后、全球发展失衡的深层问题，不可能依靠割裂早已形成的全球技术链、产业链和价值链。唯有各国之间开展更加深入务实的合作，维护和扩大共同利益，才能让经济全球化的成果惠及各国和各国人民。

目前，新兴市场国家和发展中国家对全球经济增长的贡献率已达到80%，日益拥有推动经济全球化发展的能力。发达国家应该乐见这些国家融入经济全球化大潮，并让它们发挥建设性作用。面对疫情“大考”，各国应当坚定信心、协商合作，保证全球供应链安全，构建顺畅贸易通道，同时防止各种以邻为壑的保护主义行为的发生，共同推动疫情下的全球经济平稳向前发展。

---

① 曼海姆．意识形态与乌托邦：知识社会学导论．李步楼，等译．北京：商务印书馆，2014：16.

第二章

为什么世界“向东看”

长期以来，“向西看”一直是大多数发展中国家主要的经济发展路径选择。在近代中国，中国富强问题一直被笼罩在西方中心论的话语体系中。然而，新中国成立以来特别是改革开放 40 多年来中国人民创造的中国奇迹向世界宣告：基于自身独特性和伟大创造而成功的中国道路是正确和先进的。

正如美国一位经济学者琳达·岳（Linda Yueh）所说：中国总是选择自己独特的道路，这样的选择是明智的，因为没有一种固定的经济发展模式可以适用于每一个国家。但是，我希望中国在经济上的崛起能够同时伴随着其他方面的崛起，希望中国几千年在国际舞台上闪闪发光的那些方面能够再一次焕发出夺目的光芒。这样的发展道路必将成就一个真正的发展传奇，这个传奇不仅会改变中国人民的生活，也会改变我们生活的整个世界的面貌。[①]

---

① 岳．中国的增长：中国经济的前 30 年与后 30 年．鲁冬旭，译．北京：中信出版社，2015：5.

综观整个中国发展的历程，中国现代化道路的前进过程就是不断打破“西方中心论”的过程。中国对西方的超越，表面上看是经济的成功超越，本质上是国家治理能力和治理体系的超越。中国在未来的发展中，不能受制于“西方中心论”的影响，而是要坚持走中国特色社会主义道路，维护和坚持民族自尊和民族自信；要通过深化供给侧结构性改革，不断推进现代化经济体系建设。

美国的帕金斯（Perkins）早在 20 世纪 90 年代初就说过，如果 10 多亿人口的中国在 20 世纪末或者以后的短时间内变成工业国，这个意义重大。英国工业革命从开始到扩展到欧洲其他地区和北美，用了 150 年时间，使这些地区 7 亿左右人口提高了生活水平（这些地区的人口约占世界人口总数的 17%）。如果中国向工业化转变的努力能成功，那么生活在新工业化国家的人口就比 20 世纪 50 年代增加了 10 多亿。这样，只是经过 40 多年时间的努力，这个世界就有了转变：从大多数人生活在贫穷的农业社会转变到 1/2 左右的世界人口生活在相对繁荣的工业化都市的社会中①。

今天，中国人所面临的问题跟世界上其他地方的人所面临的问题一样，即如何才能实现经济合理行为与生活品质之间的

① 帕金斯．走向 21 世纪：中国经济的现状、问题和前景．陈志标，译．南京：江苏人民出版社，1992：205.

和谐。中国人的解决方案不同之处在于中国独特的历史背景，而每个人都是可以从中学到一些东西的[①]。

一、今天世界为什么越来越“向东看”

中国今天的发展成就改变中国，影响世界，中国奇迹让全世界关注。正如史景迁所说：“一个国家之所以伟大，条件之一就是既能够吸引别人的注意力，又能够持续保有这种吸引力。西方刚刚接触到中国时，中国就明显地表现出这种能力；几个世纪来，流行风潮的无常，政治情势的改变，也许曾使中国的光彩暂且蒙尘，但是中国的吸引力却从未完全消失过。”[②]整体来看，中华民族伟大复兴最为集中地体现在经济发展的伟大成就上。新中国成立之初，国内流行的口号是“苏联的今天就是我们的明天”。

从 20 世纪 50 年代到现在，中国终于实现了从学习到超越的历史性飞跃。2018 年 5 月 7 日，俄罗斯总统普京在莫斯科克里姆林宫举行盛大的总统就职典礼，正式开启自己的第四个总统任期。在此之前的总统竞选中，普京提出的口号是“强大

---

① 黄仁宇．中国大历史．北京：九州出版社，2015：308.

② 史景迁．大汗之国：西方眼中的中国．阮叔梅，译．桂林：广西师范大学出版社，2013：7.

的总统，强大的俄罗斯"，其战略就是"向东看"。一百多年前，俄罗斯帝国的崛起是以欧洲为中心的。今天，普京力图让俄罗斯强大，其重心开始向东转移，这是一个极其重大而富有历史意义的变化，这个变化预示着中国的影响越来越大。

中国综合国力越来越强，家底更殷实

2012 年，中国 GDP 总量是 8.2 万亿美元。2019 年，中国 GDP 接近 100 万亿元，按照年平均汇率折算达到 14.4 万亿美元，稳居世界第二。回望历史，挣下如此丰厚的家底，着实不易[①]。

1952 年，中国 GDP 总量仅为 679 亿元，1978 年也只有 3 678.7 亿元。1986 年，中国经济总量突破 1 万亿元。从新中国成立时的百废待兴到迈上 1 万亿元台阶，花了 37 年的时间；从 1 万亿元到 2000 年突破 10 万亿元大关，花了 14 年的时间；从 10 万亿元到 2019 年达到近百万亿元，只用了 19 年。

新中国成立 70 多年来，从一穷二白成长为一个体量达百万亿元的经济体。这不仅意味着我国经济总量不断扩大，而且表明我国经济发展的质量在稳步提升，人民生活在持续改善；不仅为 2021 年全面建成小康社会打下坚实基础，而且为全人

① 宁吉喆. 2019 年我国 GDP 近百万亿元，增长 6.1%. 人民日报，2020-01-18.

类的发展进步事业做出了我们应有的贡献，具有重要的标志性意义。

根据世界银行数据，2018 年人均 GDP 在 1 万美元以上的经济体人口规模近 15 亿人。随着总人口达 14 亿的中国步入人均 GDP 达 1 万美元经济体的行列，当代中国为世界做出的最大贡献是相当于让世界上人均 GDP 超过 1 万美元的人口翻了一番。2020 年中国 GDP 占世界 GDP 的比重达 17%，中国经济增长对世界经济增长的贡献率达到 30%左右。中国成为世界经济发展动力最足的火车头，中国人均 GDP 稳定在世界中等收入国家行列，人类发展指数稳步上升。

现在中国每年 GDP 的增量是 2 万多亿美元，超过了某些在世界 GDP 总量排名前十位的国家。按 2019 年的 GDP，排名第八位的意大利的 GDP 总量是 1.9 万亿美元，也就是说，中国每年 GDP 的增量相当于新增了意大利整个国家的财富。从 2008 年开始，中国每两年的 GDP 增量都要大于印度的整体经济总量。中国经济每 16 周就能创造出一个希腊的经济规模，每 25 周就能创造出一个以色列的经济规模。

澳大利亚前总理陆克文将中国的爆发式发展形容为英国工业革命和信息革命同时在中国如火如荼地进行，并将 300 年的时间压缩为 30 年。“当美国民众抱怨道路建设和维护花费了太长时间时，政府往往会回答‘罗马不是一天建成的’。显然，人们忘了将这句话告诉中国人。到 2005 年，这个国家每两周就可以建造出一个与今天的罗马面积相当的城市。”[①] 相比美国，“在 2011 年至 2013 年间，中国生产和使用的水泥都超过了美国在整个 20 世纪的产量和使用量。2011 年，一家中国公司只用了 15 天就建成了一座 30 层的摩天大楼。三年后，另一家公司在 19 天内建造了一座 57 层的摩天大楼。事实上，中国仅用了 15 年时间就建成了相当于整个欧洲住房存量的房屋”[②]。中国对世界经济发展的贡献有目共睹，中国经济发展伟大成就在改变着中国的同时，也震撼了世界，这正是世界关注中国发展动向的原因。

100 年前罗素的愿景在中国得到了实现

现在，与世界其他国家相比，中国的港口、高速公路、高铁等基础设施建设遥遥领先。经过 70 多年的发展，我国交通运输取得了举世瞩目的成就：高速公路总里程世界第一、高速铁路运营总里程世界第一、港口吞吐量世界第一、航空运量世界第二……众多重要的交通运输装备正在成为中国制造的名片。

从生活质量看，2020 年全国高等教育毛入学率达到 54.4%，超过中高收入国家平均水平。2017 年，中国的人均

① 艾利森．注定一战：中美能避免修昔底德陷阱吗？．陈定定，傅强，译．上海：上海人民出版社，2019：26－27.

② 同①27.

预期寿命达到 76.7 岁，高于世界平均水平 5 岁；日本的人均预期寿命为 87.27 岁，位居世界第一。2018 年 1 月份公布的数据显示，上海的人均预期寿命在 2019 年已经达到了 83.66 岁。人均预期寿命的提高反映了中国居民的生活水平和生活质量有了很大提高。

根据泰晤士高等教育（Times Higher Education）发布的 2017—2018 年度世界大学排行榜，在亚洲的排行中，中国内地有 60 所高校上榜。这一现象在过去是不可想象的，也是近代中国几代人的梦想。洋务运动开始后，中国向欧美和日本学习，派出了大量的留学生，日本成为中国留学生的主要目的地。如今局面已经发生历史性大翻转，中国已经成为亚洲最大的留学生目的国。这些巨大变化源于中国经济发展所取得的伟大成就，特别是十八大以来中国的经济成就和历史性变革。

100 年前，罗素在《中国问题》中谈到，中国将在全球发挥应有作用，将在人类急需之时带去一个崭新的希望。带着这种希望，他愿看到“少年中国”鼓舞人心、启迪众人。这种希望有望变成现实。正因为有望变成现实，中国更应挺立前列，得到每一个热爱人类之人的敬重①。今天回头来看，当年罗素的愿景正在得到全面实现。

① 罗素．中国问题．田瑞雪，译．北京：中国画报出版社，2019：295.

二、中国发展成就与“中国奇迹”

十九大报告中这样阐述了中国过去的五年：“十八大以来的五年，是党和国家发展进程中极不平凡的五年。”对中国的外部发展环境是这样表述的：“世界经济复苏乏力、局部冲突和动荡频发、全球性问题加剧的外部环境。”中国成为世界经济低迷时期的重要发展引擎，成为世界经济发展稳定的示范。这是一个历史性的飞越。

十八大以来中国经济发展成就巨大

十九大报告明确指出，中国这“五年来的成就是全方位的、开创性的，五年来的变革是深层次的、根本性的”。十九大报告指出，五年来我们党解决了许多长期想解决而没有解决的难题，办成了许多过去想办而没有办成的大事，推动党和国家事业发生历史性变革。中国的发展面貌出现了前所未有的变化，使得中华民族以崭新的姿态屹立于世界的东方。这里可以举两个例子进行阐明。

首先看南非。南非是一个经济非常发达的国家，被称为非洲大陆的一颗明珠或者“彩虹之国”，曾经是整个非洲经济社会发展排名第一的国家。南非的开普敦大学完成了世界上第一例心脏移植手术，南非的金融业很发达，金矿开采技术很先进……而且南非前总统曼德拉既得到西方认同又受中国人认可。按理说，南非的整体社会治理水平应该很高。但事实上，南非曾简单化移植西方的治理体系，各种社会问题、发展问题、民生问题、安全问题等“交织丛生”，困扰着南非。直至今天，南非仍然面临诸多发展问题。

再来看看蒙古国和我国内蒙古自治区。按照世界银行发布的数据，蒙古国 2018 年 GDP 为 130 亿美元。而我国的内蒙古自治区，2018 年 GDP 总量达 1.7 万亿元人民币。从新中国成立之初到 2018 年，我国内蒙古自治区的 GDP 增长了整整 2 500 倍。2018 年，我国内蒙古自治区的 GDP 总量是蒙古国的 18.7 倍，蒙古国的 GDP 总量只有我国内蒙古自治区的 5%。因为走的是不同道路，蒙古国的经济与我国内蒙古自治区相比差距越来越大，经济发展呈现鲜明的反差。

从经济发展来看，党的十八大以来城乡居民收入增速超过经济增速，城镇新增就业人口年均 1 300 万人以上，民生和就业状况得到了极大改善。十九大报告提出，从现在到 2020 年，是全面建成小康社会决胜期。从党的十九大到党的二十大，既要全面建成小康社会、实现第一个百年奋斗目标，又要乘势而上开启全面建设社会主义现代化国家新征程，向第二个百年奋斗目标进军。十九大报告中这样阐述：“从十九大到二十大，是‘两个一百年’奋斗目标的历史交汇期。”这个交汇，一方面是决胜全面建成小康社会，另一方面也开启了新的现代化征程。

对于建成全面小康社会，十九大报告里使用了“决胜”一词。“决胜”就是没有犹豫，没有讨价还价的余地，这表明了党的决心。中国实现全面建成小康社会，这意味着人类历史上几千年来与贫困做斗争这样一个伟大的目标，在中国能够真正、彻底地得以实现。世界上其他国家或国际组织无力，也从未实现过这样的目标。以世界银行和国际货币基金组织为例，这两个组织成立时的口号就是消除发展中国家的贫困问题，解决世界上发展的不平等问题。然而，近 80 年来，这两大世界组织都没有实现当初的目标。

中国发展成就震撼世界

今天，国家之间的发展不是越来越平等，而是越来越两极化，甚至是极端化。有的富国发展停滞，有的穷国状况更加恶化。因此，中国在减贫成就上对人类社会发展的伟大贡献不但是卓越的，而且是开创性的。如果没有中国对消除贫困所做的贡献，世界呈现出来的总体趋势就不是在减贫，而是在增贫。这也解释了为什么“一带一路”倡议和构建人类命运共同体理念能够得到全世界的认同。2017 年 2 月 10 日，联合国社会发展委员会第 55 届会议协商一致通过“非洲发展新伙伴关系的社会层面”决议，将推进“一带一路”倡议等便利区域互联互通的举措和“构建人类命运共同体”理念首次写入联合国决议中。2018年达沃斯世界经济论坛的主题就是“在分化的世界中打造共同命运”。这表明了世界对中国提出的构建人类命运共同体的认同。

2017年以来美国的经济表现良好。特朗普上台以后，经济增长超过前任总统，应该说他实现了当初的竞选承诺。2017年，美国的GDP总量达到了19万亿美元。但是，中国对美国GDP总量的赶超基本上是可以确定的。根据测算，以中国每年6.9%或6%的GDP增长速度，中国GDP总量赶上或超过美国大致需要15年的时间，也就是说到2030年，中国基本上可以赶上或超过美国。十九大报告对中国的这一发展趋势有一个基本的判断：“经过长期努力，中国特色社会主义进入了新时代，这是我国发展新的历史方位。”这个结论很重要，今后各行业各部门的发展都必须结合这个新的历史方位，要契合新时代这一大历史的背景来规划、思考、定位实际工作，所有行业的工作都必须要与中国特色社会主义新时代对接。

2019年，在全球经济增长放缓、跨国投资低迷的条件下，我国吸收外资实现逆势增长，按美元计，达到1 381.4亿美元，比上年增长2.4%，规模再创历史新高，稳居发展中国家首位、全球第二位。从对外贸易来看，中国已经是120多个国家和地区的主要贸易伙伴，在全球经济治理和多双边经贸合作中发挥的作用越来越重要。中国连续11年成为全球第二大进口市场，进口额占世界进口总额的10%以上，中国进口贡献全球进口增量的1/6。1980年，中国的对外贸易总额不到400亿美元；到2019年，进出口总额达31.54万亿元人民币，折算为4.4万亿美元，增长了100多倍，对外贸易快速发展促进了中国经济与世界经济的融合①。从2008年开始，中国每两年GDP增量都要大于印度整体的经济总量。即使在自2015年起增长放缓的情况下，中国经济每16周就能创造出一个希腊的经济规模，每25周就能创造出一个以色列的经济规模。

中国特色社会主义进入新时代，意味着近代以来历经磨难的中华民族实现了从站起来、富起来到强起来的伟大飞跃，意味着科学社会主义在21世纪的中国展现出强大的生机和活力，中国特色社会主义伟大旗帜在世界高高举起。学界有一个说法："不到印度不知道社会主义好，不到俄罗斯不知道中国特色社会主义好，不到朝鲜不知道改革开放好。"

中国成就改变了世界认知

中国的成就为世界带来了哪些新的变化？怎样改变了世界对中国的认知？中国的发展成就是西方理论没法解释的，所以

① 商务部外贸司负责人谈2019年全年我国对外贸易情况．(2020-01-15)．http：//www.mofcom.gov.cn/article/ae/sjjd/202001/20200102930414．shtml.

被称为“中国发展之谜”。过去对世界发展状况的判断和解释都是以西方为中心进行的。这一点在地理名词“近东”与“远东”上面得到了很好的反映。中国是远东国家。所谓的“东”即以西欧为中心，离西欧近的叫近东，离西欧远的叫远东。这就是典型的“西方中心论”。从地理空间到价值评判，西方国家习惯从自身角度出发来判断对错。

例如，西方国家常常强调“普世价值”，指责中国不尊重、不接受“普世价值”。但“普世价值”本身就是一个错误的概念。西方国家把本国的价值观简单化地等同于“普世价值”，向世界推销西方价值观的实质是一种“强制阐释”。对此，中国提出社会主义核心价值观，以培养担当民族复兴大任的时代新人为着眼点，强化教育引导、实践养成、制度保障，发挥社会主义核心价值观对国民教育、精神文明创建、精神文化产品创作生产传播的引领作用，把社会主义核心价值观融入社会发展各方面，转化为人们的情感认同和行为习惯。可以说，西方国家所谓的“普世价值”并不是真正普世的，那只是西方的价值观。

2015 年，笔者在肯尼亚内罗毕大学进行学术交流，发现该大学的教员对中国的“一带一路”倡议存在偏见，他们认为“一带一路”对非洲存在资源掠夺的威胁，中非之间的贸易往来是不平等的。经询问后发现，内罗毕大学的教员主要从英国、法国、美国的大学获得博士学位，受西方意识形态影响很大，价值观出现了明显的偏差。2015 年，丝绸之路大学联盟成立，旨在为“一带一路”沿线国家培养硕士研究生和博士研究生。这些毕业生 10 年或 20 年后将成为他们国家的精英，将改变西方国家控制非洲国家意识形态的局面。过去，中国的孔子学院有一些成功的经验值得借鉴，但孔子学院培养的对象是普通民众，教授的内容仅限于基础的中文知识，当务之急是要开展高水平的人才培养工作，为“一带一路”沿线国家的博士研究生和硕士研究生培养提供支持。

在历史视野下来理解“中国奇迹”

我们需要着眼于更长远的历史时期，才能理解中国所创造的奇迹是多么不可思议[①]。中国在 1 000 年以前就是世界的中心，是地球上最富庶、人口最多的帝国，约 300 年前仍是人们赞叹的目标[②]。在 18 世纪，英国孕育了工业革命。1776 年，亚当·斯密出版了《国富论》，解释了历经千百年贫穷之后，市场资本主义是如何创造财富和一个新的中产阶级的。1793 年，英国的使者马戛尔尼带着傲慢的心态来到中国，试图劝说中国建交却无功而返，这让英国的帝国心理受到沉重打击。因为在那个年代，英国的工业成就无比辉煌，工业产品遍布

① 艾利森．注定一战：中美能避免修昔底德陷阱吗？．陈定定，傅强，译．上海：上海人民出版社，2019：19.

② 兰德斯．国富国穷．门洪华，等译．北京：新华出版社，2010：376.

世界。

现在中国在许多指标上都已经赶上或超越美国。中国作为全球最大的船舶、钢铁、铝、家具、服装、纺织品、手机和电脑生产基地，已成为世界制造业大国。更令人惊讶的是，中国已经成为世界上大多数产品的最大消费国。美国是汽车制造发源地，被称为“车轮上的国家”，但是现在中国是最大的汽车制造商基地和最大的汽车消费市场。中国也是世界上最大的手机消费市场和电子商务市场，并且拥有最多的互联网用户。与其他国家相比，中国拥有更多的石油进口量、能源消耗量和太阳能安装量。或许最打击美国自信心的是，自 2008 年以来，中国持续充当着全球经济增长的主要引擎①。

三、中国道路成功打破“西方中心论”

近代以来，受西方船坚炮利侵略的影响，在中国人的内心深处一直有着很大的心结。科技的落后导致中国落后，而落后就要挨打。向西方学习就成为中国赶超世界的最迫切的口号。

① 艾利森．注定一战：中美能避免修昔底德陷阱吗？．陈定定，傅强，译．上海：上海人民出版社，2019：22.

“中华民族到了十九世纪，就到了一个特殊时期。原来人类的发展可分两个世界：一个是东方的亚洲，一个是西方的欧美。两个世界虽然在十九世纪以前曾有过关系，但是那种关系是时有时无，而且可有可无。在东方这个世界里，中国是领袖，是老大哥，我们以大哥自居，他国连日本在内，也承认我们的优越地位。到了十九世纪，来和我们找麻烦的不是我们东方世界里的小弟弟们，是那个素不相识而且文化根本互异的西方世界。第一，中华民族的本质可以与世界上最优秀的民族相比，中国人的聪明不在任何别的民族之下。第二，中国的物产虽不及俄美两国的丰厚，但总在一般国家水平线上。第三，秦始皇的废封建为郡县及汉唐两朝的伟大帝国，足证我民族是有政治天分的。”①

“是故论人论地，中国本可大有作为。对于何以我民族遭遇空前的难关。第一，因为我们的科学不及人。人与人的竞争，民族与民族的竞争，最足以决胜负的，莫过于知识的高低。科学的知识与非科学的知识比赛，好像汽车与人力车的比赛。第二，西洋已于十八世纪中叶起始用机器生财打仗，而我们的工业、农业、运输、军事，仍保存唐、宋以来的模样。第三，西洋在中古的政治局面很像中国的春秋时代，文艺复兴以后的局面很像我们的战国时代。西洋人养成了热烈

---

① 蒋廷黻．中国近代史．北京：中华书局，2016：5.

的爱国心、深刻的民族观念。我们则死守着家族观念和家乡观念。总而言之，到了十九世纪，西方的世界已经具备了所谓的近代文化，而东方的世界则仍停滞于中古，我们是落伍了。”①

由于没有更多的发展经验可借鉴，现代化等同于西方化的观点流行世界，由此形成向西方学习的浪潮。在改革开放初期，国门刚刚打开，很多中国人也认为，国家要发展，要实现现代化，就必须向西方学习。事实上，世界上的很多国家都在向西方学习，但是历史的教训是，某些国家一味照搬西方，经过多年的努力，仍未能进入发达国家的行列。这一历史事实告诉我们，西方发达国家有其先进之处，应该学习借鉴，但在学习的过程中，不能受制于“西方中心论”，更不能忘记维护和坚持民族自尊和民族自信，必须坚持走自己的道路。

正如吴承明所说：“19 世纪以来的中国近代化，本来应当走自己的道路，正如今天走有中国特色的社会主义现代化道路一样。就是说，它应当不是西方生产方式的原样移植，而是新生产方式和中国内部能动因素的结合。历史是无情地失败了，以致我们无法总结这方面的经验，中国近代经济史只能是灰色的。但在失败史中，还是可以隐约地看见一些中

① 蒋廷黻．中国近代史．北京：中华书局，2016：5.

国式工业化道路的憧憬，使人得到启发。”“回顾我国近代史中的工业化过程，总是贪大求洋，不适合国情，吃了亏。”①“不过，失败也是一种历史经验。历史经验告诉我们，没有一个立足于本国大地、适应本国国情的发展战略，是不可能实现工业化的。”②

在现代化进程中，一个民族全面复兴的最突出的持久力量是文化自信。2016 年 7 月 1 日，习近平总书记在庆祝中国共产党成立 95 周年大会上的讲话中对文化自信特别加以阐释。相对于道路自信、理论自信、制度自信，文化自信影响深远，与中国在世界上的话语权密切相关。

习近平总书记在故宫向特朗普介绍中国文化时说，“我们叫龙的传人”，这就体现了文化自信。在以往的涉外活动中，中方会刻意回避“龙”这个字眼。例如，旅游主管部门在对导游进行培训时提出，接待外宾时，只要涉及龙这样的图腾符号，就要淡化。因为在西方文化中，龙是“邪恶”的象征。事实上，龙作为中国人心目中的图腾已存在了几千年，因为龙在中国人心目中代表着一种力量、一种中国精神。现在中国大声地向世界宣称——我们是龙的传人，这就是文化自信的鲜明体现。

---

① 吴承明．经济史理论与实证．杭州：浙江大学出版社，2012：204.

② 同①255.

中国曾领先于世界，这使中华文明具有先进性的基因。中华文明不是落后的，也不是停滞的。“中国的兴起，对于世界而言，不但是中国的巨变，而且也是历史上的大事件。过去300年，只有4个历史事件对于人类发展带来巨大冲击或引导作用，可以和中国兴起相提并论。”①

今天中国的崛起是300年来世界发展的五个历史大事件之一，而且其历史意义远远超越了前面的四个大事件。中国快速发展在人类历史上不但是空前的，而且可能是绝后的。中国1978年启动的改革开放，实现了持续的高速度增长、全面的现代化、最大规模的消除贫困。历史上从没有一个国家能以这么大的体量，在这么广袤的地理范围内，取得如此大规模的发展成效。

19世纪的世界深受两大历史事件的影响。第一个历史事件是1789年爆发的法国大革命。法国大革命改变了欧洲的政治格局，开启了现代化的西方政治秩序，是现代政治的起点。第二个历史事件是18世纪中期开始的英国工业革命。英国工业革命的伟大之处在于，以工厂制代替了工场手工业，标志着现代化经济的开启。这两个历史事件重塑了19世纪的世界秩序。

20世纪影响世界的两大历史事件，一个是俄国十月革

① 朱云汉．高思在云．北京：中国人民大学出版社，2015：113.

命。俄国十月革命的意义在于，让社会主义从理论变为现实。马克思、恩格斯的伟大贡献在于使社会主义从空想变为科学，而俄国十月革命则是把理论变为现实。另一个历史事件是美国的崛起。但美国的崛起与中国的复兴不同。美国的崛起是一个霸权代替另外一个霸权。而中国的复兴不是霸权的替代，中国崛起既不影响发达国家的发展，也不意味着美国的衰落。

所以，在世界历史上，中国复兴的伟大意义就在于，改变世界的治理结构，导致新兴国家或发展中国家的话语权越来越大，这就是中国复兴与美国崛起的不同之处。中国的复兴为解决人类问题不断贡献中国智慧和中国方案。正如基辛格在《论中国》结尾处所说："当年周恩来总理和我就宣布我秘密访华的公报达成一致时曾说：'这将震撼世界。'40 年后，倘若美国和中国能够同心协力建设世界，而不是震撼世界，那将是何等伟大的成就啊！"①

四、"西方中心论"的优越感隐喻

"西方中心论"主要是一种从西方的角度来看整个世界的

① 基辛格．论中国．胡利评，等译．北京：中信出版社，2015：518.

隐含理念，自觉或不自觉地流露出西方对世界的优越感。特别是工业革命在西方发生，更拉大了西方跟非西方国家的差距，极大地推动了“西方中心论”的盛行。受其影响，现在流行于世界的许多理论都是从西方讲起，言必称希腊。而且很多国际标准都体现出“西方中心主义”，即以西方为中心确立标准尺度。

道格拉斯·C. 诺斯（Douglass C. North）等在《西方世界的兴起》一书中，将西方人特别是西欧人的富裕解读为“一种新的和独有的现象”，认为西方实现快速经济增长的根源在于“一套有效率的经济组织”。而有效率的经济组织必须做到私人收益接近社会收益，以确保所有权制度变得明晰，更好地保护个人财产，刺激各个经济主体的逐利行为。一句话，诺斯等要揭示的就是只有私有产权才会产生有效率的经济组织。这是一种典型的“欧洲中心论”观点，其核心是将“西方的兴起”作为一个独立的事件，在欧洲这个区域内进行考察和分析，从而试图找到促进经济增长的源动力。

西方兴起不能在“灯光”下寻找答案

事实上，西方的兴起，不能只是在“灯光”下寻找答案。戈德斯通就认为：“近 200 年来，欧洲人把他们在全球范围内的突然崛起归因于自己出众的优秀品质。他们从古希腊、罗马直到文艺复兴的历史中找出种种理由，以说明他们获得了对世界的某种洞见。他们以自己繁荣的城市和贸易为自豪，却常常忘记了当他们加入世界贸易循环的时候，大都市和繁荣的贸易早已经在亚洲存在了。”①

据希罗多德记载，希腊人第一次碰到波斯人时，便发现波斯人有主人，而希腊人是自由的，由此产生了西方历史上第一次文化优越论，也是“西方中心论”的第一种形式。亚里士多德建议他的学生亚历山大大帝以对付奴隶的办法来管理马其顿人、以对付自由人的办法来管理希腊人而遭拒绝，这可以说是西方优越感的第一次受挫。

西方优越感的重塑和强化源于对殖民地的征服。1492年哥伦布航行到达美洲，1498年达伽马绕过非洲到达印度。亚当·斯密认为这是两个最具历史意义的事件。正如亚当·斯密在《国富论》（《国民财富的性质和原因的研究》）中所写：“美洲的发现以及绕过好望角到达东印度的航路的发现，是人类有记载的历史上两个最重大的事件。”② 事实上，之所以称为“两个最重大的事件”，就是因为它们开启了西方征服世界的旅程，也预示着西方优越感的

---

① 戈德斯通．为什么是欧洲：世界史视角下的西方崛起（1500—1850）．关永强，译．杭州：浙江大学出版社，2010：18.

② 斯密．国民财富的性质和原因的研究：下卷．郭大力，王亚南，译．北京：商务印书馆，1974：200.

再次发端。

近代100多年来，美国历史常常被视为西方文明的顶峰，更是现代化最标准、最完美的呈现。基于此，美国人对“欧洲中心论”中关于世界及其历史形成的观点深信不疑。因此，近代以来，历史学流行观点从“欧洲中心论”的视角来表述欧洲史甚至世界史就成了司空见惯的事了，而且在大多数情况下，人们认为这种历史是真正的“信史”。就算收集再多的事实和证据都不足以消除“欧洲中心论”观点的影响，更不可能颠覆其结论，因为从内部找到的事实都倾向于证明所处母体的真实性和正当性。即使收集到的某些事实与此不符，它们也大都被视为异端和反常现象而遭到摈弃或被无视。

中国从曾经的兴盛走向衰落，又再次实现复兴，动摇了“欧洲中心论”关于世界的观念，至少证明其是不具备自洽性的。因此，看待今天的世界，必须跳出对世界现状形成过程的“欧洲中心论”解释模式，多用中国故事来尝试理解那些塑造了我们世界的重大转变。

中国崛起冲击“西方中心论”

对照中国今天的崛起，可以看到，很多人看待世界经济发展，过去很长时间受“西方中心论”影响，认为只有西方道路才是现代化的唯一道路。事实上，“西方中心论”只是用错误的方法在错误的地方寻找答案，结果导致了更多的错误结论。“西方中心论”有两个相关的问题需要回答：一是什么使西方走上了近代资本主义道路；二是什么阻止了东方的重大突破。“如果历史只是机械地重复过去，那么以往的任何转变都不可能发生。”① 当然，从不同角度看问题会有不同的答案，更会反映出不同的立场。

“西方中心论”的主要问题是：西方崛起是不可避免和注定的。这是历史的辉格解释，即将现代西方主导世界作为既定事实，然后去追溯过去，寻找所有使这些事实成立的独特的西方因素；同样，也将目前东方的附属地位或落后作为既定的事实，追溯过去，寻找所有阻止东方进入现代化的因素。由此，这种理论探索就以现在东方的落后是不可避免的而告终。更重要的是，这些问题只需要用西方的标准对东方进行评价，由此东方的任何成就在西方看来都是微不足道的，而且东方的落后是永远注定的，西方的先进则是永恒的。

这样，就带来三种相互交织的内在自相矛盾。第一，对西方发达的铁的规律和东方不发达的铁的规律的归因无法自圆其说。第二，西方发达与生俱来，东方滞后是永恒注定的。但这种假定不符合历史事实。第三，这是用一种自我强化、并不自

① 基辛格．论中国．胡利平，等译．北京：中信出版社，2015：518.

洽的逻辑理解的西方崛起，即它只能根据欧洲严格的内生性因素来解释。所有这些导致的最终结果就是，西方处于近代资本主义世界的发展历程中，东方则被永远排除在外。并且，不管是否有意，这种做法的最终结果是认为西方的崛起是成功的、神奇的、纯粹的——这正是欧洲中心神话中纯粹西方的本质①。

欧洲人为了弄清是什么造就了西欧独有的经济发展道路而做出了很多努力，这些努力成为现代社会科学的重要起源，然而这些努力一直没有达成一致的结论。彭慕兰认为，偶然性因素是西方崛起的关键。在某种意义上，西方崛起几乎可以用偶然性因素来解释②，偶然性和关联性起了某种作用。同时，应该把经济发展看成地区间互动的结果，而不是始终寻找某种对一个具体地区内生的成功来说是具体的致命缺陷或关键因素的东西。“把非西方社会当作发展‘失败’或‘没有发展’的实例，同时没有培养我们了解在其他地方确实发生过的不同形式的变化。”“由于我们知道 19 世纪发生的事情，我们太经常地把注意力仅仅集中于那些在比较早的时期就已经指向欧洲的突破和中国的困境的标志上。”“更近的事实可能警告我们注意，

---

① 霍布森．西方文明中的东方起源．孙建党，译．济南：山东画报出版社，2009：263.

② 彭慕兰．大分流：欧洲、中国及现代世界经济的发展．史建云，译．南京：江苏人民出版社，2010：7.

东亚和欧洲的差距是一种巨大但暂时的分离，而不是我的书名暗示的‘大分流’。”①

霍布森沿着这个思路，把西方的崛起主要归于四种幸运。第一，东方运用创造力使经济取得了巨大的成功，这为西方提供了许多不同的资源组合，从而为西方的崛起奠定了物质基础。第二，假使亚洲人没有创造一种全球经济，那么在没有东方全球化的条件下，他们的许多更加先进的创新就不可能传到欧洲。第三，更强大的东方社会并没有试图对欧洲进行殖民并把它纳入自己的文化圈。恰恰相反，欧洲受到了中国自制力的庇佑，因为中国没有选择通过帝国主义来普及自己的文化标准。可悲的是，中国的仁慈和宽容在400年后因欧洲帝国发动的鸦片战争以及对中国身份的攻击而受到了伤害②。第四，西班牙发现了金银蕴藏丰富的美洲是一件极其偶然的历史事件。哥伦布本来应该到达中国，但是他误打误撞到了美洲。假使没有误打误撞，而是到了中国，那哥伦布的航行可能将以向中国皇帝行叩头跪拜礼而结束。如果他登陆中国，那么美洲的金银就不会被开采，而这些资源在1500年后的西方追赶阶段尤其重要。更极端的看法是，没有美洲的金银，欧洲就不能维持

---

① 彭慕兰．大分流：欧洲、中国及现代世界经济的发展．史建云，译．南京：江苏人民出版社，2010：3－10.

② 霍布森．西方文明中的东方起源．孙建党，译．济南：山东画报出版社，2009：275.

1500—1800 年的亚洲一般水平[①]。

因此，彭慕兰认为，“如果我们以欧洲为世界体系中心的话，就无法理解 1800 年以前的全球性关联。我们有的是一个多中心同时没有占统治地位的中心的世界。全球性关联通常有利于西欧，但并不一定是因为欧洲人创造了这些关联或对其施加影响”[②]，因为“成型于现代早期欧洲的科学技术发展模式较为不寻常，但我们将看到它们自身仍然不能保证西欧会走上一条与例如东亚根本不同的经济发展道路”[③]。他通过比较人口、寿命、出生率、资本积累、技术水平等因素，认为中国在很多方面有优势，只是这种优势并非后来强调的那么突出。尤其是在科学技术方面，“西欧不仅没有在所有技术领域中领先，而且在它们确实领先的那些领域中，也只有一些是有长期意义的”[④]。

正如马克思所指出的：“由于开拓了世界市场，使一切国家的生产和消费都成为世界性的了……古老的民族工业被消灭了，并且每天都还在被消灭。它们被新的工业排挤掉了，新的工业的建立已经成为一切文明民族的生命攸关的问题；这些工业所加工的，已经不是本地的原料，而是来自极其遥远的地区

---

① 霍布森．西方文明中的东方起源．孙建党，译．济南：山东画报出版社，2009：275-276.

② 彭慕兰．大分流：欧洲、中国及现代世界经济的发展．史建云，译．南京：江苏人民出版社，2010：3.

③ 同②17.

④ 同②57.

的原料；它们的产品不仅供本国消费，而且同时供世界各地消费。旧的、靠本国产品来满足的需要，被新的、要靠极其遥远的国家和地带的产品来满足的需要所代替了。”①

邓钢从另一个视角提出“西方中心论”是个悖论，认为尽管漫长的中国历史充满了自然和人为的冲击与灾难，包括周期性干旱、洪水、内乱、潜在的和实际的外国入侵以及偶尔的外族征服，但它的抵御能力之强着实令人迷惑不解。尽管遭遇诸多不幸，中国却能凤凰涅槃，每每从废墟中浴火重生。最让人印象深刻的是，中国与西方现代经济和军事列强发生冲突败北之后，19 世纪下半叶又饱受列强入侵。20 世纪上半叶，日本侵华，中国依然屹立不倒，尽管受尽列强凌辱，却依然保持强大生命力，此事即使不是奇迹，亦属罕见。为何许多文明古国消失了，中国和中华文化在历史长河中却没有消失？更根本的问题是，翻看中国九死一生的记录，西方文明、中华文明，究竟哪个更生机勃勃？如果中华文明胜出，推行西方文明的意义何在？②

当然，今天的中国虽然成就巨大，但是与西方相比仍然存在不小的差距。尽管中国的发展成就震撼世界、影响西方，但中国过去、现在和未来都无意改变西方。应该说，亨廷顿的评

---

① 马克思，恩格斯．共产党宣言．北京：人民出版社，2014：31.

② 邓钢．中国传统经济：结构均衡和资本主义停滞．茹玉骢，徐雪英，译．杭州：浙江大学出版社，2020：1.

价相当客观，“西方是而且在未来的若干年里仍将是最强大的文明。然而，它的权力相对于其他文明正在下降”[①]。

五、近代中国落后不是因为市场化不足

从大历史角度看，在清朝乾隆时期，按安格斯·麦迪逊（Angus Maddison）的估算，当时中国经济占全球经济体量的1/4，甚至一度超过1/3。但是，中国却在19世纪不断衰落，一蹶不振，及至20世纪初只占全球经济体量的3%。是西方发展太快，还是中国停滞不前？

美国的帕金斯在《中国能成为下一个经济巨人吗?》中做过回答[②]。在19世纪，中国有一半时间处于战乱状态，并且面临西方帝国主义的挑战。虽然在第一次鸦片战争中失败，但清王朝还是延续了70年。在整整70年中，清王朝经历了同太平天国政权的一次大规模冲突和几次小冲突。在此期间，清王朝又经历了第二次鸦片战争的失败。后来虽然迎来了近30年的相对和平时期，但是政府无力，除了少数人致力于近代化发

---

① 亨廷顿．文明的冲突．周琪，等译．北京：新华出版社，2013：7.

② 帕金斯．中国能成为下一个经济巨人吗？//帕金斯，等．走向21世纪：中国经济的现状、问题和前景．陈志标，译．南京：江苏人民出版社，1992：214.

展的洋务运动外，整个国家就像一盘散沙。

1865—1894 年是中国在 1949 年前的最后机会。在接下来的时间里中国命运多舛。1895 年，甲午海战中国战败；1898 年，戊戌变法失败，改革流产；1900 年，中国又遭八国联军的侵略；辛亥革命后，袁世凯篡权试图建立新王朝；接着就是军阀混战和日本侵略中国。回顾这段历史，我们对中国为什么在 1949 年 10 月前无法实现经济持续发展，就不会感到奇怪了。只有到 1949 年 10 月以后，中国才逐步实现了安定，政府才能有条件和资源致力于经济发展。

鸦片战争爆发不是因为闭关锁国

目前，关于中西方大分流的解释很多。但是，大多数学者对欧洲实现工业化的原因的总结存在误区，往往认为人口因素和市场化是其成功的关键。言外之意就是，中国落后的原因在于人口过多和市场化不足。有学者指出，中国需要加快市场经济体制改革，因为中国之所以落后在于市场不发达，市场化乃至完全市场化才是中国的唯一出路。他们进一步推论：完全市场化即私有化才是中国走向现代化的唯一出路。与此同时，他们认为近代中国落后的原因也是市场化不足或市场不开放。

这一逻辑是错误的，事实并非如此。中国市场化的完善程度在历史上远远超过欧洲。当前很多历史书甚至教科书在论及世界及中国近现代史时，往往会误导读者：市场是最先在欧洲发展起来，并在欧洲达到最高水平。但历史事实恰恰相反。中国市场起源和发育的时间远比西方早，规模也比西方的大。

关于1840年第一次鸦片战争的原因解释，受“西方中心论”影响，在中国的历史语境中，流行的说法是：因为中国市场不开放、闭关锁国，所以英国用坚船利炮打开了中国的大门，强迫中国与英国进行贸易往来。因此，鸦片战争在西方历史书中被称为“通商战争”。这其实是“西方中心论”的典型思维，是从西方话语角度来思考近代中国问题。

事实上，鸦片战争爆发不是因为中国的闭关锁国，而是因为英国在工业化支撑下走殖民霸权道路受到了中国的贸易顺差制约，这使得英国的贸易不能通畅地进行。“人们普遍认为，外国商品都被这个仇外的自给自足的中华帝国排斥在国门之外，比如费正清关于清代‘对外事物充满敌意’的论断，便是如此。可以不需要详细考察清朝与世界其他地区建立经济联系的相关文献，但是这些资料足以说明，这个帝国并非完全对外界封闭，繁荣的海洋贸易使得大量的货物进入中国，从便宜的打火石到昂贵的钟表，其中一些是绝大部分人能够买到的。”① 因此，传统教科书中将鸦片战争和近代中国的一

① 冯客．简明中国现代史．陈瑶，译．北京：九州出版社，2016：107.

连串失败归因为中国长期闭关自守导致中国人封闭排外，逐渐落后于世界，这是不符合历史事实的。从鸦片战争以前中国对外贸易和中国商人对外交往的经济史料中，可以发现中国至少自 16 世纪以来就一直是东亚贸易的中心，不仅与周边国家保持着密切的贸易往来，而且与陆续接触到的西欧国家以及后来接触到的美国都一直保持着密切的商业联系。伴随着 17 世纪中期开始的世界商业扩张时代的到来，中国商人（主要是广州豪商）更是走向世界，前往欧美进行商业投资。

回望历史，我们可以发现，19 世纪中期以前，中国在对英贸易中已经形成了巨大的顺差。早期中国的茶叶在英国的上层社会和精英群体中流行，后来茶叶在英国各个阶层盛行起来，英国对茶叶的需求量非常大。“海外市场在英国的国计民生上一天比一天紧要。而中国对通商的限制，英国认为最不利于英国的商业发展。”① 这样，中国对英贸易顺差越来越大。当然，英国也曾经试图以谈判的方式改变这样的格局，但是没有效果。1793 年，受维多利亚女王的派遣，马戛尔尼来到中国，觐见乾隆皇帝。“马戛尔尼使节的预备是很费苦心的。特使乘坐头等兵船，并带卫队。送乾隆的礼物都是英国上等的出

① 蒋廷黻．中国近代史．北京：中华书局，2016：16.

品。用意不外要中国知道英国是个富强而且文明的国家。”[①]

马戛尔尼的“初心”和“使命”就是要说服清朝统治者答应跟英国进行贸易。他向乾隆皇帝展示英国的现代化工业产品，诸如座钟、机械化的马车模型，甚至还有一个现代化的大炮模型，最终目的就是希望打开中国市场。“在乾隆方面，他也十分高兴地迎接英国的特使，但是乾隆把他当作一个藩属的贡使看待，要他行跪拜礼。马戛尔尼最初不答应，后来有条件地答应了。”[②] 但没想到乾隆皇帝却把这些东西一概称为“奇巧淫技”，声称中国不需要英国的工业产品。“乾隆皇帝很不快乐，接见后，就要他离京回国。至于马戛尔尼所提出的要求，中国都拒绝了。”[③]

结果，中英之间的贸易结构无法改变，中国对英贸易顺差就越来越大。后来，英国开始进行鸦片贸易，以消减对中国的贸易逆差。因为林则徐禁烟态度最坚决，所以他被道光皇帝委派为禁烟大臣。对此，林则徐本人的自信心也很强。“本大臣家居闽海，于外夷一切伎俩，早皆深悉其详。”[④] 林则徐在给英国女王的信中对其进行质问：鸦片买卖在英国都是禁止的，凭什么要我们国家鼓励，这是不应该的！“利己不可害人，何

---

① 蒋廷黻．中国近代史．北京：中华书局，2016：11.

②③ 同①12.

④ 同①15.

得将尔国不食之鸦片烟带来内地，骗人财而害人命乎？”① 他要外国人做好两件事：一是鸦片尽数缴官；二是出具甘结，声明嗣后来船永不敢夹带鸦片，如有带来，一经查出，货尽没官，人即正法。“若鸦片一日未绝，本大臣一日不回，誓与此事相始终，断无中止之理。”②

但是，林则徐的禁烟运动最终还是以失败收场。蒋廷黻认为：“从民族的历史看，鸦片战争失败还不是民族致命伤。失败以后还不明白失败的理由，力图改革，那才是民族的致命伤。”③ 可以看出，“近百年来，中国备受西方帝国主义、资本主义之欺凌压迫，思欲一变传统，以效法乎彼”④。

无独有偶，英国的霍布森也证实了这一点：“英国极其渴望改变与中国长期存在的贸易赤字，改变大量黄金和白银不断流出英国的局面。其中一个出路就是找到新的茶叶供应来源。基于这一目的，印度的部分地区种了茶叶。但是，彻底改变英国贸易逆差最重要的武器是向中国出口鸦片。18 世纪后期，英国刚开始依赖土耳其的鸦片，后来才通过改造印度的部分地区，使其成为一个鸦片供应的来源。这非常有效，因为吸食者更喜欢印度鸦片而不是土耳其鸦片。到 1828 年，印度鸦片已经占到英国向中国出口鸦片的 55%。在 1839 年林则徐试图削

---

①② 蒋廷黻．中国近代史．北京：中华书局，2016：16.

③ 同①21.

④ 钱穆．国史新论．北京：九州出版社，2012：50.

减鸦片贸易时，英国人以此为借口发动了鸦片战争。利用这种卑劣手段，英国人改变了对中国历史性的贸易赤字。”①

鸦片战争就是打着自由主义旗号的炮舰政策的体现。“英国长期对华贸易亏损，为扭转入超，英国向中国输入鸦片，尤其是 1833 年后，英国政府取消了东印度公司在印度的贸易垄断地位，许多散商参与鸦片贸易，使鸦片输入推动控制，造成中国的社会危机。1839 年，中国政府下令禁烟，在广州虎门烧毁大量英国鸦片。英国对此报复，借口使臣在中国受到冷遇，于 1840 年发动战争。”②

对此，马克思感慨，“英国用大炮强迫中国输入名叫鸦片的麻醉剂”③，“这真是任何诗人想也不敢想的一种奇异的对联式悲歌”④。因此，将发动鸦片战争的原因归结为清朝政府的“闭关锁国”破坏了自由贸易规则，看起来更多是英国人为了掩饰自己的罪恶而寻找的借口。

后来的事实也证明，鸦片战争背后的根源不在于中国是否闭关锁国，其实质是英国难以面对其在与中国的贸易中无法获利的现实而采取的侵略行径。马克思强调，“过去有个时候，

---

① 霍布森．西方文明中的东方起源．孙建党，译．济南：山东画报出版社，2009：241.

② 钱乘旦，许洁明．英国通史．上海：上海社会科学院出版社，2019：295.

③ 马克思，恩格斯．马克思恩格斯选集：第 1 卷．3 版．北京：人民出版社，2012：779.

④ 同③804.

曾经流行过一种十分虚妄的见解，以为天朝帝国‘大门被冲开’一定会大大促进美国和英国的商业；当时我们曾根据对本世纪以来中国对外贸易所作的较详尽的考察指出，这些奢望是没有可靠根据的”①。后来的事实也证明，“1842 年条约在促进英国对华出口贸易方面，没有发生丝毫作用”，“没有需要以及对传统服式的偏爱，这些是文明商业在一切新市场上都要遇到的障碍。至于粗斜纹布的厚度和强度，难道英国和美国的制造商不能使他们的产品适合中国人的特殊需要吗？这里我们就接触到问题的症结了”②。

到此，我们终于明白，用马克思的话说：“惯于吹嘘自己道德高尚的约翰牛，却宁愿隔一定的时候就用海盗式的借口向中国勒索军事赔款，来弥补自己的贸易逆差。只是他忘记了：如果兼施并用迦太基式的和罗马式的方法去榨取外国人民的金钱，那么这两种方法必然会相互冲突、相互消灭。”③

将鸦片战争爆发的原因归结为中国闭关锁国，这其实是西方的叙事方式。无论中国是闭关锁国还是对外开放，对于在殖民霸权思维指导下的英国而言，不管是自由贸易还是战争，都是其在攫取他国利益目的之下进行成本考虑后的选择。“如果

① 马克思，恩格斯．马克思恩格斯选集：第 1 卷．3 版．北京：人民出版社，2012：843.

② 同①845.

③ 同①814.

说是丰富的原材料激发了帝国主义的非洲之梦的话，那么中国的诱惑力在于市场。正如英国纺织商们梦想的，我们哪怕只给每一个中国人的衬衫增加一英寸，就能让曼彻斯特的工厂永远运转下去。虽然这个四亿消费者的市场继续躲着欧洲人，但是他们在整个19世纪一直没有放弃打开中国市场的努力，最终于世纪末在抢夺租界中达到高潮。”① 历史总是惊人的相似，170多年之后，2018年，中美爆发贸易摩擦，美国提出美中贸易存在巨额逆差，其借口与当年的英国如出一辙，其背后的狼子野心昭然若揭。

中国商业活动源远流长

从商业活动本身来看，我国商业活动起源甚早，远比西方历史悠久。《易经·系辞》说：“庖牺氏没，神农氏作……日中为市，致天下之民，聚天下之货。”这可以说是关于我国市场与商业活动的最早记录。《尚书·大传》里讲到舜在受尧禅让之前就是一个商人，他“贩于顿丘，就时负夏”。由此可知，我国是世界上商业兴起最早的国家之一。

赵冈和陈钟毅认为，我们要重新检讨中国古代社会经济的性质，并提出中国古代社会就是市场经济，而且具有相当程度

---

① 马克斯．现代世界的起源：全球的、生态的述说．夏继果，译．北京：商务印书馆，2006：144.

的社会分工以及相当自由的市场活动，起码在有信史可据的朝代如此。中国很早就已经形成了市场经济。市场经济并不限于19世纪或20世纪，也不以民主的政治制度为先决条件。只要私有制出现，经济财货的所有权分散在众多的单元中，就会形成市场经济。事实上，从战国时期开始，中国经济已经是一种市场经济。每个人或每个家庭独立地做决策，他们有相当大的选择权。很多经济上的现象与动向都是众多主体独立选择所形成的结果。因此，市场经济不一定就属于资本主义社会。市场经济本身有其发展过程，资本主义社会是市场经济发展到后期的高级形态。①

从1550年开始，中国商业扩张加速，丝绸和瓷器国际市场的扩展刺激了工业生产，国外白银的大举流入为商业的发展提供了动力。苏州、杭州和南京等江南城市的繁荣发展尤其引人注目，成千上万从事手工业生产的江南民众对奢侈品和新日用品的需求日益增长。大城市的牵引力辐射了江南的乡村，数以百计的卫星城镇崭露头角，将乡村和远近的城市市场连接了起来。②

彭慕兰对于中国明清时期市场经济程度的论断更为大胆。他说："18世纪的中国（或许还有日本）比西欧实际上更接近于

---

① 赵冈，陈钟毅．中国经济制度史论．北京：新星出版社，2006：13.

② 万志英．剑桥中国经济史：古代到19世纪．崔传刚，译．北京：中国人民大学出版社，2018：292.

一种类似新古典主义理论的市场经济。”[①] 而且“中国比欧洲大部分地区，包括西欧大部分地区，更接近于市场驱动的农业”，因此，“仅有活跃的市场不一定导致质变性发展”[②]。传统理论认为，中国是一个以农业为主体的自给自足社会，或者说是以小农为基础的农业社会。其判断标准还是农业在 GDP 中所占的比重。虽然我们并没有相关数字来佐证，但笔者认为这是一个不用证明的问题。如果要找数据，可以看看税收中农业税所占的比例和农村人口的数量。在这种自给自足的农业经济中，虽然商品生产与交换（还称不上商品经济，因为整个经济并不是以商品生产与交换为中心）有了相当程度的发展，但与市场经济比相差甚远，更谈不上已是类似新古典主义理论的市场经济。

专门研究中国商业史的英国学者科大卫（David Faure）在他著名的《近代中国商业的发展》中提出：“中国商业的发展在很大程度上依赖于庇护制度，以及处于礼仪（而不是法律）规范之下的合伙关系。”[③] 科大卫进一步强调，庇护制度就是依靠家族或官方的保护来经商的制度。礼仪主要指道德规范、个人的道德修养。这是新古典主义的市场经济吗？要知道，市场经济需要以一套制度为基础，包括银行、公司和

---

① 彭慕兰．大分流：欧洲、中国及现代世界经济的发展．史建云，译．南京：江苏人民出版社，2010：84.

② 同①85.

③ 科大卫，等．近代中国商业的发展．周琳，李旭佳，译．杭州：浙江大学出版社，2010：160.

商法。

西方国家在“16 世纪之时，银行、公司和商法的基础就已经奠定”。而传统中国商业中缺乏这一套制度。中国明清的手工作坊（包括商号之类的商业组织和票号之类的金融组织），在本质上“既非资本主义的制度，也不是引致资本主义的原因”①。这样的经济如何谈得上是比西欧还接近新古典主义理论的市场经济？至于说以市场驱动农业，在少数地区如江南，少数经济作物如丝、棉等的确存在这种情况；但就全国，甚至整个江南地区而言，主要还是靠自给自足驱动的。英国历史学家艾伦·麦克法兰（Alan Macfarlane）的《现代世界的诞生》对这一问题做出了卓越的分析。麦克法兰认为：“工业革命和农业革命是某个更恢宏事物的组成部分，那就是市场资本主义（market capitalism）。市场资本主义是一个集态度、信仰、建制于一身的复合体，是一个寓经济和技术于其中的大网络。”②

近代中国落后不是因为市场经济不发达

市场经济的成熟是晚期帝国经济史的一个显著特征。虽然商品流通未能覆盖广袤的农村地区，但长途贸易网络的确延伸

---

① 科大卫，等．近代中国商业的发展．周琳，李旭佳，译．杭州：浙江大学出版社，2010：171.

② 麦克法兰．现代世界的诞生．管可秾，译．上海：上海人民出版社，2013：57.

到了帝国的所有角落。长途贸易的发展得益于宗族信托、同乡网络、贸易专业化、合资以及联号等一系列制度创新的发展。但是，和宋朝时的中国截然不同的是，国家采购曾是宋朝长途贸易网络构建和衔接的主要催化剂，但到了清朝晚期，私人企业反倒成了促进市场发展的动力所在。私人商业的自由生长推动了斯密型模式的发展，而正是在这种模式下，市场扩张和劳动专业化让经济获得了更高的效率[①]。

约翰·希克斯（John Hicks）在《经济史理论》中认为，欧洲拥有市场成长的良好条件，包括农业剩余的增加、专业化、职业商人、法律和秩序的建立与维护、货币和信用，还有重商主义政策。[②] 而被希克斯忽视的事实是，中国也拥有这些条件，甚至更早拥有。赵冈认为，市场在中国的设立至少不会晚于战国时期。邓钢也持同样的观点，认为早在公元前6世纪，中国的私有制已经建立起来，并成为主要的所有制形式。

中国不仅拥有世界最高产的农业，而且拥有复杂的货币体系和信用制度。此外，由于有生产者私人所有制和基本财产制度的支撑，广泛的国内和国际市场体系在中国已存在千年之久。甚至有学者提出，自宋以来，中国经济的本质就是市场经

---

① 科大卫，等．近代中国商业的发展．周琳，李旭佳，译．杭州：浙江大学出版社，2010：292.

② 希克斯．经济史理论．厉以平，译．北京：商务印书馆，2011：56.

济，并已达到经济广泛市场化。[①] 问题是，为何这些被希克斯看作驱动增长的市场因素并没有让中国取得和欧洲一样的成就？

根据古典经济学和新古典经济学，市场最根本的功能是实现资源配置最优并促进经济增长。但是在理论上，市场并不会自动实现经济发展。相反，市场导致了可持续技术变迁和工业革命的停滞，很多国家掉入了发展陷阱。布洛克在评价波兰尼（Polanyi）的《巨变：当代政治与经济的起源》时说，经济学理论是建立在谎言之上的，而这些谎言将人类社会推向了危机。[②] 真正的市场社会需要政府在市场调节上扮演积极角色，而此角色有于赖于政策决定，这些都不能化简为某种技术或行政功能。

波兰尼认为，在我们这个时代之前没有一种经济是受市场的控制而存在的，尽管 19 世纪学院的咒文是如此持续不断地此唱彼和，事实却是：在交易上图利从没有在人类经济生活中占过如此重要的地位。虽然市场的制度从石器时代后期就已普遍出现，但它在生活中只不过是附属角色。直到近代，市场在许多国家的国内经济中所扮演的角色都是无足轻重的，其后当它们转变为市场模式所支配之经济时，其变化就会越发清楚地显现出来。[③]

约翰·希克斯也为此而抱怨：在经济学的发展过程中有过

① 邓钢．中国传统经济．茹玉骢，徐雪英，译．杭州：浙江大学出版社，2020：8.

② 波兰尼．巨变：当代政治与经济的起源．黄树民，译．北京：社会科学文献出版社，2013：28.

③ 同②111.

一个阶段，其时经济学家们都埋头于市场经济学，以至于都不愿意考虑其他事情——不承认还有别的体制可供选择。市场可能有的比较完美，有的比较不完善；经济学家的职责就在于找到使它们尽可能完善的办法。我们已经认识到对非市场体制应更加重视。将市场体制与非市场体制进行比较已经成为正常的做法。非市场体制可作为一种判断市场的参考标准。①

奥尔森（Olson）也表达了同样的抱怨：标准的市场理论缺失了一个不可或缺的部分，就像一个精美的凳子只有两条腿一样。我认为，这个理论之凳的第三条腿之所以缺失，原因在于经济学说大部分是在相对较成功的经济环境中出现和发展起来。它同工业革命起步于同一时间和地点——亚当·斯密的《国富论》发表于1776年的英国，这一领域的几乎所有进步都发生在西欧和北美这些高度发达的经济体中。经济理论得以发展的所有社会均有一个共同特征，而这个共同特征通常被当作理所当然的。②

尽管许多人强调所有成功的市场经济体制均广泛地使用市场，但奥尔森认为，极少听到有人指出在贫穷的经济体中市场也是普遍存在的。甚至最为随意的观察也可以说明这一点。生活在低收入经济体中的人们知道在村庄中有赶集的日子，在城

① 希克斯．经济史理论．厉以平，译．北京：商务印书馆，2011：11.

② 奥尔森．权力与繁荣．苏长和，等译．上海：上海人民出版社，2018：181.

镇中有集贸市场，街上有叫卖商品的小贩。在加尔各答那样贫困人口数量很大的大城市里，商店和小贩的数量几乎是不可计数的。奥尔森曾见到的商店和小贩数量最多的一个地方，是1992年年初的远远算不上繁华的莫斯科：那时，几乎每一个地铁站和街角都可以看到人们在做买卖。毫无疑问，所有繁荣的经济体都是市场经济体，那些理解这些经济体的人们都知道，市场至少是其繁荣的一个主要源泉。如果说是市场孕育了经济繁荣，为什么那些低收入经济体中无所不在的市场没有使这些经济体出现同样的繁荣？为什么市场几乎无处不在但财富却如此罕见？如何才能使得社会不仅拥有市场，而且拥有为其民众带来大量财富的那种类型的市场？[①]

人们曾经认为，市场最初是在欧洲发展起来的，并在那里达到了最高水平。这种观点源自工业革命的“历史的辉格解释”，其“证明”了工业革命为什么首先发生在那里。“在过去的20年里，中国历史学家们的研究已经证明，18、19世纪中国的市场是多么高度发达而又运转灵活。例如，在珠三角和长三角地区，农民们实现了养蚕的专门化。其他地区也许在棉花、甘蔗或其他非粮食作物的生产上也实现了专门化。”“18世纪中期，中国政府日益乐于让市场和商人长距离贩运谷物，

① 奥尔森．权力与繁荣．苏长和，等译．上海：上海人民出版社，2018：184.

从出产地到消费地有时远达一千英里。对这些市场运行效率的评估表明，它们比同时期的法国、英国或美国的市场更有效。另外，中国的土地、劳动力和资金市场也运行良好，在一些方面好于欧洲国家的具有可比性的市场。”①

总之，18世纪的中国同世界上其他发达地区一样发达，无论是从农业生产力水平、制造业和市场的成熟程度来说，还是从消费水平来说，都是如此。中国家庭根据变化的经济形势调整规模，当机会减少时就控制家庭规模，以保证最低生活水平；功能的专门化导致市场和高度商品化经济的出现，覆盖广大地区的水路运输系统保证了商品和人口在帝国内快速流动。

然而，中国高度发达的市场经济并没有导致一种工业上的突破。相反，到19世纪，中国已经达到旧生态体制的生态极限。19世纪初，有几个地区的燃料供应已变得匮乏，农民家庭不再使用木材，而是使用稻草和谷糠取暖和做饭，不仅如此，人口密集的核心区域与发展中的边缘地区的市场交换也起到了减缓中国经济发展的作用。

总而言之，在旧生态体制的范围内中国存在着一种高度发达的市场经济。然而，这一体制限制着经济更高程度的发展，与此同时，中国农民的自由与男女分工的实践结合在了一起，

---

① 马克斯．现代世界的起源：全球的、生态的述说．夏继果，译．北京：商务印书馆，2006：144.

所有这些综合起作用，使中国在 19 世纪中期达到劳动密集型农业的极限。食品、衣物、住房和燃料的生产都需要土地，为了从土地上得到更多收获，中国人不惜血本在农业上投入劳动力。旧生态体制下的专门化的劳力、日益增加的市场交换和不断改善的交通状况在中国独特的国情下日益把中国推向劳动力密集型的农业，而不是推向一次工业革命。

西欧发展最快是因为它有最有效的商品市场和生产要素市场，这样的结论并不完全令人信服。“很多人会同意，在某些特殊情况下，精心策划的对完全竞争的背离——如 19 世纪美国和德国保护贸易——能够对具体的经济发展有相当大的帮助。”①

六、“中国奇迹”背后的密码

罗素说，中国追求的目标不仅对中国很重要，对全世界也很重要。中国现在有了复兴精神，如果再能阻止外邦为非作歹，就可能发展一种新文明，比世界上存在过的所有文明都优秀。罗素认为，中国应该塑造这样的文明：留住中华民族特有的温文尔雅、恭敬有礼之风，率真平和之气，辅之以西方科学

① 彭慕兰．大分流：欧洲、中国及现代世界经济的发展．史建云，译．南京：江苏人民出版社，2010：84.

知识，并将其付诸实际，解决中国面临的问题[①]。

比较优势理论不能解释“中国奇迹”

中国复兴的真正原因是什么？比较优势理论是当前用以解释中国经济增长的热门理论，但是“中国奇迹”不能用比较优势理论来解释。全世界有比较优势的国家很多，为什么只有中国成功了？比较优势理论认为，中国的成功是因为中国的劳动力比较便宜，有人口的红利。但印度也有人口红利，为什么印度不成功？理论的科学性在于可重复性。

所有今天在世界上取得成功的国家都不是因为在国家发展战略中具有比较优势。德国赶超法国，美国赶超英国，都是抛弃了比较优势。苏联在1957年发射了世界上第一颗人造卫星，按照比较优势理论，美国就不应该发射卫星。但是1958年，美国成立了国家航空航天局，以国家力量推动卫星产业发展。回望历史，当美国还是英国的殖民地时，英国甚至禁止美国生产螺丝钉、马钉，美国必须从英国进口这些东西。按照比较优势理论，美国作为英国的殖民地，所有的工业产品都由英国来提供，美国只需要发展好种植园经济就可以了，如果这样的话，美国至今可能还是个农业国。

自1978年以来，中国开启了人类历史上最快速的持续经

---

① 罗素．中国问题．田瑞雪，译．北京：中国画报出版社，2019：294.

济增长、最广泛的现代化，以及最大规模的消灭贫困。在新中国前30年的基础上，改革开放以来，中国只用了40多年时间就跃居为世界第二大经济体，而且基本实现了西方曾经用200多年才完成的工业化。

历史上从来没有其他任何一个国家或者社会，能像中国这样，在这么短的时间以这么快的速度，在拥有如此大的体量、如此广袤的国土上实现如此快速的经济发展。而且中国经济正在从高速度发展转向高质量发展。

中国的崛起与全面复兴拓展了发展中国家走向现代化的途径，给世界上那些既希望加快发展又希望保持自身独立性的国家和民族提供了全新选择，为解决人类问题贡献了中国智慧和中国方案。“中国奇迹”震惊了西方主流经济学，也撼动了西方关于经济发展与经济治理的话语权。

比较优势理论认为，中国经济发展取得成功是因为充分利用了比较优势，即我们丰富的、低成本的劳动力。事实上，比较优势理论是西方主流经济学的理论。现在的西方主流经济学已经成为反事实的经济学，这个世界已经见证了许多令人震撼的反差，特别是西方主流经济理论与无情的经济现实之间的巨大反差。现在是应该回到正确认识比较优势理论的时候了。

首先，比较优势理论无法完整地解释中国的全面崛起和复兴。将比较优势理论的视角从中国扩展到全世界，就不难发现，中国并不是同时期唯一具有比较优势的国家，世界上还存在许多落后但具备独特比较优势的国家，而这些国家却没有像中国一样发展起来，因此比较优势理论无法圆满解释同样具有比较优势的发展中国家为什么没有发展起来。中国的崛起与全面复兴，绝不仅仅是因为人口红利、资源丰富、土地广袤等比较优势，这些因素只能理解为是中国崛起的必要条件而非充分条件。最经典的实例是，20 世纪 80 年代，我们曾天真地相信，用比较优势理论发展产业，以市场换技术发展汽车产业，结果至今没有打造出世界级汽车品牌。后来，我们坚定地打破比较优势的信条，以国家战略推动高铁发展，只用了短短 10 年时间，就让高铁成为中国走向世界的名片。所以，不能简单地用西方的经济学理论任意评判当前的中国问题或理解未来的中国走向。

其次，用比较优势理论解释中国奇迹，必然落入“中等收入陷阱”。比较优势理论本身暗含着“供给会自动创造需求”的萨伊定律假设，故而认为市场会自发形成，忽略对有效市场进行建设和投入，将一国无法成为高收入国家的原因简单归结为比较优势消耗殆尽，从而对现象产生错误的理解。在未来中国经济发展中，原有的人口红利不断消失，劳动力廉价的优势将不复存在。显然，如果用比较优势理论解释中国的奇迹，就必然面临一个问题，即随着未来中国发展中传统比较优势的消失，中国很可能会落入“中等收入陷阱”。

再次，比较优势理论作为自由贸易的基石，只是“影子”，不是事实真相。比较优势理论本质上是一种只有赢家没有输家的海盗抢掠高级体系理论，只能使富国更富、穷国更穷，是为不合理的经济现实辩护并对其加以美化的学说。从历史上看，德国赶超法国，美国赶超英国……以及其他许多“后进”国家赶超“先进”国家，都是因为“后进”国家自觉或不自觉地摒弃比较优势理论。众所周知，在英国工业化的大潮中，美国的腾飞是很晚才发生的事情，一直到 19 世纪末 20 世纪初美国才挤上发达国家的列车。如果按照比较优势理论所开的药方，美国必须承认自己在一切生产领域都处于绝对劣势。因此，美国应该依赖农业而放弃发展制造业。如果真是这样，山姆大叔可能至今只是一个弱小的农业国或者所谓“自给自足的农业经济体”。更进一步的推论是，现实中的工业国制造业效率高，而不发达国家农业效率相对较高，如果完全按照比较优势理论进行发展，那么第三世界国家只能去工业化而永远沦为不发达国家，形成依附性经济，只能困在发展的陷阱中无力逃脱。

最后，按照比较优势理论的逻辑，印度可能成为世界上经济增长最快的国家，印度必然超越中国。近 10 多年来，随着新兴经济体的崛起，印度赶超中国的所谓“龙象之争”更为世界所关注，成为国际上唱衰中国的“噱头”。到目前为止，两个世界上最大的发展中国家经济快速发展的势头仍然在延续。展望未来，“龙象齐飞”将是 21 世纪世界经济发展的一大景观。从已成功的经济增长逻辑来看，两国都有自己的经验可供借鉴。

应该承认，在未来发展中，印度将会取代中国成为世界上人口红利最大的国家。尽管印度有人口红利的比较优势，但谁是“长期增长中的胜者”，现在回答显然为时尚早。纵观印度在独立后经济发展的整个历程，印度要成为持续高速增长的国家难度很大，而赶超中国的路程很可能是漫长的甚至是遥遥无期的。

事实上，中国经济的成功不仅体现在伟大的实践上，更体现在经济理论的巨大突破上，中国所推行的经济政策和理念显然不同于西方主流经济理论。改革开放 40 多年来，中国经济发展之所以能取得举世瞩目的成就，在于中国从实际出发，找到了一条把社会主义基本制度与市场经济结合起来的道路，形成了充满活力的社会主义市场经济体制，并在持续深化改革中不断理顺政府与市场的关系，实现了有效市场和有为政府的有机结合。正因为如此，我国的社会主义市场经济体制在实践中交出了令世人惊叹的“优秀成绩单”。可以肯定，以经验事实为基础的中国经济学理论比目前任何西方主流经济学理论更具影响力，它不但会使中国成为一个比先行者和善的超级经济大国，也会让更多发展中国家看到发展的希望，更会推动人类命运共同体的形成。

中国对西方的超越本质上是国家治理能力和治理体系的超越

中国对西方的超越，表面上看是经济的成功超越，本质上是国家治理能力和治理体系的超越。原因有二：一是在传统西方经济学理论中，政府和市场的关系是此消彼长、相互替代的“零和关系”，而中国的改革和经济增长实践则证明了两者可以是互补的“正和关系”；二是主流西方经济学话语强调工具导向的市场作用机制，而内生于传统中国、成熟于现代中国的治理结构禀赋更能为“中国奇迹”做出有效解释。

从中西大分流的历史视野中我们发现，近代以来我们学习西方却未能成功的一个合理解释是：无法在西方那里找到适合我国国情的国家治理体系。在现代中国，国家治理能力和治理体系的超越直接体现在逐渐找到符合国情的发展道路：从“发展才是硬道理”到“发展是党执政兴国的第一要务”，从“以人为本的科学发展观”到“五大新发展理念”。正如社会主义是人们在认识和把握历史必然性基础上的一种自觉运动，是在实践中不断被创造和超越的自我构建一样，国家治理体系也是基于自身逻辑，在政治、经济、文化的时代背景下，基于历史传统而形成的不同治理结构。比如，某位西方政治家曾说“民主是一种最不坏的制度”，这是一种选择，然而这种选择并不是放之四海而皆准的。所谓民主体制，在尚未完成现代化进程的国家中反而引起了空前的动荡和混乱，因此探索一条真正符合国情的现代化道路并非易事，但照搬西方制度一定会产生“橘生淮北则为枳”的效果。

“中国奇迹”让历史终结的预言破产

罗素在一百年前就对中国有了深刻的认识。他说，到目前为止，他只找到一个答案，那就是：中华民族是全世界最有耐心的民族，别的民族心里想的是几十年，而中国人能想几百年。中华民族坚不可摧，能够继续等下去，也等得起[①]。

福山曾因苏联解体而断言“历史的终结”，但是30年后中国的崛起彻底改变了他的认识和判断。他认为，软弱的政府与糟糕的制度才是冲突和贫穷的根本原因，许多失败或脆弱的国家因此掉入低层次陷阱。实际上，为了启动经济增长，强大的政府制度往往是必需的；恰恰是它的缺席，将失败或脆弱的国家拖入了冲突、暴力和贫困的恶性循环。失败或脆弱国家所缺乏的制度中，首先而又最重要的是行政上的能干政府。[②]

七、中国特色社会主义进入新时代

近代以来，中国人民面临争取民族独立和人民解放，实现国家繁荣富强和人民生活显著改善，实现社会主义现代化和中

① 罗素．中国问题．田瑞雪，译．北京：中国画报出版社，2019：12.

② 福山．政治秩序与政治衰败：从工业革命到民主全球化．毛俊杰，译．桂林：广西师范大学出版社，2015：43，45.

华民族伟大复兴的三大历史任务。

三次历史性伟大飞跃

面对三大任务，中国共产党带领全国人民，经过百年的艰苦奋斗，实现了中华民族从“站起来”“富起来”到“强起来”的三次历史性伟大飞跃。

“站起来”：从 1921 年建党到 1949 年中华人民共和国成立的这段历史时期，中国共产党带领、团结全国各族人民，历经 28 年艰苦卓绝的革命斗争，推翻了帝国主义、封建主义和官僚资本主义三座大山，建立了中华人民共和国，自豪而庄严地向世界宣布“中国人民站起来了”。新中国开启了中华民族伟大复兴的历史新纪元，因此“站起来”是对伟大的中国革命取得的民族独立和人民解放历史成就的精辟概括。

“富起来”：自 1949 年中华人民共和国成立到 2012 年党的十八大召开这段历史时期，中国共产党带领、团结全国各族人民，探索在贫穷落后的经济社会发展水平基础上建设社会主义，持续走向繁荣富强。“富起来”又分为两个阶段：第一个阶段是指从 1949 年 10 月中华人民共和国成立至 1978 年 12 月党的十一届三中全会召开这段时间；第二个阶段是指从党的十一届三中全会召开至 2012 年 11 月党的十八大召开这段时间。

改革开放前，以毛泽东为核心的党的第一代中央领导集体带领全国各族人民，在新民主主义革命成果的基础上，进行了社会主义改造，确立了社会主义基本制度，为中国的发展奠定了根本政治前提和制度基础；艰辛探索社会主义道路，为开创中国特色社会主义提供了宝贵经验，取得了独创性的理论成果，也为下一阶段的发展奠定了产业和物质基础。

改革开放后，在邓小平“贫穷不是社会主义”思想指导下，中国共产党带领、团结全国各族人民坚定不移地走中国特色社会主义道路，以经济建设为中心，坚持四项基本原则，坚持改革开放，使国家综合实力快速提升，中国成为全球第二大经济体。“富起来”是对新中国成立以来，特别是改革开放以来实现国家繁荣富强和人民生活显著改善的伟大历史成就的高度评价。

2013 年 1 月 5 日，习近平同志在新进中央委员会委员、候补委员学习贯彻党的十八大精神研讨班上发表重要讲话，对改革开放前后两个历史时期关系做出以下判断：“不能用改革开放后的历史时期否定改革开放前的历史时期，也不能用改革开放前的历史时期否定改革开放后的历史时期。改革开放前的社会主义实践探索为改革开放后的社会主义实践探索积累了条件，改革开放后的社会主义实践探索是对前一个时期的坚持、改革、发展。”①

“强起来”：2012 年 11 月党的十八大召开以来的阶段。正

---

① 中共中央宣传部．习近平总书记系列重要讲话读本．北京：人民出版社，2014：19.

如十九大报告中所强调的，十八大以来的五年，是党和国家发展进程中极不平凡的五年。因为顺应实践要求和人民愿望，我们党才能够“解决了许多长期想解决而没有解决的难题，办成了许多过去想办而没有办成的大事”。面对世界经济复苏乏力、局部冲突频发、全球性问题加剧的外部环境，面对我国经济发展进入新常态等一系列深刻变化，我们坚持稳中求进的总基调，迎难而上，开拓进取，取得了改革开放和社会主义现代化建设的历史性成就。全党、全国人民砥砺奋进、全面深化改革，中国逐步走近世界舞台中央。更有质量的经济和更有质量的发展让中国阔步走在“强起来”的道路上。

党的十八大以来，中国在世界经济发展、环境改善等问题上，所发挥的作用越来越大。用习近平总书记的“三个前所未有”来表述就是：“我们前所未有地靠近世界舞台中心，前所未有地接近实现中华民族伟大复兴的目标，前所未有地具有实现这个目标的能力和信心。”[①] 党的十八大以来，中国共产党不断深化对共产党执政规律、社会主义建设规律、人类社会发展规律的认识，取得了重大理论创新成果，形成了习近平新时代中国特色社会主义思想，中国特色社会主义进入新时代。“强起来”是中国发展新的历史方位。

---

① 中共中央宣传部．习近平总书记系列重要讲话读本．北京：人民出版社，2014：133.

中国特色社会主义推动中国富起来

经过40多年的改革开放，中国从低收入国家迈进了中等收入国家的行列，应该说这主要得益于坚持将马克思主义基本原理与中国实际相结合，坚定不移地走好中国特色社会主义道路。无数事实证明了一个真理：只有社会主义才能救中国，只有改革开放才能发展中国、发展社会主义。

坚持发展才是解决一切问题的“金钥匙”。发展是人类永恒的主题，国家强盛、人民富裕，关键在发展。发展是硬道理，只有经济发展了，人民才能富裕，社会才能安定，这是中国特色社会主义发展实践反复验证的一条真理。中国经济的快速腾飞，最显著的一个优势体现在“加快发展”上。从1949年中华人民共和国成立到2012年党的十八大召开的这一段时间，中国之所以能取得举世瞩目的辉煌成就，从根本上讲就是因为抓住了发展这个主题。在中国特色社会主义现代化道路上，我们党对发展的主题从未动摇过，以不断创新的实践主动回应世界性的发展难题和普遍性的发展困境。

回顾从站起来到富起来的发展历程，中国特色社会主义的伟大成就归功于中国始终坚持高举改革开放大旗，主动顺应经济全球化潮流，把改革开放作为大踏步赶上时代步伐的重要法宝。没有改革开放，就没有中国的今天，也就没有中国的明天。通过改革开放，不断深化和推进体制改革，加快破除经济、政治、社会、文化和生态等领域的体制机制障碍，不断解放思想，激发劳动、知识、技术、管理、资本的活力，解放和发展了社会生产力，推动了从计划经济向市场经济的历史性转变，提升了经济社会发展质量，使人民生活水平不断迈上新台阶。

坚持建立完善中国特色社会主义市场经济体制。中国始终坚持社会主义市场经济的改革方向，在改革中不断完善中国社会主义市场经济体制，在实践中不断超越西方理论的认知；始终坚持"看不见的手"和"看得见的手"的有机结合，做到既充分发挥市场经济的优势，又有效克服市场失灵的风险，牢牢把握经济发展的大局，全面认识发展规律，适应经济发展新常态，完善宏观调控，走出一条行稳致远的发展之路。改革开放40多年来，中国大型基建（如高铁、高速公路、西气东输、南水北调）、新能源推广、数字化的生态互联网建设等，以及"天宫""蛟龙""天眼""悟空""墨子"、大飞机等能够"上天入地下海"，国家力量在其中发挥着非常重要的作用。中国奇迹的背后是国家治理能力和治理体系的现代化，以及对西方的超越。

经过改革开放前的探索积累，到改革开放初期，中国经济总量大约排名世界第10位。经过改革开放后的长足发展，中国经济排名迅速提升。2010年，中国超过日本成为世界第二大经济体。1978年，中国GDP总量为3 679亿元，人均385元；2012年，中国GDP为537 329.0亿元，人均GDP为39 874元。1978年，中国经济总量仅为美国的6.5%；2012

年，中国经济总量达到美国的53.3%。

与国家富强同步进阶的是人民生活的不断改善。1978—2019年，城镇居民人均可支配收入从343元提高到42 359元，农村居民人均纯收入从134元提高到16 021元；城镇居民恩格尔系数从57.5%下降到28.2%，农村居民恩格尔系数从67.7%下降到30%，达到相对富裕标准。

同时，“富起来”也让中国有了更强的底气和实力，为实现中华民族伟大复兴的中国梦夯实了基础。正如党的十九大报告所指出的，经过长期努力，中国特色社会主义进入了新时代，这是我国发展新的历史方位。中国特色社会主义进入新时代，意味着近代以来久经磨难的中华民族迎来了从站起来、富起来到强起来的伟大飞跃，迎来了实现中华民族伟大复兴的光明前景。

中国经济进入由“高速增长”转向“高质量发展”的新时代

新时代，是承前启后、继往开来、在新的历史条件下继续夺取中国特色社会主义伟大胜利的时代，是决胜全面建成小康社会进而全面建设社会主义现代化强国的时代，是全国各族人民团结奋斗、不断创造美好生活、逐步实现共同富裕的时代，是全体中华儿女戮力同心、奋力实现中华民族伟大复兴中国梦的时代，是我国日益走近世界舞台中央、不断为人类做出更大贡献的时代。

党的十八大以来，我们党着眼于全面建成小康社会、实现社会主义现代化和中华民族伟大复兴，以强烈的历史使命感和问题意识前瞻性谋划未来，统筹推进“五位一体”总体布局，协调推进“四个全面”战略布局，抓住改革发展稳定的关键，进一步确立了新形势下党和国家各项工作的顶层设计、战略方向，坚定走生产发展、生活富裕、生态良好的文明发展道路，为全球生态安全做出中国贡献，充分体现了当代中国的全局视野和战略眼光。

作为世界第二大经济体，中国“形成了世界上人口最多的中等收入群体”，2017 年对世界经济增长的贡献率达到 30％左右，成为世界经济增长的重要引擎。改革开放 40 多年发展不断积累的物质基础，为中国培育新动力、拓展新空间夯实了基础，有力地推动中国不断朝着更高质量、更有效率、更加公平、更可持续的方向前进，标志着中国经济进入由“高速增长”转向“高质量发展”的新时代。新时代中国“强起来”有五大表现。

一是中国经济实现了从量变到质变的提升，成为全球经济的主要贡献者。中国经济实力更强，后劲更足。2013—2019 年，我国国内生产总值年均增长 6.6％，高于同期世界 2.6％和发展中经济体 4％的平均增长水平，在保持中高速增长的同时保证了物价稳定，CPI 年均上涨 2.0％。国家统计局数据显示，2019 年我国国内生产总值按年平均汇率折算达到 14.4 万亿美元，稳居世界第二位；人均国内生产总值按年平均汇率折算达到 10 276 美元，首次突破 1 万美元大关。国际货币基金组织数据显示，近年来，中国对全球经济增长的贡献率约达 35%，超过美国、欧元区和日本贡献率的总和，居世界第一位。中国已成为持续推动世界经济增长的主要动力源。2019 年中国居民恩格尔系数为 28%，接近富足标准。

二是中国日益走近世界舞台中央，整体形象不断提升。党的十八大以来，中国的主场外交对中国提升国际形象起到了良好的作用。2018 年 1 月 5 日，中国外文局对外传播研究中心联合调查机构发布《中国国家形象全球调查报告 2016—2017》。该报告指出："中国在全球治理中的角色正日益被认可；中国的模式和道路正获得越来越多的点赞；中国正以既古老又日新月异的姿态，赢得越来越多海外公众的好感与探索意愿。"2014 年以来，中国主办了亚信峰会、APEC 领导人会议、抗战胜利 70 周年阅兵、G20 杭州峰会、"一带一路"国际合作高峰论坛、厦门金砖会晤、博鳌亚洲论坛、中非论坛、中拉论坛、世界互联网大会、中国共产党与世界对话会等高规格活动。这些活动展示了中国经济实力，传达了中国理念，发出了中国声音，彰显了中国智慧。

三是中国共产党的治国理政走到了世界前列，成为各国政党学习的榜样。中国共产党的领导力、感召力来自党带领中国人民从站起来到富起来再到强起来的艰辛历程和伟大成就，是历史的选择、人民的选择。在百年的奋斗史中，中国共产党既带领中国人民获得了民族独立和人民解放，实现了国家富强和人民富裕，又经受住了严酷的外部考验，抵御了政治、军事、经济和意识形态的种种渗透干预。2017年11月30日至12月3日，中国共产党在北京主办了全球政党大会——中国共产党与世界政党高层对话会。这是迄今为止世界上最大的党际交流平台，来自世界各国的300个政党和政治组织的领导人参与。此次大会的召开，进一步展现了党的十八大以后中国共产党强大的号召力与开放胸襟，向全世界展示了中国共产党的先进性。

四是发力导向世界健康发展，中国方案体现大国担当。党的十八大以来，中国在全球治理上颇有建树。“一带一路”倡议是中国向全球提供的公共产品，将造福于沿线60多个国家。在气候问题上，中国积极推进《巴黎气候变化协定》。2017年11月1日，中国气候传播项目中心在北京发布的《2017年中国公众气候变化与气候传播认知状况调研报告》显示：“中国公众的气候变化认知度保持高水平，94%的受访者支持中国落实《巴黎气候变化协定》，96.8%的受访者支持中国政府开展应对气候变化国际合作。”相较美国宣布退出《巴黎气候变化协定》，中国在减排上的表现要积极主动得多，尽显大国担当。2017年10月31日，国家发改委发布的《中国应对气候变化的政策与行动2017年度报告》显示，中国在能源、农林业、工业、交通运输业和建筑业等领域绿色低碳改革取得一些成绩，为发展中国家应对气候变化提供支持——“为小岛屿国家、最不发达国家、非洲国家及其他发展中国家提供了实物及设备援助，对其参与气候变化国际谈判、政策规划、人员培训等方面提供大力支持，并启动在发展中国家开展 10 个低碳示范区、100 个减缓和适应气候变化项目及 1 000 个应对气候变化培训名额的合作项目。”

五是人民的生活水平不断提升，形成了世界上人口最多的中等收入群体。党的十八大以来，中国取得了减贫的最好成绩。数据显示，中国贫困人口从 2012 年年底的 9 899 万人减到 2019 年年底的 551 万人，贫困发生率由 10.2%降至 0.6%，连续 7 年每年减贫 1 000 万人以上。2016 年我国有 28 个贫困县脱贫摘帽，2017 年有 100 个左右贫困县脱贫摘帽，而 2021 年全面建成了小康社会。从 2014 年起，我国将每年 10 月 17 日设立为“扶贫日”。人民的生活水平有了不断提高，人均收入持续增长，城镇居民平均每百户拥有的汽车、摩托车、电视机、洗衣机等耐用消费品数量不断增加。2017 年 1 月中国社会科学院社会政法学部、中国社会科学院国家治理研究智库发布的《中等收入群体的分布与扩大中等收入群体的战略选择》显示，中国约有 4.5 亿人口属于中等收入家庭，6 亿人口属于中等收入以上家庭。国家统计局综合司副司长毛盛勇提出，即使在保守测算的情况下，我国中等收入群体也已超过 4 亿人，占全球中等收入群体的30%以上。这一数据与瑞士信贷研究中心发布的数据基本一致。

坚定不移地走好中国特色社会主义道路

纵观新中国成立以来的历史，以毛泽东同志为核心的党的第一代中央领导集体带领全国各族人民确立了社会主义基本制度，为中国富起来夯实了政治基础和制度基础。以邓小平同志为核心的党的第二代中央领导集体带领全国各族人民开创了改革开放的伟大事业，成功地走出了一条中国特色社会主义的新道路。邓小平之后，江泽民、胡锦涛接棒带领全党全国人民逐步实现了中国富起来的目标。

党的十八大以来，以习近平同志为核心的党中央带领全国各族人民站在了新的历史起点上，努力实现从“富起来”走向“强起来”的目标。坚持发展是党执政兴国的第一要务，坚持以改革开放作为当代中国社会进步的必由之路，坚持中国特色社会主义道路。中国用70多年的时间走完了西方发达国家几百年走过的历程，实现了从一穷二白到建立现代工业体系和国民经济体系的跨越，实现了从物资极度匮乏、产业百废待兴到成为世界经济增长引擎、全球制造基地的跨越，实现了从贫穷落后到阔步走向繁荣富强的跨越。

历史以超出人们想象的大跨越和大步伐，对中国共产党领导中国人民走出的中国道路做出了最生动的诠释。中国改革开放 40 多年取得的发展成就，带给中国的是一场百年未有的大变局，带给世界的却是历史坐标的大翻转。

从历史看，从 18 世纪中叶工业革命开始，在 200 多年的历史中，那些成功迈入现代化门槛的国家和地区相对于中国来说体量都不算大。美国是人类迄今为止最大的现代化国家，它于 18 世纪末开始现代化，至 20 世纪中叶完成现代化，那时它的人口才 1.5 亿左右，人均 GDP 在 1 万美元上下。中国有 14 亿人口，现在又有着世界最大的中等收入群体。中国在体量无比庞大、情况无比复杂的国情下实现民族复兴，在人类社会发展史上，其艰巨性前所未有，其伟大性和创造性前所未有，其冲击力和影响力也前所未有。

从现实看，美国以世界 4.2%左右的人口消耗了全球资源的 25%左右。按照这样的比例，如果追求同样的生活方式和生产方式，那么把世界现有的全部资源都给中国也不够用。单纯从资源角度看，西方文明不是人类文明的未来，当然也不是广大发展中国家的未来。中国是一个发展中大国，独特的文化传统、独特的历史命运、独特的基本国情，注定了我们必然要走适合自己的发展道路。

“鞋子合不合脚，自己穿了才知道。”道路走得怎么样，最终要靠事实来说话。改革开放 40 多年的成功实践证明，我们走在了正确的道路上，那就是中国特色社会主义道路。对于这条道路，我们必须时刻保持清醒，只要认准了、认定了，就坚定不移地走下去。党的十九大擘画了未来 30 多年的发展，那就是到 2020 年全面建成小康社会，到 2035 年基本实现社会主义现代化，到 21 世纪中叶建成社会主义现代化强国、实现中华民族伟大复兴的中国梦。这意味着人类社会发展史上将出现第一个以社会主义制度实现现代化的国家；意味着到那时，不仅中华民族将以更加昂扬的姿态屹立于世界民族之林，而且社会主义运动将迎来一个高潮，科学社会主义的旗帜将高高飘扬。

中国的崛起、中华民族的伟大复兴，不单是一个民族再现自己的辉煌，不单是满足 14 亿多人民群众对美好生活的需求，不单是影响全球的格局、拉动世界的经济，而且是一种“文明的崛起”，是一条道路和一种制度的成功，是一种完全不同于西方文明的生产方式、生活方式、价值理念的问世和被肯定、被追随，是中国理念、中国价值、中国主张的吸引力、影响力不断扩大。它向世人昭示的是，历史没有终结，也不可能被终结；现代化之路不是单数，而是复数。中国共产党人带领中国人民走出了一条新的成功之路，它拓展了发展中国家走向现代化的途径，给世界上那些既希望加快发展又希望保持自身独立性的国家和民族提供了全新选择。这就是改革开放对社会主义的贡献，是中国共产党人对人类的贡献。正是在这个意义上，中华民族伟大复兴才成为人类社会发展史上的“大事件”，必将对人类文明的走向产生重大影响。

第 三 章

中国崛起的样本意义与历史启迪

世界上有 200 多个国家和地区，为什么富的那么富、穷的这么穷，而且还有进一步拉大的趋势？更进一步的问题是，为什么看上去相似的国家，经济社会发展的结局却迥然不同？或者用罗斯托（Rostow）的话来说，这一切是怎么开始的？也许另一个话题更让人感兴趣、更引人关注，那就是：为什么有些国家一旦衰落就从此一蹶不振了，而另一些国家可以再次实现民族复兴和崛起？这无疑是一个历史性和世界性的课题。

早在 1817 年，英国人口学家托马斯·马尔萨斯（Thomas Robert Malthus）就说过："探寻国富国穷的原因是政治经济学一切研究的重中之重。"但是，他又对此显示出悲观情绪："我对人类生活的看法具有忧郁的色调，我会绘出这种暗淡的色彩，完全是因为现实中就有这种色彩，而不是因为我的眼光有偏见，或我生来就性情忧郁。"① 司马迁提出"究天人之际，通古今之变"。从历史中汲取教训，从现实中提炼经验，无疑

① 马尔萨斯．人口原理．朱泱，等译．北京：商务印书馆，1992：2.

可以寻找到最好的答案。卡尔曾提出诘问：历史是什么?[1] 历史是一连串的偶然事件，还是长期注定的必然？孟德斯鸠说，引发重大变革的机遇不同，原因却始终相同。所有个别的偶发事件都是总趋势带动的结果。[2]

一、中国：曾经的辉煌与今日的复兴

人类历史自出现国家以来，就伴随着大国的兴衰更替。兰德斯在《国富国穷》中说，要了解世界经济的历史就必须研究中国，因为“中国是人类文明真正的中心。中国古代科学和技术的成就证明：中华民族有能力屹立于世界民族之林”[3]。历史上的中国并不是“一穷二白”的国家。中国最为早熟。在相当长的时间里，中国是世界上发展得最成功的国家。“中国确实是一直走在世界前列”[4]。马尔萨斯也强调，中国也许很久以前就已富裕到了其法律和制度的性质所允许的程度，如果改变法律和制度，如果重视对外贸易，中国也许会富裕得多。显而易见，如果中国非常重视国内商业和对外贸易，由于劳动力

---

① 卡尔直接以书名叩问历史，参见：卡尔．历史是什么．陈恒，译．北京：商务印书馆，2017。

② 孟德斯鸠．罗马盛衰原因论．许明龙，译．北京：商务印书馆，2016：3.

③ 兰德斯．国富国穷．门洪华，等译．北京：新华出版社，2010：377.

④ 托尼．中国的土地和劳动．安佳，译．北京：商务印书馆，2017：10.

充裕和劳动价格低廉，中国可以制造出大量产品供出口[①]。

中国曾经的辉煌

黑格尔说，中华帝国最令人称奇的地方在于，它的一切都是自力更生的结果，它从自己内部之中就产生出来了，似乎与外界没有什么关系。不过，这个帝国很早就已经吸引了欧洲人的注意力和兴趣，但是那些欧洲人所听到的东西，毕竟都是传说，所以他们很难相信。比如，13 世纪的时候，就有一位来自威尼斯的意大利人——马可·波罗，他从中国回去后写过一篇游记，可是他的描述在当时被人们普遍认为是太荒谬了。结果，他的那些记录后来被一一证实了。“据保守估计，中国有一亿五千万人口，而据最大胆的估计，则认为中国人口有三亿。而它的领土更是辽阔，北起极北之地，南至印度，东起太平洋，西至波斯和里海。”[②]

早在公元 600 年左右，中国唐朝对广泛兴起的全球贸易就起到了至关重要的作用。麦克尼尔（McNeill）说，中国的繁荣、商业化，就像一个巨大的风箱煽起了一种新兴的全球经济的火焰。[③] 中国在公元 6 世纪时就差不多拥有了英国在 18、19

---

① 马尔萨斯．人口原理．朱泱，等译．北京：商务印书馆，1992：123.

② 黑格尔．黑格尔历史哲学．潘高峰，译．北京：九州出版社，2011：222.

③ 霍布森．西方文明的东方起源．孙建党，译．济南：山东画报出版社，2009：33.

世纪农业革命时的所有成就。说那时的中国处于今天美国、西欧的地位，而欧洲处于摩洛哥的地位，一点也不夸张。18 世纪前欧洲原始的、惨淡的农业，与公元前 4 世纪以后先进的中国农业简直没有可比性。如果用人均 GDP 来衡量，700 年前的中国是地球上最富、最发达的国家。19 世纪前，中国比欧洲任何一个国家都要强大。从 5 世纪到 14 世纪，中国较早发展起来的技术和以精英为基础的统治所创造的收入都要高于欧洲的水平；甚至在 1820 年，中国的 GDP 比西欧和其衍生国的总和还要高出将近 20％。①

中国地大物博，土地肥沃，富有宝贵的原材料，还有高超的技术及经验传承；同时，中国很久以来就一直拥有重要的制造工业。“中国一向是世界上最富的国家，就是说，土地最肥沃，耕地最精细，人民最多而且最勤勉的国家。然而，许久以来，它似乎停滞于静止状态。今日旅行家关于中国耕作、勤劳及人口稠密状况的报告，与五百年前视察该国的马可·波罗的记述比较，几乎没什么区别。也许在马可·波罗时代以前好久，中国的财富就已经达到该国法律制度所允许的发展程度。”②

---

① 麦迪森．世界经济千年史．伍晓鹰，许宪春，等译．北京：北京大学出版社，2003：109.

② 斯密．国民财富的性质和原因的研究：上卷．郭大力，王亚南，译．北京：商务印书馆，1972：65.

到150年前机器生产兴起，中国的工业与西方的工业在技术特性方面基本相同，但从质上来说，中国的技术常常优于西方的技术。“天朝物产丰盈，无所不有，原不藉外夷货物以通有无。”这是1793年中国政府拒绝英国要求更密切通商时的一个答复，这个答复也常常被广泛引用。从政治上看，这个答复可能比较幼稚，但它却具有比西方国家申请通商更充分的经济合理性。当时，英国的许多工业产业正在从与中国同样的发展阶段脱颖而出。[①] 但是，当英国工业革命在一百年时间里影响遍及全世界时，中国的工业产业依然保持原样，且几乎没有什么变化。[②]

正是这样的历史场景，使得亚当·斯密在1776年出版的《国富论》中对中国大加赞赏：中国比欧洲任何国家都富裕。[③] 更早些时候，在马可·波罗的眼里，中国就是西方人羡慕的天堂。在8世纪，长江上约有2 000条船只航行，运载货物总量约相当于1 000年后的英国运载货量的1/3。马可·波罗估计在长江下游有1.7万条船只在航行。坦普尔为此而惊叹：中国人在历史上是最伟大的航海者，因为在近2 000年的时间里，他们拥有远比世界其他地区先进的船只和航海技术。[④]

---

① 托尼．中国的土地和劳动．安佳，译．北京：商务印书馆，2017：114.

② 同①115.

③ 斯密．国民财富的性质和原因的研究：上卷．郭大力，王亚南，译．北京：商务印书馆，1972：65.

④ 霍布森．西方文明的东方起源．孙建党，译．济南：山东画报出版社，2009：53.

大约在1000年时，中国人改进了磁铁罗盘并用于航海；1045年，宋代人毕昇发明了活字印刷术。当时，开封是中国的中心，也是世界的中心。在宋代，开封作为帝国之都，有上百万的人口，而同时期的伦敦仅有15 000人。著名的《清明上河图》就通过一幅画直观地展示了历史上开封的壮丽与辉煌：桥上街上行人摩肩接踵，茶楼和饭馆生意兴隆。

麦尼尔认为："谈到宋朝的市场经济，分布在不同地区的市场经济，能比一般的指令经济更有效地保证所需材料源源不断地供应工匠作坊，只有效率最高的指令经济能够与之相比。"① "11世纪在中国兴起的庞大的市场经济仍然足以使指令体系和市场行为之间的世界均势发生十分重大的变化，中国在富裕程度、技术水平以及人口数量方面都迅速地远远超过了地球上的其他国家。而且，中国经济增长和社会的发展已经对国外产生了影响。甚至在火药、指南针和印刷术开始使中国边界以外的文明社会发生剧烈变革以前，就已经出现了一个预备阶段。在这个阶段，日益强化的远距离贸易将市场关系的重要性提高到了新高度，为比中国国内任何经济发展都要持久的、更稳定的经济起飞铺平了道路。"②

---

① 麦尼尔．竞逐富强：公元1000年以来的技术、军事和社会．倪大昕，杨润殷，译．上海：上海辞书出版社，2013：33.

② 同①44.

从另一个角度来看，宋朝经济的奇迹不是中国历史上的一个孤立事件，它反映和展示的是中国历史上对西方的领先与超越。正是中国经济发展所取得的辉煌成就激起了无数西方人士对中国的向往。应该说，如果没有对中国的向往，就不会有后来的哥伦布发现新大陆（哥伦布直到去世都固执地认为，他到过的地方就是中国）。

直到 1860 年，中国占世界生产总值的比重都高于英国。按照麦迪森的说法，1820 年中国的 GDP 占世界 GDP 总量的 30%，相当于整个欧洲的总量。到 1750 年为止，中国的领导地位仍然是显而易见的，它占据着世界制造业产量的 33%，是英国的 1 600%；只是到 1830 年时，西方才超越中国；1860 年时，英国才与中国并驾齐驱。所以，霍布森有一句中肯的评价：相对于中国成熟的发展水平，后来的英国只是标准的新兴国家。如果没有中国早期的贡献，英国很有可能至今还是一个渺小而落后的国家，游离于一片同样落后的欧洲大陆边缘。①

芮乐伟和韩森在《开放的帝国：1600 年前的中国历史》中认为，在 1600 年以前，中国的经济比欧洲更为发达。16 世纪，培根赞颂中国的三大发明——印刷术、火药和指南针——改变了世界。这些发明都是从中国传到欧洲的。从 1600 年开

① 霍布森．西方文明的东方起源．孙建党，译．济南：山东画报出版社，2009：194.

始，欧洲的中国优越论开始减退。是什么导致了这样的逆转？最简单的回答是，欧洲人首先经历了科学革命，而后经历了工业革命，这为欧洲的发展提供了前所未有的动力。[①]

然而，在历史长河中，中国没能保持住领先者的优势，中国与西方在19世纪开始出现“大分流”，并且两者之间的距离从此越拉越大。这不仅体现在GDP的总量上，更体现在人均GDP上。

按麦迪森的估算，在公元元年时，中国的GDP占世界总GDP的26.2%，整个欧洲只占10.8%；1000年时，中国的GDP占世界的22.7%，欧洲只占8.7%；到1820年时，中国的GDP占世界总GDP的32.9%，欧洲占23.6%，美国占1.8%；而到1870年时，中国的占比明显下滑，只占世界的17.2%，而这时欧洲占33.6%，美国占8.9%；1950年时更是落入低谷，此时中国只占世界GDP的4.5%，欧洲占26.9%，美国则迅速上升，占到27.3%。从人均GDP来看，在公元元年时，中国是450国际元，欧洲是450国际元；1000年时，中国是450国际元，欧洲是400国际元；1820年时，中国是600国际元，欧洲是1 232国际元，英国是1 707国际元，美国是1 257国际元；1870年时，中国是530国际元，欧

① 芮乐伟，韩森．开放的帝国：1600年前的中国历史．梁侃，邹劲风，译．北京：社会科学文献出版社，2016：410.

洲是 1 970 国际元，英国是 3 191 国际元，美国是 2 445 国际元；1950 年时，中国是 439 国际元，欧洲是 4 594 国际元，英国是 6 907 国际元，美国是 2 834 国际元。①

可以看出，从 1000 年到 1950 年的近 1000 年的时间里，中国的人均 GDP 基本没有发生什么变化。按照经济学的现代经济增长定义，现代经济增长从没有在中国发生。

今日中国复兴

是什么原因导致了中华帝国的衰落？中国何时才能重现复兴的势头？研究显示，到 20 世纪初，中国 GDP 占世界总量的比例跌到 13%；改革开放前，甚至还不到 5%。改革开放 40 多年后的今天，这个比例又再次回升到大约 16%。现在，中国已成为世界第二大经济体。按照经济学家的预测，以目前的增长潜力和增长空间来看，大约在 2030 年，中国将超越美国，成为世界第一大经济体。

在生产技术，尤其是生活技巧方面，中国确实一直走在世界前列。但是在西方，紧随自然科学时代之后而来的就是发明时代。中国则不然。中国发明时代先于自然科学时代。中国人有了发明之后，发明就落到了以此获取成果的粗人手里，就好

① 麦迪森．世界经济千年史．伍晓鹰，许宪春，等译．北京：北京大学出版社，2003：262.

像中国人意识到，他们需要更为灵敏的媒介来表现其天才。一旦方法成型便长期保持不变，因为这些方法是适当且常常是精妙的，改变就成了一件坏事。中国很少鼓励变革，也不存在迫使他们进行变革的逼人的外部压力。①

莫里斯（Morris）将西方主宰世界的原因归结为社会发展的能力，也就是社会通过影响物理、经济、社会等环境以达到相应目标的能力。② 西方缘何主宰世界，实际上包括两个问题：一是西方为何更为发达，也就是相比世界其他地区更具备达成目标的能力？但是，我们更需要知道的是，为何过去 200 多年时间，西方的发展达到如此的高度，以至于一些国家可以主宰全球？人们接受的简单常识是：18 世纪开始，英国释放出蕴藏在蒸汽与煤炭中的巨大能量；工厂、铁路和炮舰给了 19 世纪的欧洲和美国统治全球的能力；而 20 世纪的科技革命，让西方世界进一步拉大了其与其他国家和地区的距离。所有这一切是必然的吗？

回首往事，进入 21 世纪以来，中国经济发展一路高歌猛进，经济规模每 6 年翻一番；在世界经济几度低迷时，中国一再点燃世界经济的引擎。这一事实不断提醒人们：历史并没有终结。思考这个问题的大多是历史学家。但是，众所周知，历

① 托尼．中国的土地和劳动．安佳，译．北京：商务印书馆，2017：11.
② 莫里斯．西方将主宰多久．钱锋，译．北京：中信出版社，2014：99.

史学家往往喜欢回看，所以他们大多拒绝谈论未来。西方一位政治家说过，你越能回溯历史，便越有可能展望未来。当然，还有众多的千奇百怪的预言和理论，总体来看，可以分为长期注定论和短期偶然论。

长期注定论的核心观点就是，某一关键因素使东西方判然有别，从而决定了工业革命必然发生于西方。至于这个关键因素是什么，以及何时开始发生作用，内部产生了激烈争论和分歧。比如，有的人强调物质因素，如气候、地形或者自然资源；有的人则指向无形的因素，诸如文化、政治或者宗教。那些重视物质因素的倾向于把长期看成极为漫长的时间；那些强调文化因素的人则把长期视为相对来说短暂的时间。自 20 世纪中期前，几乎所有解释西方缘何主宰世界的理论都是长期注定论的变体，其版本就是欧洲人在文化上拥有无与伦比的优越性。他们认为，古希腊人创造了一种以理性、创新和自由为特征的独特文化，正是这种文化使欧洲与众不同。他们也承认，东方有自己的文化，但是东方的文化是无序、保守、等级森严，无法与西方匹敌的。由此，他们得出结论：西方之所以能攻城略地、包举宇内，是因为西方具有独特的文化。

自近代以来，一大批中国的仁人志士和知识分子不断反思东方落后的根源。孙中山在《兴中会宣言》中大声疾呼：

> 中国积弱，至今极矣！上则因循苟且，粉饰虚张；下则蒙昧无知，鲜能远虑。堂堂华国，不齿于列邦；济济衣

冠，被轻于异族。有志之士能不痛心！夫以四百兆人民之众，数万里土地之饶，本可发奋为雄，无敌于天下。乃以政治不修，纲维败坏，朝廷则鬻爵卖官，公行贿赂；官府则剥民刮地，暴过虎狼。盗贼横行，饥馑交集，哀鸿遍野，民不聊生，呜呼惨哉！方今强邻环列，虎视鹰瞵，久垂涎我中华五金之富，物产之多。蚕食鲸吞，已见效于踵接；瓜分豆剖，实堪虑于目前。……

…………

……盖中国今日，政治日非，纲维日坏，强邻轻侮百姓。其原因皆由众心不一，只图目前之私，不顾长久大局。不思中国一旦为人分裂，则子子孙孙世为奴隶，身家性命，且不保乎！急莫急于此，私莫私于此；而举国愦愦，无人悟之，无人挽之，此祸岂能幸免。倘不及早维持，乘时发奋，则数千年声名文物之邦，累世代冠裳礼义之族，从以沦亡，由兹泯灭，是谁之咎？识时贤者，能无责乎？故特联络四方贤才志士，切实讲求当今富国强兵之学，化民成俗之经，力为推广，晓谕愚蒙，务使举国之人皆能通晓。联智愚为一心，合遐迩为一德，群策群力，投大遗艰，则中国虽危，庶可挽救。所谓“民惟邦本，本固邦宁”也。

受其影响，1900 年前后，向西方学习，“师夷长技以制夷”，成为中国社会的主流思潮。于是，西方著作不断被翻译，西方经济学和进化论也在这个时期被引进中国。当时社会各阶层的认识结论是，西方的主宰虽然是长期注定的，但是并非不可改变，只要“师夷长技以制夷”，中国仍然可以迎头赶上。

但是，多数持长期注定论者认为，东方的赶超是无能为力的，因为东方无法培育出像西方一样具有创新精神的文化，或者说过剩的人口决定了东方陷入低层次的社会形态。

将这种静态的中国文明与动态的西方经济加以比较，也极易让人产生误解。如果将中西差异视为永久不变的特征，这就是错误的解释。从历史经验来看，领导者地位也是“三十年河东，三十年河西”。说哪个地方的人天生会经商、哪个地方的人天生不会经商，就算评判的标准已经清晰明确，这种说法也毫无历史根据。①

有时候，被描述为中国经济生活特征的传统主义，实际上并不是中国的特征，而是欧洲与中国共有的一个文明阶段。事实上的经济巨变和理想中的持续经济进步，并不是西方历史的标志，而是西方最近四百年的标志。

今天看起来真实的事情在昨天可能并没有那么真实，明天或许就变得虚假，引发中国和西方沿着不同道路发展经济的诸种力量，是历史研究中一个引人入胜的课题，但这是一个不容外人置喙的领域。这个课题不仅要探究中国的经济生活未曾变化的原因，

---

① 托尼．中国的土地和劳动．安佳，译．北京：商务印书馆，2014：11.

还要探究西方的经济生活为什么会发生如此巨大的变化。①

二、国家兴衰，潮起潮落

被称为历史学之父的希罗多德早就注意到，过去辉煌的城邦，大多数已经不再辉煌，而现在强大的城邦，过去也曾经非常弱小。通过这两类相反的事实，我确信人类的幸福不可能永远持续长存。②

国家兴衰

奥尔森强调，人们往往在神秘的历史事实面前感到困惑：许多曾经辉煌的庞大帝国或文明逐渐衰落或崩溃；而许多过去蒙昧的民族却迅速崛起，获得了巨大的财富、权力，创造了灿烂的文明。西方古罗马帝国、阿兹特克帝国……这些帝国和文明中的每一个都被此前的蒙昧部落超越，它们辉煌的金字塔和城市也被抛弃在荒郊野外。③“1 000 年前的人绝对意识不到，欧亚大陆西端的这块凸出部分会发生如此巨大的变化。用今天经济

① 托尼．中国的土地和劳动．安佳，译．北京：商务印书馆，2014：12.
② 希罗多德．历史：上册．王以铸，译．北京：商务印书馆，2016：4.
③ 奥尔森．国家的兴衰：经济增长、滞胀和社会僵化．北京：李增刚，译．上海：上海人民出版社，2007：1.

历史学家流行的术语来说，那时，欧洲拥有世界主导地位的可能性几近于零。然而，500 年后，这种可能性接近了百分之百。”①

11 世纪的非洲和欧洲的人均 GDP 还旗鼓相当，但是之后资源丰富的非洲大陆，特别是撒哈拉以南地区，却长期处于贫穷和落后状态。同样在中东，虽然以色列人把自己称为被上帝选中的人，但是上帝并没有给以色列更多的“关照”，以色列自然资源极其短缺，不过这丝毫不影响其经济繁荣。

16 世纪是属于西班牙的“黄金时代”，其领地遍及世界，被誉为“日不落帝国”（英国只是第二个荣膺“日不落帝国”称号的国家）。根据麦迪逊的数据，在 1500—1600 年，西班牙的人均收入从 661 美元增长到 853 美元，增长率为 29%。但它也只是经历短暂的光辉，如过眼云烟。1700 年，英国的人均 GDP 水平仅接近荷兰的 60%，19 世纪初英国经过快速发展，人均 GDP 已经接近荷兰的水平，并在 1870 年以前完成了对荷兰的赶超。进入 20 世纪以后，英国与荷兰的人均 GDP 差距进一步放大，在绝对数量上英国反超荷兰接近上千国际元。② 1820 年德国的经济实力远远落后于英国，1913 年就与英国的经济实力相当了，而且从 GDP 总量上来看甚至略有超过。③

---

① 兰德斯．国穷国富．门洪华，译．北京：新华出版社，2010：31.

② 麦迪逊．世界经济千年史．伍晓鹰，许宪春，等译．北京：北京大学出版社，2003：262.

③ 同②259.

曾经的莫卧儿王朝也不可一世，最后却沦为英国的殖民地。曾经辉煌的吴哥王朝早已湮没于历史长河中；就是在1950—1960年代，柬埔寨在亚洲的排位也是可圈可点的，新加坡立国之初也曾向柬埔寨学习，但令人想不到的是它今天却变成了典型的欠发达国家。

西方主流经济学从来没有提供一个成功案例。最经典的西方经济学教条就是强调土地、劳动力、资本是经济增长之源。但是，现实中资源丰富的国家一般都比较贫穷。俄罗斯幅员辽阔、资源丰富，却从来就没有进入过富国的行列。它的天然气、煤炭储量都位居世界首位；石油储量占世界的1/3，仅次于沙特阿拉伯，居世界第二。但是，根据安格斯·麦迪森按1990年购买力平价国际元计算，1998年西欧人均GDP的平均数是17 921国际元，而俄罗斯只是3 893国际元。

委内瑞拉、伊朗等石油大国的发展状况也没有想象的好。整个非洲，资源极其丰富，拥有大量的钻石、矿藏，却有许多国家一直在贫困线上挣扎。与此相反，新加坡是一个被马来西亚抛弃的小岛国，没有自然资源，却成为“亚洲四小龙”之一；而像卢森堡、瑞士这样的小国，资源匮乏，国民却有着较高的收入。

美国从1776年建国至今只有200多年的历史。今天美国的GDP总量接近世界的1/3，而美国人口大约只占世界的5%。事实上，美国腾飞是很晚才发生的事情，一直到19世纪末20世纪初，美国才挤上发达国家的列车，展现勃勃生机。

如果说美国有得天独厚的地理条件，那么我们又如何解释与美国接壤的墨西哥和同样处在美洲的阿根廷的发展状况呢？根据麦迪森的研究，按1990年购买力平价国际元计算，1770年墨西哥的人均GDP大约是568国际元，美国只是527国际元。可是到了1998年，墨西哥是6 655国际元，美国则是27 331国际元。1913年，阿根廷与美国还处在同一起跑线上，人均收入为4 000美元。[①] 可是，100年后的今天，美国是40 000多美元，阿根廷却仍然在缓慢的增长中挣扎。阿根廷的百年历史印证了经济学上的“资源诅咒”学说，有时资源过于丰富，反而会失去增长的动力。

更为经典的案例是，阿西莫格鲁和罗宾逊在《国家为什么会失败》中开篇就讲到的一道栅栏将诺加利斯分成美国的诺加利斯和墨西哥的诺加利斯。[②] 同一个城市的两个地方，地理和气候方面毫无差异，甚至两个地方流行的疾病都没有差别，拥有共同的祖先、相同的饮食文化结构以及相同的音乐文化，但是其经济发展却展现惊人的差异。

---

① 麦迪森．世界经济千年史．伍晓鹰，许宪春，等译．北京：北京大学出版社，2003：262.

② 阿西莫格鲁，罗宾逊．国家为什么会失败．李增刚，译．徐彬，校．长沙：湖南科学技术出版社，2015：1.

中国历史进程与英国工业革命

一直以来，中国既未深入影响到西方，也未曾受到西方深入影响，所以直到鸦片战争之前中国仍在沿着自己的轨道前行。但是从19世纪开始，中国近代历史的进程可以让世界看得更清楚。在此之前，在中国人已经掌握了某些基本的生活技巧时，西方人却还对此一无所知。比如说，在中国农民用铁器工具耕地时，欧洲人还在使用木犁；继而，在欧洲开始使用钢制农具时，中国农民仍在使用铁制农具。

英国工业革命，以及继而在欧洲大陆和美国兴起的大工业，激荡了东方和西方。工业革命的洪流所到之处，因地区和国家条件相差巨大，所以造成的结果也较为混乱。欧洲虽然出现了一段时间的混乱，但促成了人均收入的迅速增加。在中国，由于先前的历史没有吸纳或防御这种洪流的先例，所以这种洪流汇集并冲击着水坝，水坝一旦崩溃，水奔流更加迅疾，更加难以控制。[①] 在《南京条约》签订后的十年内，中国历史上反复出现的弱政府现象在此时达到顶点，迫使旧政权不得不作出一些改革尝试。然而，改革的尝试显示出旧政权既不能扭转变革，也不能策动变革，以致所有的事情最终都失去控制。

---

① 托尼．中国的土地和劳动．安佳，译．北京：商务印书馆，2014：3－4.

将今天的中国和过去的中国相比较，令人印象深刻。[①] 托尼进一步强调，中国尽管周期性地遭受侵略，经历内战和无政府状态，但令人印象深刻的是，中国历史一直绵延不绝，生生不息。在西方人看来，中国历史只是分成了不同的时代。到访中国的人第一要务是记住这些显然的道理。[②]

三、国家复兴的中国样本与中国经验

中国为什么会由历史上长期的经济领先走向近代的积贫积弱？进一步的问题就是，是什么因素支撑着中国，使中国成为世界上唯一一个从辉煌走向衰落，又从衰落走向复兴的国家？而又是什么原因使西方能够在 16 世纪后逐渐赶超中国，并在 19 世纪横扫世界、所向披靡？为什么今天西方再次陷入经济困境，面临危机与动荡？这其中有什么历史教训需要认真吸取？或者说，在国富国穷的背后，是否可以寻找出人类历史发展的规律和发展的逻辑？特别是后来的发展中国家，更要警惕和避免马克思所说的由“形形色色的社会庸医”开出的致富药方。

---

① 托尼．中国的土地和劳动．安佳，译．北京：商务印书馆，2014：5.

② 同①7.

科大卫指出，1978 年，中国的最高领导层做出了改革开放、吸引外资的决策。在当时，人们还很难认清这一政策转变的深刻含义，而且其未来的成败也殊难预料。然而，随着中国开始参与国际经济，这个国家对于现代化的渴求似乎在一夜之间喷薄出来。与此同时，中国历史的叙述方式也被彻底地颠覆：外国资本不再被视为中国积贫积弱的根源，而变成中国经济发展的强大动力。中国在世界经济中的重要性与日俱增，而世人对中国融入世界历史的兴趣也日渐浓厚。[①] 在整个 20 世纪 80 年代，人们下意识地将每一次变革与对外开放和引进外资联系在一起。然而，到了 20 世纪 90 年代，人们普遍承认，经济开放已经成为不可逆转的趋势。[②]

托尼也深刻地指出：过去中国之所以没有走出成功的发展道路，是因为年轻中国的毛病就是热衷于模仿——在各种工业重组的计划里，这种模仿的现象毫无节制地泛滥。为美国设计的工业计划，为欧洲设计的计划，为月球设计的计划，为除了这个不幸的国家以外的所有国家设计的计划，曾经的中国人把注意力放在这些计划上，千篇一律地重复着这些对他们而言不可能实现的计划，好像只要坚持不懈，就可以把幻想变成现实。聪明的做法正与此相反，聪明的做法是因势利导。一个

① 科大卫，等．近代中国商业的发展．周琳，李旭佳，译．杭州：浙江大学出版社，2014：157.

② 同①164.

智慧的民族根本不需要卑微地去抄袭别国的做法。它应该找到自身的特长，而不是模仿在其他国家取得成功的事情；它应该集中全力去寻找其他国家还没有做好或者根本就没有做的事情。如果中国钦仰欧美工业文明的成果，只想去模仿它们，而不是摸索自己的道路，那么中国就犯了一个严重的错误。中国必须从现有的经济基础出发，拓展最适宜本国发展且可以为其提供最好条件的那些工业，开发本国业已拥有的资产。①

西方虽是现代化的先行者，但现代化不是只有西方一种模式

西方是现代化的先行者，但西方远不是现代化的范本，也不是后来者必须遵循的唯一样本，更不是衡量现代化的标准尺度。从西方的现代化路径看，西方经济的腾飞过程和条件，仅适合西方，并不是普遍模式。现代化的路径可以有多种多样，而西方经济腾飞有着历史的特殊性和偶然性。“在欧洲现代化之前的历史中，每一个国家都经历过特殊的发奋图强的阶段，给后来政策的构成和经济本身都留下了重要的印记。这种努力往往可以同一些特殊人物的作用相联系。”②甚至在欧洲内部的每一个国家，其经济腾飞的起点与过程也

① 托尼．中国的土地和劳动．安佳，译．北京：商务印书馆，2014：145.

② 罗斯托．这一切怎么开始的：现代经济的起源．黄其祥，纪坚博，译．北京：商务印书馆，2014：54.

不同。

就英国工业革命而言，在通往现代化的路径中，英国只是走了其中的一条。“只要不耽溺于违背事实的历史，我们有理由假定，假如英国没有率先腾飞的话，正在起作用的各种力量迟早会使欧洲别的国家起飞。这种情况可能不需要太长时间就会发生。”① 即便这样，罗斯托也告诫：“模仿英国可能也出现了。当然，要起飞仅仅靠照搬英国的榜样，或向派出的英国工程师和经理学习是很不够的。”事实上，英国的现代化历史，有着区别于其他欧洲国家的更深层次的特征。

从 17 世纪开始，英国就通过大规模的扩张和征服，非同寻常地打造了一个巨大的海上帝国，其触角延伸到世界上各个角落。更多的殖民地成为英国的丰富资源和巨大财富的源泉；没有它们，英国就不可能以那样的方式实现经济腾飞。伏尔泰以他特有的超脱态度写道：“使英格兰变得强大的是下述事实，即从伊丽莎白时代开始，各方面已经就重商的必要性达成一致。把国王送上断头台的那同一个国会正在忙于分配海外贸易的职位，仿佛任何事情也没发生。查理一世的鲜血还依然淌着，而这个几乎完全是由怪人组成的国会却通过了 1650 年的航海法。”②

---

① 罗斯托．这一切怎么开始的：现代经济的起源．黄其祥，纪坚博，译．北京：商务印书馆，2014：204.

② 兰德斯．国富国穷．门洪华，等译．北京：新华出版社，2010：254.

“美洲金银产地的发现，土著居民的被剿杀、被奴役和被埋葬于矿井，对东印度开始进行的征服和掠夺，非洲变成商业性地猎获黑人的场所——这一切标志着资本主义生产时代的曙光。”① “在英国，这些因素在17世纪末系统地综合为殖民制度、国债制度、现代税收制度和保护关税制度。这些方法一部分是以最残酷的暴力为基础，例如殖民制度就是这样。但所有这些方法都利用国家权力，也就是利用集中的、有组织的社会暴力，来大力促进从封建生产方式向资本主义生产方式的转化过程，缩短过渡时间。暴力是每一个孕育着新社会的旧社会的助产婆。暴力本身就是一种经济力。”② 因此，马克思特别强调，这“不是田园诗般的过程，而是用血与火的文字载入史册的过程”③。

福山曾信誓旦旦地宣称历史的终结，撒切尔夫人也声称“别无选择”。于是，在世界的另一个角落，以东欧国家为代表的一些国家开始了资本主义发展模式的探索之旅。但是其结果不但不令人满意，反而情况糟糕。

想当初，苏联曾与美国并驾齐驱，是当时的超级大国。苏联解体30年后，一些俄罗斯人又变回了穷人，而且穷得超乎想象。俄罗斯在发展道路上接受了“华盛顿共识”，中国则坚

① 马克思．资本论：第1卷．北京：人民出版社，2018：860-861.
② 同①861.
③ 同①4.

持走自己的发展道路。1990 年，中国国内生产总值仅相当于俄罗斯国内生产总值的 60%；而到了 2018 年，在不到 30 年的时间里，这个数字来了个大翻转。中国国内生产总值总量约合 13.6 万亿美元，而俄罗斯国内生产总值约合 1.6 万亿美元。也就是说，中国国内生产总值近乎俄罗斯的 8.5 倍，俄罗斯国内生产总值不到中国国内生产总值的 12%。与此同时，俄罗斯的贫困人口出现了意想不到的增长，中国的贫困人口则出现了切实的减少。因此，西方现代化道路并没有给俄罗斯带来预期的效果。

另一个案例就是印度。1947 年，印度独立时，人均收入水平是中国的 2 倍。但是，印度在立国之初就坚定其“西方模式之旅”。长期以来，印度经济发展缓慢，被称为“教徒式增长”。1978 年，印度与中国经济基本持平，但随后即被中国超越且差距日益拉大。只是近年来，印度的经济才呈现出强劲的发展势头，但仍然与中国有较大的差距。近年来的所谓“龙象之争”最多不过是西方炒作的“唬人”话题而已。

当然，“这一切并不是说英国的经验无关宏旨。人们必须分清目标和过程，19 世纪竭力要把自己的国家推向工业化的各国政治家们，都把英国的原型摆在面前，不管是作为榜样还是作为反面典型，人们必须知道其出发点及其目的地。只要人们不要忘记自己在做什么，一个理想的典型问题是具有启发性价值的，即便是仅仅作为一个测量用的棍子和反例证”①。

市场化真的是一国富强之本吗？

中国为什么会落后？这不但是一个流传甚广的李约瑟之谜，更是无数志士仁人致力探寻的答案。影响最大的解释就是，近代以来中国之所以落后，是因为中国虽然出现了资本主义萌芽，但没有形成良好的市场经济制度，长久的闭关锁国将中国从前进的列车上甩掉。

事实上，将经济发展的动力归因于市场和市场经济的体制，这是毫无根据的臆断。透过历史，我们已清楚地看到，曾经辉煌的中国经济之所以后来土崩瓦解，并不是因为没有推行市场经济，而恰恰是因为市场化过度。

市场是经济交换的场所，其本身并没什么神秘之处。“交换就这样在世界上纵横交错，星罗棋布。在每个交叉点，在每个拉力站，必须设想有一个商人，不论是行商或坐商。交换把各种经济牢牢地焊接在一起。交换是连接的圆环和合页。”②市场规模的扩大，可以推动分工的深化，从而提高劳动生产率。但是，我们也不要忘记市场给经济带来的问题：过度竞争

---

① 兰德斯．国富国穷．门洪华，等译．北京：新华出版社，2010：257.

② 布罗代尔．十五至十八世纪的物质文明、经济和资本主义：第二卷上册．顾良，施康强，译．北京：商务印书馆，2018：253.

与经济无序。而历史上的中国经济，恰恰就是一种无序而缺乏治理的市场经济，或者说是市场经济的另一个极端，从而抑制了技术创新和技术革命的动力。因此，“同雅科布从一种先验的推理得出的认识（没有资本主义，便没有市场经济）相反，中国拥有牢固的市场经济，我们已多次谈到，地方集市星罗棋布，小工匠和小商贩走街串巷，城市中店铺鳞次栉比，四方商旅往来繁忙”①。

马克思在《共产党宣言》中强调：市场总是在扩大，需求总是在增加。大工业建立了由美洲的发现所准备好的世界市场。世界市场使商业、航海业和陆路交通得到了巨大的发展。这种发展又反过来促进了工业的扩展，同时，随着工业、商业、航海业和铁路的扩展，资产阶级也在同一程度上发展起来，增加自己的资本，把中世纪遗留下来的一切阶级排挤到后面去。②

同样，当年孟德斯鸠的告诫，至今仍振聋发聩，发人深省。他说，倚仗商贸建立的强国只能昌盛一时，而在长时间中则呈现平庸状态。这些强国的崛起是毫不引人注目的，因为它们悄无声息，不露形迹。可是，一旦到了谁也无法对它们视而不见时，人人都试图剥夺它们的优势，这种优势可以说是以始

---

① 布罗代尔．十五至十八世纪的物质文明、经济和资本主义：第二卷下册．顾良，施康强，译．北京：商务印书馆，2018：725.

② 马克思，恩格斯．共产党宣言．北京：人民出版社，2014：28-29.

料不及的方式取得的。①

只是当商行与国家相结合后，商行的规模才明显扩大；作为规模最为庞大的现代企业，国家在自身的壮大过程中，帮助其他企业发展壮大。②

国家促进资本主义发展，这无疑是对的。现代国家始终是现实环境的一个因素。资本主义向前发展，有时困难重重，有时一帆风顺，还有相当多的情况下它在中立地带前进。国家利益往往与融合国民经济利益相符合，因为国民在事业上的兴旺发达是国家这个企业增加收益的基本条件。③

任何一个在英国工业化之后开启此进程的国家，其工业化起步越晚，为工业化成功所必需的国家干预程度就越深。后工业国家不能复制英国的经验；相反，它们不得不遵循许多不同的制度路径以实现工业化，因为需要新的制度形式克服市场为后工业国家垒起的层层壁垒。没有创设出新的制度的国家通常未能实现工业化。④

因此，美国学者保罗·罗伯茨（Paul Roberts）在《自由

---

① 孟德斯鸠．罗马盛衰原因论．许明龙，译．北京：商务印书馆，2016：25.

② 布罗代尔．十五至十八世纪的物质文明、经济和资本主义：第二卷下册．顾良，施康强，译．北京：商务印书馆，2018：531.

③ 同②678.

④ 施瓦茨．国家与市场：全球经济的兴起．徐佳，译．南京：江苏人民出版社，2008：118.

放任资本主义的失败》中提醒中国：如果中国的决策者们误以为，迈向自由市场经济就是中国经济腾飞的原因，那么中国迟早要像今天的美国和欧洲那样，面对同样的失败。[①] 这些事实说明，中国经济发展仍然要避免过度市场化的“海妖之歌”诱惑，只有坚定不移地走好中国特色社会主义道路，中国才会越来越繁荣、越来越富强。

中西方大分流不是西方优越性的结果

漫长的16世纪可以说就是西方向东方学习的历史，那时西方人的最大理想甚至是希望自己成为一个东方人，东方在西方人心目中就是人间天堂。今天来看，西方兴起应该说是得益于那个时候的欧洲所具备的世界视野和眼光。如果当时的欧洲如今天一样故步自封，就可能不会有后来的西方兴起。

有一个场景足以证明此言不虚。“公元1421年2月2日，中国睥睨万邦。在这一年的农历新年之日，来自亚洲、阿拉伯、非洲和印度洋各地的国王和使臣们聚集于宏伟的北京城向明成祖朱棣宣誓效忠。一支靠指针标明航向的巨型舰队，带着这些统治者和其使臣们来向皇帝进贡，并且让他们目睹了雄伟神奇的都城——紫禁城的落成典礼。至少有28个国家

---

① 罗伯茨．自由放任资本主义的失败：写给全世界的新经济学．秦伟，译．北京：生活·读书·新知三联书店，2014：3.

的首领在场，但是不包括神圣罗马帝国的皇帝、拜占庭皇帝、威尼斯总督以及英王、法王、西班牙和葡萄牙王。他们没有被邀请是因为这些国家落后，且缺乏贸易的货物或任何有价值的科学知识以供交流而被排除在中国皇帝优先考虑的范围之外。”①

布罗代尔说过：“对于资本主义的一切解释，都离不开西方精神本质的不可缺少的优越性。实际上，今天来看，如果说西方果真有什么优越性，这种优越性也主要来自历史的偶然性和暴力，来自世界范围的发错了牌……但是我们不妨假定，正当欧洲因所谓百年战争而出现经济大衰退的时代，如果中国帆船于 1419 年绕过好望角，如果世界的统治权转到了这个遥远的东方大国，转到了当时世界上人口最稠密、生产最发达的区域，那又会是什么情形呢。”②

如果从经济史角度看，在漫长的 16 世纪，无论在人口和劳动力、货币资本还是生产能力方面，东方都领先于西方。西方严重的落后局面是在 16 世纪下半叶，也就是 1567 年之后才得以逐步改变的。而西方之所以能逐步改变它的落后，主要是通过美洲的发现这一重大事件：欧洲从此得以绕

① 孟席斯．1421：中国发现世界．师研群，译．北京：京华出版社，2005：5.

② 布罗代尔．十五至十八世纪的物质文明、经济和资本主义：第二卷下册．顾良，施康强，译．北京：商务印书馆，2018：715.

过西亚，直接与世界经济、文化的核心——东亚和中国联系起来。

现在西方主流的说法是英国工业革命源于煤炭资源的优势。事实上，英国的工业革命并非从煤炭开采开始，关键在于美洲白银的发现。美洲白银的发现使西方逐渐掌握了世界货币白银，西方在与东方的贸易中积累起了大量的资本，从而节约了自身发展的经济和环境成本，为西方的崛起奠定了基础。这一大的历史背景导致大分流由此形成：一条是亚洲式的“勤劳革命”，通过追求劳动生产率不断提高，市场不断扩大来推动世界经济发展；一条是欧洲式或者西方式的工业革命，通过追求资本的利润率和资本的积累来推动世界经济发展，依靠世界资本中心，不断掠夺外围依附地区的资源和开辟资本扩张所需要的市场。

因此，西方的工业革命不是市场自由放任的结果，市场的扩张也不是分工和交换扩大的结果，而是由资本积累和武力扩张导致的。单靠市场这只看不见的手，是不能获取别人的资源而实现自身发展的。所以，工业革命，一方面是欧洲的崛起；另一方面是边缘地区作为增长的代价和牺牲品，日益陷入失序的困境。没有这些廉价的资源和打出来的市场，英国的纺织业不可能崛起，新的生产方式也不可能确立。

1850 年以来的国家重商主义趋势，客观上将中国纳入了由帝国主义主导的贸易体系之中，从而形成了僵化的、一根筋式的发展模式。中国近代以来面临的首要问题是四分五裂，这个当然不是发展的问题，更不是简单地通过发展和改革就能解决的问题。这期间，不能说中国没有增长或者发展。按照杉原薰的统计，1820 年全球 GDP 的 52%来自亚洲，其中，中国贡献了 29%，印度贡献了 16%。对于“中国奇迹”，一个重要而又很少被提及的问题是：它是怎样避开“马尔萨斯陷阱”难题的？与西欧发展道路相比，可以把勤劳革命理论用于解释中国的情况。在 12—13 世纪期间，中国发明了许多非常先进的劳动密集型的生产方法。但是，它们没有能够显著提高劳动生产率也是个不争的事实。[①] 正因为如此，更可能的事实是，伴随着近代中国社会瓦解和国家分裂，这种增长就成为典型的没有发展的增长。

19 世纪以来，世界市场、世界经济的开端总是被理解为资本主义的开端。正是这种粗浅的看法，使发展市场经济、发展生产力被简单化地理解为发展资本主义，于是人们总是忘记了一点：所谓资本主义的根本动力，就是追求资本的积累和利润率。与之相比，劳动生产率的提高和贸易规模的扩大，充其量只不过是资本积累的手段之一，而绝非资本主义的目的。当军事和金融掠夺更能迅速达到资本积累的目标，或者由劳动生

---

① 杉原薰．东亚经济发展之路：一个长期视角//阿里吉，滨下武志，赛尔登．东亚的复兴：以 500 年、150 年和 50 年为视角．马援，译．北京：社会科学文献出版社，2006：103.

产率的提高所导致的商品充裕有可能降低商品价格时，为了追求资本积累和利润率，资本主义便会毫不留情地采用破坏生产和市场的方式来攫取利润。因此，资本主义绝不等于市场经济。恰恰相反，资本主义对于物质生产和市场经济的支配，往往会对物质生产和市场经济产生破坏性作用。

布罗代尔认为，欧洲的发展，甚至世界的发展，无非是市场经济的发展。市场经济不断扩大自己的领域，把越来越多的人、越来越多的远近贸易纳入理性秩序，而所有这些贸易加在一起就趋向于创造一个整体性世界。① 但是，他对此也批评说，人们往往不了解世界经济、资本主义世界体系之间的区别，结果是不仅混淆了物质生产、市场经济和资本主义扩张的不同，还一致做出颠倒性的判断。在他们看来，不是物质生产和市场交换的扩大形成了资本主义发展的基础，而是资本主义发展本身成为物质生产和市场经济的前提。“在我看来，我所说的市场经济和资本主义之间的差别不是一个新特征，而是欧洲从中世纪就有的经常因素。”②

市场经济和世界市场形成的历史，当然要比资本主义历史漫长得多。早在 16 世纪，世界市场就已经形成，它的主要特征是物质生产以分工和交换扩大的方式向世界铺开，正是这个

---

① 布罗代尔．十五至十八世纪的物质文明、经济和资本主义：第二卷上册．顾良，施康强，译．北京：商务印书馆，2018：715.

② 同①260.

世界市场构成了 19 世纪才出现的“现代资本主义世界体系”的基础。或者说，以生产和交换扩大为动力的世界市场，是随后产生的那个西方以资本积累和军事暴力所驱动的“现代资本主义世界体系”的前提。“今天的历史学家可能认为，有关资本主义基本要素的研究诚然引人兴趣、富有价值，但它们毕竟不足以使我们抓住资本主义心态的起源。为此，我们必须听取马克思的劝告，离开词语的迷魂阵，直接去观察现实，前往中世纪的意大利城市，并在那里停留一段时间。”①

所以，布罗代尔感叹：最大的错误莫过于硬说资本主义只是一种经济制度。其实，资本主义是社会组织的寄生物，它一直同国家这个始终碍手碍脚的庞然大物几乎势均力敌；资本主义还利用文化为加固社会大厦而提供全部支持，文化虽然并非为社会各阶层平均享有，而且其内部派别丛生、矛盾众多，但归根到底总是尽最大努力去支持现有秩序；资本主义拥戴统治阶级，统治阶级在维护资本主义的同时也就维护了自己。②

过度市场经济带来的是“高水平停滞”

世界经济产生于漫长的 16 世纪，它的高峰期又大致与中

---

① 布罗代尔．十五至十八世纪的物质文明、经济和资本主义：第二卷下册．顾良，施康强，译．北京：商务印书馆，2018：714.

② 同①791.

国明朝（1368—1644年）相同。这当然不是偶然，因为作为当时世界人口最稠密、生产最发达的地区，中国扮演了推动国内市场向世界铺开的源头的角色。也正是市场的扩大、生产的发展，不断刺激中国对美洲白银产生大规模需求，而这又最终形成了世界经济向现代资本主义转换的根本契机。“11世纪在中国兴起的庞大的市场经济仍然足以使指令体系和市场行为之间的世界均势发生十分重大的变化，中国在富裕程度、技术水平以及人口数量方面都迅速地远远超过了地球上的其他国家。而且，中国经济增长和社会的发展已经对国外产生了影响。甚至在火药、指南针和印刷术开始使中国边界以外的文明社会发生剧烈变革以前，就已经出现了一个预备阶段。在这个阶段，日益强化的远距离贸易将市场关系的重要性提升到新高度，为比中国国内任何经济发展都要持久的、更稳定的经济起飞铺平了道路。”①

实际上，按亚当·斯密的逻辑，与其说资本主义是市场经济发展的必然结果，毋宁说是相反，这主要是因为：分工起因于交换能力、分工的程度，因此总要受交换能力大小的限制，换言之，要受市场广狭的限制。② 而分工和就业的扩大会带来

---

① 麦尼尔．竞逐富强：公元1000年以来的技术、军事和社会．倪大昕，杨润殷，译．上海：上海辞书出版社，2013：44.

② 斯密．国民财富的性质和原因的研究：上卷．郭大力，王亚南，译．北京：商务印书馆，1972：16.

收入和需求的下降，交换和竞争的发展则会造成平均利润率下降。这两者对资本积累而言都是不利的。按照伊懋可的著名判断，中国正是被如此发达的市场经济导入了“高水平陷阱”①。

与欧洲不同，在漫长的16世纪，中华帝国无可匹敌的形象和周边地缘局势，使其缺乏军事扩张的根本动力；统治世界上最为庞大的人口，则使中国政治少有将资本和资源集中于少数人手中的偏好，从而推崇平均主义。庞大的人口，丰富的物产，以及充分的市场竞争，使中华帝国一直以经济发达的形象立于世界。亚当·斯密在《国富论》中也曾赞叹：“中国一向是世界上最富的国家，就是说，土地最肥沃，耕作最精细，人民最多而且最勤勉的国家。然而，许久以来，它似乎就停滞于静止状态了。”② 也就是说，中华帝国的表面繁华正悄然被资本主义取代。“不过，中国虽然可能处于静止状态，但似乎还未曾退步。那里，没有被居民遗弃的都市，也没有听其荒芜的耕地。”③

资本主义只不过是利用了世界市场和市场经济，或者说，欧洲近代兴起，并不是欧洲独自发展的结果，更不是欧洲思想、宗教和社会独特性和先进性的结果，而是利用他人资源的结果。特别是1492年美洲大陆被发现后，从世界经济中获得

---

① ELVIN M. The pattern of the Chinese past. Stanford University Press, 1973：312.

② 斯密．国民财富的性质和原因的研究：上卷．郭大力，王亚南，译．北京：商务印书馆，1972：65.

③ 同②66.

最大好处的便是欧洲，因为它采用的不是市场方式，而是用军事手段掠夺非洲人口、美洲和亚洲的资源。

随着工业革命的出现，世界发生了巨大变化。在此之前，生产力因技术革新而持续增长，进而促进经济发展的美事是靠不住的。事实上，这几乎不存在。但这并不表明，工业革命前没有发生过生产力的大幅增长，人类社会所缺乏的是年复一年的生产力和人均产值的稳定增长。汉代的农业技术，与 19 世纪沦为半殖民地之前的清朝相比相差无几。从 1000 年到 1800 年，西欧的人均收入在 800 年间逐渐上升，之后更是突飞猛进；而同期的中国人均收入则几乎停滞不前。中国人均收入只是在 1978 年后才开始腾飞，增长速度甚至超过西欧。[①]

国穷国富的逻辑在于国家治理能力与治理体系

1840 年鸦片战争以来，有一个普遍的认识，就是：中国要想不落后，就只能向西方学习，拜西方人为师。所以，“西学东渐”“师夷长技以制夷”成为自强的“不二法门”。一百多年来，中国通过实践得出的最终结论是：这条道路走不通。正如毛泽东在《论人民民主专政》中指出的：“先进的中国人，经过千辛万苦，向西方国家寻求真理……那时，求进步的中国

---

① 福山．政治秩序的起源：从前人类时代到法国大革命．毛俊杰，译．桂林：广西师范大学出版社，2014：417.

人，只要是西方的新道理，什么书也看。向日本、英国、美国、法国、德国派遣留学生之多，达到了惊人的程度……我自己在青年时期，学的也是这些东西。”① “帝国主义的侵略打破了中国人学西方的迷梦。很奇怪，为什么先生老是侵略学生呢？中国人向西方学得很不少，但是行不通，理想总是不能实现。”② “一切别的东西都试过了，都失败了。”③

“中国人找到了马克思列宁主义这个放之四海而皆准的普遍真理，中国的面目就起了变化了。”④ “西方资产阶级的文明，资产阶级的民主主义，资产阶级共和国的方案，在中国人民的心目中，一齐破了产……康有为写了《大同书》，他没有也不可能找到一条到达大同的路。资产阶级的共和国，外国有过的，中国不能有。”⑤

将马克思主义普遍原理与中国实际相结合，走中国人自己的道路，不断推进国家治理体系和治理能力的现代化，这就是答案，这也是中国道路成功的真谛。

自有文明史以来，经济的发展总是在国家这个主体的推动下不断进步的，无论是西方世界的兴起，还是东方世界的赶超。事实上，国家治理体系与治理能力的兴衰永远是经济发展

---

① 毛泽东．毛泽东选集：第四卷．2版．北京：人民出版社，1991：1469-1470.

②④ 同①1470.

③⑤ 同①1471.

变动的主线。

公元前221年，秦始皇统一中国，以郡县制代替封建制，实现了中国在国家治理体系和治理能力上第一次对西方的超越，使中国在自隋唐时期起的1000多年里领先于世界。

从公元14至16世纪的欧洲文艺复兴起，西方世界通过不断反省自身的发展，不断重塑新的治理体系和提升治理能力，才逐渐开始兴起，直到19世纪全面超越东方。

正是在这种背景下，西方的治理体系被视为国富之道。近代以来，东方不断模仿和学习西方的治理体系，"西学东渐"仿佛成为实现国家富强的唯一途径。现在来看，走这条道路，没有一个国家成功过。

以史为鉴，单纯的经济市场和全然的政府计划都无法将国家经济发展引入正途，研究如何使市场在资源配置中起决定性作用，更好地发挥政府作用，并实现市场与政府的有机结合，才是当代经济学研究的主题。皮尔·弗里斯（Peer Vries）认为，国家的作用在当前世界经济史的研究中并未得到足够的重视，地理、资源、要素禀赋和商品价格却被过多强调。太长时间以来，国家作为区域性核心角色和研究单位几乎是不证自明的。想要理解大分流，就不能忽视国家的作用。[①]

① 弗里斯．国家、经济与大分流．郭金兴，译．北京：中信出版集团，2018：中文版序言．

有人天真地认为，是市场经济令政府变得无关紧要。当今众多发展中国家迷信于此，结果却是这些国家基本上都落入了发展陷阱。经济思想史告诉我们，亚当·斯密说了英国应当怎么做，但却没有一种理论能告诉我们英国到底是怎么做的，而后者恰恰与斯密的建议大大不同。[①] 缪尔达尔（Myrdal）在《亚洲的戏剧：南亚国家贫困问题研究》中曾深刻地揭示，国家贫穷大多源于软政府。[②]

正如弗里斯所说，在整个19世纪和20世纪初，中国很难实现工业化，或者更准确地说，中国是一个很难实现工业化的国家。这其中存在着各种内在原因。中国在19世纪和20世纪初无法实现赶超的原因之一，是因为政府过于积贫积弱，甚至无法实现自身的一些基本职能，更不必说采取某些前瞻性的举措使国家富强。在很大程度上，这同外国干涉中国对中国主权所造成的侵害有着直接或间接的关联。弗里斯大胆做出假设：对于中国的发展而言，即便是一个保守的主权政府也远胜于实际上毫无作为的政府。[③]

21世纪，中国正在走向世界舞台的中心，在发展上再次

---

① 赖纳特．富国为什么富　穷国为什么穷．杨虎涛，等译．北京：中国人民大学出版社，2013：10.

② 缪尔达尔．亚洲的戏剧：南亚国家贫困问题研究．方福前，译．北京：商务印书馆，2015：161.

③ 弗里斯．从北京回望曼彻斯特：英国、工业革命和中国．苗婧，译．杭州：浙江大学出版社，2009：62.

实现对西方的超越，这表明西方面临的危机不仅仅是发展的危机，更是治理能力和治理体系的危机。没有国家治理能力和治理体系的超越，就不可能有经济发展的超越，这也是近代中国无数志士仁人致力于“西学东渐”“师夷长技以制夷”却终不能成功的根本原因。当今世界正面临一百年未有之大变局。我们相信，中华民族的伟大复兴之旅才刚刚扬帆起航，未来还会更加让人惊叹。

四、国家为什么富裕？西方理论与中国挑战

19 世纪，英国首先开始放弃原本的重商主义政策，开始在世界市场上推动自由贸易。而自由贸易理论与政策主张源于亚当·斯密和大卫·李嘉图（David Ricardo）。斯密发现生产部门的彼此分工能够促进劳动生产率的提高，基于这一发现，他提出国家间也能够通过分工和自由贸易来实现生产效率的提高，这比各国各自生产自己所需要的一切东西更为有利。由于斯密的分工理论要求每个国家在绝对有利的条件下进行生产，故而其被称为绝对优势理论。

李嘉图进一步发展了斯密的自由贸易理论，提出以比较成本和自然禀赋为基础进行自由贸易。他认为，每个国家的商品，不需要绝对成本低于其他国家，只要具有相对比较优势就

可以生产，即相对比较优势理论。现代经济学力主基于李嘉图贸易理论的比较优势战略，照此理论，一个国家应当专门从事特定的、相对效率较高的经济活动。

以比较优势理论的视角来看，中国崛起建立在人口红利的基础上，这是在中国发展过程中存在大量的廉价劳动力所带来的比较优势。因此，中国可以依靠发展劳动密集型的产业优势，承接由西方发达国家转移过来的制造业，成为“世界工厂”，进而获得经济快速增长。事实上，这是对中国奇迹的现象解读。“如果你要理解美国和欧洲繁荣的原因，就要研究一下那些导致它们繁荣的政策，而不是这些国家现在健忘的接班人提出的建议。”①

比较优势理论的谬误

按照比较优势理论进行推演，就会得出目前在媒体上常见的一个结论，即：随着中国逐渐成为中等收入国家，劳动力成本不断提高，人口红利即将消失，中国的快速增长将不可持续，甚至中国会跌落“中等收入陷阱”之中。

如果将比较优势理论的视角从中国扩展到世界，不难发现，中国并不是同时期内唯一具有比较优势的发展中国家，全

① 赖纳特．富国为什么富　穷国为什么穷．杨虎涛，等译．北京：中国人民大学出版社，2013：10.

世界还存在许多落后却具备独特比较优势的国家和地区，这些国家和地区却没有像中国一样发展起来，例如，非洲（资源优势），中亚（地缘优势），南亚、拉美、东欧（市场经济优势）。事实上，从纵向的历史角度来看，按照比较优势理论，早期美国只需要发展农业和种植业，而不用发展制造业，对工业产品的需求仅靠从英国进口就可以满足了。但是，早在 1791 年，美国的开国元勋亚历山大·汉密尔顿（Alexander Hamilton）就在《制造业报告》中明确地提出保护和发展本土制造业，并逐步实现工业化的产业战略。也正是这一战略的实施，让 19 世纪的美国开启工业化大门，为其在 20 世纪成为超级强国打下了基础。

许多具有比较优势的国家和地区没有发展起来，而没有按照比较优势理论制定战略的美国却能够成功完成工业化并崛起，这本身就是对比较优势理论的反证。

之所以会出现一些具备比较优势的国家没有发展起来，而类似美国、法国等国家没有按照比较优势理论制定战略，却能够成功实现工业化的现象，是因为比较优势理论只考虑了各国分工生产效率最高的商品，并以此参与世界市场的商品交换，同时带来总体财富增加的静态过程，但未考虑到动态的交易过程中财富分配不利于弱者的问题。例如，衬衣和短裤是具有相关性的两种商品。若起初衬衣制作商的生产率更高，那么衬衣制作商就可以在市场上换取更多的财富，更有条件改进生产技术，这样一来，不仅制作衬衣的技术得到了提高，连带该制作商制作短裤的技术也会进一步提升，从而使原本的短裤制作商丧失比较优势。这样一来，原本生产率就处于弱势地位的短裤制作商，在市场上的地位就愈加被动，甚至沦为衬衣制作商的打工仔，崛起也就无从谈起了。现实中的工业国制造业效率高，而不发达国家农业生产效率相对较高，如果完全按照比较优势理论进行发展，那么第三世界国家只能去工业化而沦为不发达国家，形成依附性经济。

“历史这个实验室表明，对称性贸易即两个国家发展水平差不多的国家之间的贸易，对双方都有利，不对称的自由贸易将导致穷国专业化于穷国，而富国则专业化于富裕。为了从自由贸易获益，穷国必须摆脱使自己陷入贫穷的国际分工。在没有很强的对市场进行干预的能力下，就能摆脱国际分工的事情，500 年来，还没有在哪个国家发生过。”① 这进一步说明，中国的崛起，绝不仅仅是因为有人口红利、资源丰富、土地广袤等比较优势，这些只能理解为中国崛起的必要条件而非充分条件。

比较优势理论对“中等收入陷阱”的误读

中等收入陷阱是 1997 年世界银行《东亚经济发展报告

① 赖纳特．富国为什么富　穷国为什么穷．杨虎涛，等译．北京：中国人民大学出版社，2013：92.

(2006)》提出的概念，主要用来描述东亚和拉美的一些国家，在快速工业化至人均收入达到中等国家水平以后，社会经济增长停滞不前，无法成为高收入国家的一个现象，是对历史经验的一种简单归类。比较优势理论由于本身就暗含“供给会自动创造需求”的萨伊定律前提假设，故而认为市场会自发形成，忽略对有效市场的建设和投入，将国家无法成为高收入国家的原因简单总结为比较优势消耗殆尽，这就必然令人对现象产生错误的理解。从事实来看，陷入中等收入陷阱的国家与采用进口替代战略快速实现工业化的国家基本上是一致的，而进口替代战略本身所带来的快速工业化导致相关国家并不重视国内有效市场的构建，其在早期就已经使得国内需求不足，工业化难以为继。而后，随着进口替代战略的深化与债务危机的爆发，为了减免部分债务，一些拉美国家又饮鸩止渴般地投入“华盛顿共识”的怀抱，在 20 世纪 90 年代全面推进私有化和自由化，这导致国家能力衰退，从此其深陷中等收入陷阱的泥潭不能自拔。

这与中国按部就班依靠以政府为主体的有效市场的构建的历史经验并不一致。中国的工业化进程，以不同阶段旺盛的国内外需求为阶梯，有国家的发展规划和产业政策做支撑，实现了对制造业的逐步升级。特别是，随着国家能力的进一步提高，政府不断满足新需求，对相应的产业政策进行调整，推动供给侧改革，并通过“一带一路”倡议对外部有效市场进行创造与维护。因此，中国跨过中等收入阶段应该会是一种必然。

新古典经济学的“无形之手”与中国崛起

新古典经济学十分强调市场对经济发展的作用，认为任何完全竞争市场所达到的均衡都是帕累托最优的资源分配。通过市场上的无形之手，经济完全可以实现均衡发展。于是，基于新古典经济学发展理论的政策主张，一些经济学家强调经济发展应该私有化、自由化，同时反对国家干预。

新古典经济学派的学者认为：中国超常的经济增长，只不过是享受了改革开放以来初步市场化、私有化的红利而已。而中国目前面临的各类经济问题，来源于早期市场化改革不彻底，这造成了市场价格的严重扭曲。这种价格扭曲主要表现为，中国在发展过程中过于依靠强政府利用垄断资源的力量，通过国企和政府的大量低效率的投资，以牺牲环境为代价进行发展，同时还存在着大量“剥削”下层劳动力的行为。这些行为都会造成市场资源的错配，削弱经济长期增长的潜力，导致未来经济增长的停滞。而要解决这些问题，保持经济的高增长，中国就需要大力推动西方式的改革，彻底地市场化、私有化、自由化与开放化。

事实上，改革开放以来，中国经济发展并没有跟随西方经济学理论的错误引导，而是坚持从自己的国情出发，走出了一条具有中国特色的社会主义道路，在推进市场化改革的同时始终坚持社会主义市场经济改革的方向，从而超越了西方对市场与政府关系的认知。一方面，中国坚持推进深化改革，建设现代化经济体系；另一方面，中国又强调市场与政府的有机结合和辩证统一，做到宏观调控有力有度有效又确保微观主体的活力。“弗里德曼（Freedman）在 2001 年访谈中说，10 年前，我对社会主义转型国家再三强调一个词：私有化，私有化，私有化。可是我错了。”①

市场化改革理论的谬误

新古典经济学的理论看似很有道理，但无论从发展的微观层面、宏观层面，还是从对中国经济发展历史的纵向比较中，都不难找出问题。

第一，从微观角度来看。微观上，企业追求利润的最大化，这与国家追求工业化的经济增长之间，形成“合成谬误”。发达的制造业是一个国家繁荣的基础，但制造业并不全是高利润的。过度的市场化与自由化，势必会导致逐利的企业转向产业价值“微笑曲线”两端的高利润区域，从而放弃大部分低利润的基础制造业，造成国家整体的去工业化与空心化。

---

① 福山．国家建构：21 世纪的国家治理与世界秩序．郭华，译．上海：学林出版社，2017：10.

以苹果公司为例。在美国生产苹果产品可以获得毛利50%，这种高利润完全是建立在高科技和高装备技术上的，劳动力成本在总成本中占比很小，劳动者的高素质也可以成为节约成本的基础。但是，如果将组装部分外包给富士康，那么可以使成本进一步降低，实现65%的毛利。企业自主选择的结果就是苹果公司为了利润最大化，放弃了在美国本土生产产品。美国企业长期以来的这种利润最大化选择，成为美国工业化的“掘墓人”。

第二，从宏观角度来看。进行市场化改革的国家不只中国一家，20世纪90年代初，俄罗斯和一些东欧国家，将以市场化、私有化、自由化和放松管制为核心的“华盛顿共识”奉为圭臬，采用萨克斯（Sachs）的临床经济学理论，开出著名的药方——“休克疗法”，进行经济改革。然而这种似乎与西方经济理论完美契合、一步到位的市场化改革，并未取得预期的效果。这些国家在经历急速的市场化、私有化浪潮以后，国内市场变得需求低迷、垄断盛行，经济发展陷入资源陷阱，甚至一些原本具有较好工业基础的国家（如乌克兰），由于订单不足，工厂纷纷倒闭，技术人员外流，反而出现了逆工业化和去工业化的现象。

通过横向对比中国和这些国家的市场化改革，不难发现：原本根据西方经济市场化的理论，随着国内市场化进程的推进，各国发展水平差距自动缩小的情况并未出现；相反，国与国之间的贫富差距越来越大。更为严重的是，随着全球经济危机的扩散，市场化的富裕国家经济不再增长，而后发市场化国家的贫困状况也很少得到改善并日益加重。

第三，从中国经济发展的历史角度来看。开放而无管制的自由市场，并不一定会带来国家的崛起。彭慕兰在《大分流：欧洲、中国及现代世界经济的发展》一书中，将 19 世纪中期以前的西欧和中国进行对比，发现西欧并没有显示出积累了更多的资产或具有某些决定性的技术优势。清朝时的中国，在商品市场、土地、劳动力和资本市场的发育程度方面并不亚于欧洲，甚至距离自由的市场理论更近。① 但就是在这样的市场条件下，即使是兴盛的亚欧茶叶与白银交易，也未能把工业文明从欧洲带到中国，更遑论中国像英国一样——貌似“自然而然”地产生工业革命。直到 1840 年，工业文明的坚船利炮打开了中国的大门，中国才第一次知晓工业为何物，并开始试图在本土开启工业化的进程。然而，一直到清政府被推翻，中国也未能推开工业化发展的大门。在同一片土地上，清政府统治下的中国拥有管制更少的自由市场，但其并未实现经济的腾飞，这从一个侧面证明了市场化改革并非中国崛起的充分条件。

市场不是孤立于外部世界的东西，而是由社会塑造、在具体情境下多边作用的结果。如果我们以这种观点看待市场，我

---

① 彭慕兰．大分流：欧洲、中国及现代世界经济的发展．史建云，译．南京：江苏人民出版社，2003：100.

们对政府政策的看法也会随之改变。在原本独立的市场经济中，政府政策不是对市场的干预和入侵，而是塑造竞争市场的社会过程的一部分。经济学家们应该放弃物理学家思考问题的方式，转而采用生物学家的思考方式：市场与政府这种合作伙伴关系是共生关系，而不是寄生或捕食关系。市场由不同参与者塑造，其中政策制定者的角色至关重要，其为我们构建美好未来带来了希望。我们要让市场产生理想的结果，例如，绿色增长、温情社会、良好的社会和物质基础。①

新制度经济学的私有产权保护与中国崛起的挑战

新制度经济学是在新古典经济学的基础上，纳入制度分析、制度变迁与产权理论的经济学说。由于纳入了新古典经济学中被忽略的“制度”因素，新制度经济学关于工业革命和经济增长的观点与新古典经济学略有不同。它认为，限制政府权力的私人产权制度、法律法规与包容性的政治结构是英国工业革命成功的奥秘所在，同时这些条件也是发展中国家实现快速工业化与经济增长的前提。在新制度学派的理论基础上，对改革开放以来中国经济高速增长的现象进行剖析，就不难得出结论：40 多年来，中国经济高速增长的原因是，在由改革带来

① 马祖卡托．增长的悖论：全球经济中的创造者与攫取者．何文忠，等译．北京：中信出版集团，2020：239.

的制度变迁过程中，私有产权保护制度日趋完善，使得市场上交易成本降低。而按照新制度经济学的理论进行分析，中国要进一步提高工业化水平，保持经济的高增长，就应该继续强化对私有产权的保护，进一步限制政府的权力，以及减少国家力量对经济的干预。

新制度经济学的理论逻辑似乎很清晰：如果处在一种“榨取性”体制中，资本随时可能被政府和精英剥夺，那么就没有人会去积累资本与技术；而如果没有资本与技术的原始积累，工业革命就不可能发生，从而也就失去了经济快速增长的机会。而结合中国经济发展史来看，不难发现“制度变革”“私有产权保护”以及“包容性制度”并不能直接带来工业化与经济的持续快速增长。

1911 年爆发的辛亥革命正式埋葬了清王朝，1912 年中华民国成立。如果以新制度经济学的视角来看，中华民国应该是中国现代化的“最好开端”，因为在辛亥革命后，中华民国彻底摒弃了采用“榨取性”制度的封建朝廷，建立了一个基于西方宪法体系同时又符合西方标准的“包容性”政府。

从某种意义上来说，辛亥革命是比英国光荣革命更彻底的革命，因为它直接废除了封建王朝的所有权利。并且，当时的民国政府，作为一个包容、多元、开放的联合政府，一直把注意力放在政治体制改革上，在它的统治下，中国建立了现代企业、新的私有财产法律和公立大学。当时的民国政府还鼓励自由贸易，欢迎外国资本。然而，即使中华民国拥有如此符合新制度经济学所吹捧的“包容性制度和民主”，1911—1949 年 38 年间，中华民族仍未能脱离贫困的泥潭，整个旧中国仍然未能开启工业化进程，并进而使中国从衰落走向崛起。从对中国历史的纵向对比中，不难看出，用新制度经济学的理论很难解释新中国的工业化与经济的快速增长。

国家建构与工业化发展

从世界历史的角度来看，国家工业化的过程实际上也是国家崛起的过程。然而，一个国家经济的繁荣却并不一定会引发工业革命，打开国家工业化的大门。事实上，荷兰早在 17 世纪初就完成了人类历史上第一次成功的资产阶级革命——尼德兰革命，并建立了荷兰共和国。随后，在荷兰最为繁荣的时期里，它既有来自欧洲各地、因为宗教迫害逃避而来的科学家和优秀工匠，又有殖民掠夺而来的各类资源，还有罗伯特·C. 艾伦（Robert C. Allen）非常看重的高工资与城市化人口，以及先进的金融市场与私有产权保护[①]。

然而，即使存在诸多符合新古典与新制度经济学发展观点的有利条件，工业革命仍未在荷兰发生，而是晚了一个多世纪在英国出现。这是因为，相较于荷兰，当时的英国具有很强大

① 艾伦．全球经济史．陆赟，译．南京：译林出版社，2015：4.

的“国家建构意志”，在国内长期实行重商主义的产业政策，对国内与国际市场进行持续不断的精心培育。例如，1721 年通过的《印花布法案》规定禁止穿着进口染色棉纺布料。而后，在国内棉纺产业组织完善，竞争力得到提高以后，1736 年通过的《曼彻斯特法案》提出允许在国内进行棉纺的制造、印染和着色。这期间的一系列法案几乎可以被视作一种鼓励本地纺织业进行产业升级，并进入棉纺市场的国家级产业政策与制度的调整。

在欧洲以外的“后发”国家成功工业化的案例中，也处处存在着政府干预的身影，例如，美国和日本。美国的工业化也是依赖国家政策，美国的开国元勋亚历山大·汉密尔顿在《关于制造业的报告》（1792 年）中就明确在本国发展和培育制造业的“美国体系”。而日本在明治维新以后，在西方列强给日本政府造成亡国灭种的压力下，政府调动了日本农村除了维持粮食安全需要以外的全部劳动力参与到初级的纺织工业生产体系中来，政府的积极改革为国际贸易、基础设施建设与商业发展创造了条件；而在二战后的恢复过程中，日本政府更是实行了一系列有针对性的工业政策，指导国家从战后的一片焦土中迅速地再工业化，重新崛起。

这些事实都表明国家对特定的工业领域进行有意识的培育，让政府干预作为有形之手在国家工业化发展过程中发挥巨大作用。而要提高国家（政府）在工业化发展过程中的作用力，同时消除可能存在的问题（诸如政府失灵、意识形态化等），就必须强调在国内进行有效国家建构的重要性。

对此，格申克龙（Gerchenkron）提出了一个发展中国家如何更好实现现代化的命题："一个国家的工业发展越晚，其工业化的大爆炸在实际来临时所具有的爆炸性程度就越大。此外，更大的落后程度是与更强的追求大规模工业和企业的倾向以及更便于形成各种密集不同的垄断的条件相联系的。最后，一个国家越落后，它的工业就越可能在某种有组织指导下进行，依据落后程度的不同，这种指导的中心可能是投资银行，在国家庇护下的投资银行的活动，或者官僚机构的控制。这样看来，欧洲的工业史似乎就不再是一系列对于最初的工业化的简单重复，而是一种逐渐地与那个初始工业相偏离的有序的体系。"①

五、国家持续繁荣的根本：国家建构

古典经济学、新古典经济学和制度经济学均忽视了国家建构的重要性，国家建构的概念最初来源于政治学研究。英国

---

① 格申克龙．经济落后的历史透视．张凤林，译．北京：商务印书馆，2009：53.

国际发展署（DFID）在2008年发布的《国家发展：理解国家建构》中认为，国家建构是“国家强化其国家能力的过程”。也有国内学者在讨论大部制改革与现代国家建构时，将现代国家建构界定为不断调整国家机器，使之适应现代经济和社会生活，以有效地实现国家目标，并使自身得以存续和发展。[①]

从政治经济学的视角来看，国家建构的行为属于政治上层建筑的运动，而政治发展的最终目的是为经济发展服务。这就要求政治发展的基本方向应与经济发展的方向相一致。恩格斯说过，“国家权力对于经济发展的反作用可以有三种：它可以沿着同一方向起作用，在这种情况下就会发展得比较快”[②]。真正的政治发展会与经济发展形成一种良性循环关系，在这种循环中，政治与经济相互促进，共同前进。[③] 这也意味着，有效的国家建构是一个不断适应经济发展的要求，健全国家职能、提高治理能力、增强调控能力、激发创新能力的过程。在这样一种国家建构过程中，我们既要适应新环境新条件，改革不适应实践的旧制度，构建适应新需求的新制度，又要不断加强和提高国家治理能力，提高制度的执行效率。

---

① 储建国．大部制改革与现代国家构建．学习与实践，2008（4）.

② 马克思，恩格斯．马克思恩格斯选集：第4卷．3版．北京：人民出版社，2012：610.

③ 王沪宁．政治的逻辑：马克思主义政治学原理．上海：上海人民出版社，2016：489.

国家建构的有效程度与一国综合国力的兴衰息息相关

国家建构过程作为对国家上层建筑的搭建与构造过程，建构的有效程度与一国国力的兴衰息息相关，而反映国力强盛与否的一个较为显著的指标就是经济发展的水平。长期以来，世界仅有不到20%的人口生活在少数经济较为发达的国家，而超过80%的人口生活在发展中国家，其中除了少数发展中国家具有较快的发展速度，大多数的国家要么陷入中等收入陷阱，经济增长长期停滞，要么尚未开启整体的增长，仍然贫困动荡。近年来，因为全球经济危机的扩散，大多数西方发达国家也陷入经济增长停滞、国内政局动荡的困境。从国家建构的角度，我们对这样的现状可以有不一样的看法。

第一，西方国家治理危机在于国家建构的停滞，甚至倒退。2008年的金融危机在全世界迅速蔓延，并很快演变为全球经济危机，随后其破坏力不再局限于经济层面，而是进一步在西方国家引发治理危机，造成社会动荡。危机的发展和蔓延过程，凸显了西方国家普遍存在的国家治理能力不足、治国无能、理政无方等状况。从西方国家发展的历史来看，不同时期国家建构能力的强弱，反映了西方国家国力变化的情况。

马克思在《资本论》中对西方国家早期的资本主义发展进行过描述："原始积累的不同因素，多少是按时间顺序特别分配在西班牙、葡萄牙、荷兰、法国和英国。在英国，这些因素在17世纪末系统地综合为殖民制度、国债制度、现代税收制度和保护关税制度。这些方法一部分是以最残酷的暴力为基础，例如殖民制度就是这样。但所有这些方法都利用国家权力，也就是利用集中的、有组织的社会暴力，来大力促进从封建生产方式向资本主义生产方式的转化过程，缩短过渡时间。”①

早期的英国对制度的积极探索和创新，以及强大的国家能力，使其先于其他国家完成了资本主义生产方式的转变，并在随后开启工业革命。换言之，当时英国强大的国家建构能力，使其在原始积累落后于另外四国的情况下，率先实现了国力的飞跃。类似的，1929年经济大萧条后，主张政府干预的“凯恩斯主义”正式登上历史舞台，国家干预的经济思路，极大地提高了当时资本主义国家的国家建构能力，进而西方国家经历了一段经济增长黄金时期。

但是，自20世纪80年代开始，西方世界兴起的新自由主义思想，在经济领域取代了凯恩斯主义的同时，更蔓延至政治和意识形态领域，其反对国家干预、鼓吹自由化和去监管化的思想，给西方国家的国家建构进程，造成了远比大萧条之前自由放任思想更为巨大的伤害。最直接的表现，就是西方国家经

① 马克思．资本论：第1卷．北京：人民出版社，2018：861.

济长期陷入停滞，经济走向虚拟化，贫富差距逐年扩大，国内矛盾持续激化，社会问题出现的频率越来越高。正是因为这些问题出现并且长期得不到有效解决，西方才暴露出深陷国家治理危机的问题，而问题的根源正是新自由主义理论造成的国家建构能力的削弱。

第二，中等收入国家之所以陷入收入陷阱，原因在于国家建构未能立足于本国的经济基础。通过对比不难发现，落入中等收入陷阱的国家与当初接受“华盛顿共识”的国家高度重合，它们的特点是，都在国内进行过外源型的西方式国家建构，将在欧美土壤上生长出来的西方式的国家制度，强行移植到本国经济基础的“土壤”之上，产生了严重的水土不服。外来的上层建筑与本地经济基础的不匹配，会对经济发展产生负面的影响，特别是当两者间矛盾发展到一定程度时，这种负面效应将使经济发展无法持续。

不幸的是，基于“华盛顿共识”移植而来的西方式政治经济制度，强调私有化、市场化、自由化，提倡限制政府权力，减少市场监管。在这样的体制机制下，发展中国家自身的国家建构能力被大大削弱，政府软弱无力，无法推动国内力量进行符合本国经济基础的体制机制改革，于是外来上层建筑与本国经济基础的矛盾始终无法调和，经济增长长期陷入停滞状态。

第三，贫困国家之所以无法发展经济，关键在于它们的制度不符合国情。贫困落后的地区不需要建立一个什么都管的政府，但是确实需要其在有限范围之内具有必要功能。然而，贫穷的发展中国家受到主流经济学话语的影响，普遍在国内限制政府权力的边界，力图把国家事务交给自由市场或者公民社会。这使得许多欠发达国家在国内形成了软政府，但充满活力的市场并不能在这样的环境中自发形成。

提供市场这一最基本公共品和建立社会信任需要付出巨大的协作成本，这种成本既不可能依靠国内市场参与者自发支付，也不可能由外国企业来承担，只能依靠强政府作为最大的“公共品商人”。而发展中国家，特别是遵从主流经济学话语的发展中国家，由于政府软弱、无能，市场创造者长期缺失，导致经济发展出现问题。究其根本，还是发展中国家未能根据自身的经济基础实事求是地进行国家建构所导致。

国家治理现代化是国家建构的长期命题

国家建构是为了保障和促进经济发展所进行的上层建筑构造的过程。为了长期有效地进行国家建构，就必须持续推动国家治理现代化。而国家现代化是推动上层建筑与经济基础同方向运动的过程。国家治理现代化是伴随着国家经济发展水平的提高而长期存在的内在要求。

国家治理体现在治理体系和治理能力两方面，国家治理体系和治理能力是一个国家制度和制度执行能力的集中体现。[1]治理体系是国家治理的运行规则和制度保障，反映了国家对发展规律的总结和经验提炼，体现为“一整套紧密相连、相互协调的国家制度”[2]。但是，绝不能把治理体系简单地理解为制度的集合，治理体系还应包括治理的结构、方式、条件等，是一系列体系化的治理要素的总和。其中，制度体系是核心，除此之外还包括治理主体、治理规则、治理原则等。[3] 国家治理能力则是治理主体运用国家治理体系管理社会各方面事务的能力，是对制度的实践、对规律的驾驭。

治理体系和治理能力相辅相成、相互支撑，共同实现治理效能的转化。一方面，离开了治理体系，治理能力就“无处作为”，也“无法作为”。治理体系是国家治理的根本依据和内核，国家治理的一切工作和活动都依照国家制度展开，制度在治理国家中起根本性、全局性、长远性作用，有了科学的治理体系才能培育出强大的治理能力。[4] 另一方面，离开了治理能力，则治理体系“徒有其表”。治理能力是制度的执行能力，体现治理体系的效能，如果没有强大的治理能力，再好的制度和治理体系也难以发挥作用，治理体系要在治理的实践中来体

①② 中共中央文献研究室．习近平关于全面深化改革论述摘编．北京：中央文献出版社，2014：24.

③ 李忠杰．全面把握制度与治理的辩证关系．经济日报，2019－11－20.

④ 人民日报评论员．准确把握国家治理现代化——二论学习贯彻习近平在省部级专题研讨班重要讲话．人民日报，2014－02－20.

现自身价值，产生治理效能。同样，也要在治理的实践过程中不断检验治理体系，根据治理国家和社会的效果衡量治理的体系架构、考察国家的制度构建，不断改进、完善、巩固治理体系。

自西方古典自由主义面世以来，理论上的国家主义之争就从来没有中断过，“治理中的国家角色”便成为西方治理模式的焦点问题。20 世纪 90 年代，“国家的回退”① 成为西方国家治理的信条。无论是在理论上还是在实践过程中，一些西方人都坚持消解国家权威的逻辑，如詹姆斯·罗西瑙（James N. Rosenau）的《没有政府统治的治理》。然而，西方关于国家治理逻辑的讨论都没有脱离自由主义的框架，都是在自由主义内部围绕“国家在不在场”而争论②，都是为扩大生产和实现资本增值而服务，看不到问题的源头——资本主义生产必然导致生产的无政府状态，更看不清西方发展困境的本质——国家治理模式的困境。

不同的国家发展现状在本质上反映和体现着不同类型的国家治理模式的不同效果。当前西方国家在治理实践上的失败，正是国家治理体系不完善、治理能力不足造成的。“如今西方世界所面临的经济、社会、政治困境，是否反映出我们一度在

① 海伍德．政治学．张立鹏，译．北京：中国人民大学出版社，2006：125.

② 陈进华．治理体系现代化的国家逻辑．中国社会科学，2019（5）.

世界称雄的制度开始出现某种程度的衰退。与过去的 500 年相比，毋庸置疑，西方社会正在经历着衰落。早在 1978 年，美国人平均比中国人富裕 20 多倍，而如今不过只有 5 倍多。在我看来，这些不过是社会制度病态化的表象而已，制度的病态化正在蚕食过去 500 年以来西方社会制度演变所带来的成果，这甚至称得上是‘不光彩的革命’。”[①]

事实上，国家治理的失败已经是世界诸多问题的根源。古往今来，大多数社会动荡、政权更迭，究其根源，皆因没有形成有效的国家治理体系与治理能力，造成社会矛盾积重难返、人民怨声载道，最终引发严重的政治后果。[②] 同样，在当今世界，是什么拉大了发达国家与落后国家之间的差距？不是地理自然因素，不是既有的经济基础，而是国家治理水平——国家间的发展差异就是国家治理的差距。由此，国家间的竞争实质上就是国家治理的竞争。美国挑起的中美贸易摩擦，表面上看起来是经贸的对抗，本质上却是两种治理模式的较量，胜负取决于哪国能够更好地应对外部挑战，维护本国利益，坚定国内发展信心，在危机中发现新的发展机遇，转危为安。

因此，不仅中国需要将国家治理现代化作为国家建构的长期命题来对待，对于陷入治理危机的西方国家而言，国家治理

---

① 弗格森．西方的衰落．米拉，译．北京：中信出版社，2013：15.

② 闻言．坚定不移推进全面深化改革，在新时代创造中华民族新的更大奇迹——学习习近平《论坚持全面深化改革》．人民日报，2019－01－18.

现代化建设，特别是国家治理能力现代化，更是其提高国家治理能力的重要方式。而对于陷入中等收入陷阱的国家而言，通过实现国家治理体系现代化，并根据自身经济发展条件进行制度改革，将有助于其早日跳出增长停滞的陷阱。

六、国家建构与中国崛起

中国崛起的主要表现是中国经济的崛起与赶超，而经济赶超背后的实质，是中国在国家治理能力上对西方的全面超越。虽然在中国近代史上，西方倚仗工业化的坚船利炮打开了中国的大门，但是从更深层的国家建构角度来考察和剖析，我们会发现，近代史上中国的失败不是中国作为农业国对工业国在物质生产能力上的失败，而是近代以来中国国家治理能力的失败。

悠久的历史传承、文化传统、经济社会发展的经验，为中国提供了强有力的国家力量、高效率的科层体系，以及选贤任能的国家治理制度，这使中国几乎从一开始就内生地拥有一套独特的国家建构经验。伴随着社会的进步，中国在历史经验的基础上长期发展、渐进改进，塑造出一套强大的国家治理体系。于是，才有了中国在新中国成立后 70 多年的时间里，迅速大踏步地赶上时代发展潮流，跨越式完成了西方花 250 年到 300 年才完成的工业化，实现从落后到再次崛起的伟大历史进步。中国实现经济赶超的背后，实质是中国吸取传统的国家建构智慧后，在国家治理能力上对西方的超越。正如《政治秩序的起源：从前人类时代到法国大革命》一书中所概括的，“中国之所以成为中国，是因为它最早开始了国家建构的进程”①。

当今世界，许多国家落后或不稳定的重要根源，是这些国家的软弱无能与国家失败。在这样的背景下，有效的国家建构逐渐成为当今世界的重要命题。一方面，西方国家需要吸收有效国家建构的成功经验，以解决其国内日益增多的各种经济、政治、社会问题，维持国内秩序的稳定。另一方面，一套行之有效的国家建构理论，有助于使动荡、贫困、落后的国家或者地区建立一种稳定的社会秩序与社会环境，让这些地方重新开始发展经济，帮助当地人民早日脱离贫困，过上安定的生活，彻底根除极端思想、恐怖主义产生和传播的温床。同时，落后国家的发展，也必然带来对商品、贸易和基础设施建设的需求，扩大世界市场的广度和深度，从而有利于世界所有经济体的发展。

中国作为新崛起的大国，因为自身地域广阔，地区多样性、民族多样性、文化多样性强的特点，在发展过程中积累了丰富的国家建构经验。对这些独到的中国经验进行有效的总

---

① 福山．政治秩序的起源：从前人类时代到法国大革命．毛俊杰，译．桂林：广西师范大学出版社，2014：4.

结、归纳，从中抽象出一般化的规律，并将之融入“中国经验”当中，可为全球治理贡献中国方案，帮助贫穷落后的发展中国家从困境中摆脱出来，稳定国家与地区秩序，并融入全球市场。由此，中国将对世界产生巨大的影响，为世界和平发展做出重要的贡献。就如同福山所说，“国家建构的艺术将成为国家力量的关键，其重要程度决不逊于动用传统的军事力量来维护世界秩序的能力”①。

任何制度的优势最终都是通过治理效能来展现的，国家建构就是推进治理现代化，从国家建构和国家治理角度看中国崛起，具体则看制度执行能力、资源动员能力和高效应对能力三个方面。

制度执行力是国家治理的关键

所谓制度执行力，是指治理者作为主体执行制度的能力。各级党委和政府以及各级领导干部作为国家治理的骨干力量，是制度执行的主体力量，领导干部的意识、能力和素质水平是影响制度执行力的决定性因素。在中国特色社会主义制度下，我国的制度执行力为人民提供了稳定的社会秩序，社会稳定是政治、经济和社会不断发展的基础，由此改革开放 40 多年来

① 福山．国家构建：21 世纪的国家治理与世界秩序．黄胜强，许铭原，译．北京：中国社会科学出版社，2007：116.

我国取得了巨大成就。然而，这并不意味着我国的制度执行力足够强。事实上，在制度执行中依然存在执行力不足的问题，党的十九届四中全会对此提出了严格要求：“健全权威高效的制度执行机制，加强对制度执行的监督，坚决杜绝做选择、搞变通、打折扣的现象。”①

资源动员能力是国家治理的重要体现

资源的调配和集中是国家治理能力的重要表现。评价一个国家的治理能力首先要看动员能力，国家治理能力强，就体现为强大的资源动员能力。出色的资源动员能力能够高效地集合资源，将资源集中到经济发展的关键之处和人民所需之处，集中力量办大事，并且能充分调动广大人民群众的积极性，形成整体的力量。一是可以集中力量办大事，将资源有效整合到战略性先导产业、前沿部门、重大基础设施等领域，从而推动经济的全面发展。② 二是通过宏观调控解决市场失灵带来的资源错配问题，优化整体资源配置的效益，使资源分配更合理、更高效。三是在收入分配上，以税收、社会保障、转移支付等为主要手段的再分配调节机制也需要依靠国家的资源动员能力来

① 中共中央关于坚持和完善中国特色社会主义制度、推进国家治理体系和治理能力现代化若干重大问题的决定．人民日报，2019－11－06.

② 周文，何雨晴．国家治理现代化的政治经济学逻辑．财经问题研究，2020（4）.

实现，通过国家对资源的集中调配，增加低收入者收入，扩大中等收入群体规模，调节过高收入。因此，资源的动员能力也是促进收入分配体系更加公平的重要力量。

高效应对能力是国家治理的根本

高效应对能力就是运用制度威力应对风险冲击的能力，既要有防范风险的先手，也要有应对和化解风险挑战的高招；既要打好防范和抵御风险的有准备之战，也要打好化险为夷、转危为机的战略主动战。先进的制度、强大的国家治理体系和治理能力从来不是从天上掉下来的，也不是在风平浪静中凭空构想出来的，而是经过无数风险，在严峻考验中锻炼和发展起来的。

国家的风险控制能力贯穿风险出现的全过程。在风险出现之前，有防范风险的先手；在风险到来之时，又有应对和化解风险的高招。具体来说，在经济平稳发展的时期，保持危机意识，防患于未然，提早做好准备。在危机来临时，迅速做出反应，运用宏观调控积极作为，最终化险为夷。一方面，在全球化大发展的背景下，国家间相互深度依赖、相互影响，国家可能受到更多来自外界的冲击。2008 年全球金融危机爆发时，中国政府采取了积极的财政政策和适度宽松的货币政策，通过宏观调控保证了经济的平稳过渡。面对风险的冲击，国家需要及时调整经济政策，维持经济的平稳运行，尽可能降低风险带来的损害。另一方面，在社会主义市场经济体制下，由于市场调节的盲目性、滞后性、分散性、外部性等固有弊端，经济发展会出现周期性波动和总量失衡，对国内经济造成冲击。国家治理的宏观调控手段可以把局部利益与整体利益、当前利益与长远利益结合起来，应对市场失灵可能带来的风险。

七、中国崛起的世界意义

在发展中国家工业化进程普遍难以为继的背景下，中国于世界的东方异军突起，占世界人口总数20%的中国人，用70多年时间完成了西方用250年时间才完成的工业化进程。自1978年以来，中国以年均增长超9.6%的快速经济增长，从改革开放初期GDP世界排名第15位，跃居为世界第二大经济体，经济规模是排名第三位的日本的2.5倍。[①] 这一成就震撼了世界，造福全球，也改变了中国，因而被称为“中国奇迹”。

正如黄仁宇所说，“今天，中国所面临的问题跟世界上其他地方的人所面临的问题是一样的，即如何才能找到经济合理行为与其他生活品质之间的和谐。中国人的解决方案不同的是

① 根据世界银行公开数据库提供的各国GDP数据计算。

中国独特的历史背景，而每一个人是可以从中学到一些东西的”[①]。“一旦中国找到了问题的解决方案，中国经验对于世界其它国家而言是无价的。面对世界人口的稳定增长和自然资源的减少，中国的试验理应引起人们的强烈兴趣，并应予以重视。”[②]

中国快速崛起证明制造业乃强国之本

中国崛起的成功经验跳脱了西方主流经济学的三大产业划分理论，突破了后工业社会应该是服务业占比大的思维定式，而且更有利于促进经济的健康持续发展。中国实践已经证明，西方主流经济学的三大产业划分理论不但不足以应对日渐复杂的经济发展情况，而且越来越制约着经济发展。盲目按照西方发展经验中简单归纳出来的“现代产业结构”进行调整，刻意降低制造业在经济结构中的比例而提高服务业的比例，不但不能解决发展动能不足、环境污染、国内消费不足、资本在金融系统内部空转等问题，反而会深陷其中难以自拔，使经济不断“脱实向虚”。

与此相反，通过提高劳动生产率、提高全要素生产率和提高潜在生产率的方式来促进经济增长可以有效解决经济“脱实向虚”问题。因此，中国发展的成功经验打破了三大产业划分理论，突破了传统产业结构调整局限，强调通过产业体系建设

---

① 黄仁宇．中国大历史．北京：九州出版社，2015：308.

② 同①307.

在发展中解决“脱实向虚”问题，建设实体经济、科技创新、现代金融、人力资源协同发展的产业体系。瓦科拉夫·斯米尔（Vaclav Smil）对发展制造业与国家繁荣之间的关系有着深刻的理解，他认为“如果没有一个强大而且极具创新性的制造业体系，以及它所创造的就业机会，那么，任何一个先进的经济体都不可能繁荣发展”①。

对任何一个现代经济体来说，制造业都是一个关键的组成部分，其重要性远比其对GDP的贡献率所能反映出来的要高，因为绝大多数重大的技术进步和创新来自广泛的工业实践和商业驱动，特别是广大劳动者在日常制造过程中的实际操作经验和积累。相反，去工业化是国家衰落之因，哪怕是一个已完成工业化的国家放弃制造业，都会逐渐丧失其技术优势和创新能力。况且，制造业本身又是由很多相互关联、相互依赖的元素构成的。因此，制造业的命运自然也就依赖诸多因素，这些因素又共同影响着一个国家的政治、经济、法律、教育、社会和医疗体系的总体面貌。正如兰德斯（Landes）曾指出的：“具有讽刺意味的是，致富最早的国家——葡萄牙都以失败而告终。这成为经济史和经济理论研究的重大课题之一。西印度群岛的财富对西班牙工业的意义越来越小，因为西班牙人不再需

① 斯米尔．美国制造：国家繁荣为什么离不开制造业．李凤海，刘寅龙，译．北京：机械工业出版社，2014：Ⅳ．

要制造什么了，因为他们什么都可以购买。”①

中国崛起给其他发展中国家提供了成功的范例

文一曾在其《伟大的中国工业革命：“发展政治经济学”一般原理批判纲要》一书中写道：“中国有近20%的世界人口，但只占有6%的世界淡水资源和9%的耕地，人均耕地不到美国的1/10。没有任何国际和地区曾在这样的挑战下，单单通过互惠的国际贸易实现工业化和粮食自给，而不是重复西方工业强国当年的殖民主义、帝国主义、奴隶贩卖，以及对弱国发动血腥侵略战争的老路。”② 中国用70多年时间，通过和平发展的方式，从“世界低收入国家”变成“世界中高收入国家”，实现了历史大翻转。中国工业化的成功经验如此地“近在咫尺”，足以作为其他仍在贫穷、落后中挣扎的发展中国家学习的范例，为其他后发国家启动工业化提供了独特的中国经验。

不同于伴随着殖民掠夺的西方文明的崛起所导致的世界财富转移和再分配，中国和平崛起的经验注重对国内外有效市场进行创造。随着中国的崛起，近年来中国在全球治理上承担了越来越多的责任，不仅维护世界市场的有序运行，而且积极拓展世界市场的新空间。在金融领域，中国已经完成从资本净输

---

① 兰德斯．国富国穷．门洪华，等译．北京：新华出版社，2010：180.

② 文一．伟大的中国工业革命：“发展政治经济学”一般原理批判纲要．北京：清华大学出版社，2016：13.

入国向资本净输出国的转变。2014 年，中国提议建设亚洲基础设施投资银行。根据多方签署的协定，该银行将为亚洲地区长期的巨额基础设施建设融资缺口提供资金支持，促进亚洲经济增长和社会发展，进而为全球经济发展提供新动力。

在推动全球互联互通方面，中国提出了“一带一路”倡议，推动基础设施互联互通，努力开拓世界市场。在安全领域，中国主动承担大国责任，在反海盗、反恐怖主义问题上做出积极的应对，为所在地区乃至世界安全稳定做出越来越大的贡献。由中国崛起带来的中国在全球治理上的积极实践，使原来打着“美国优先”口号的美国从全球治理中逐渐退出，使世界滑入“金德尔伯格陷阱”的可能性得以避免，进而有效稳定了世界市场的秩序，为世界经济的进一步繁荣打下基础。

中国崛起在经济学理论上具有重大意义

如果按照西方主流经济学理论，中国在现有体制下绝不可能崛起，即使出现短暂经济增长，也绝对不可长期持续。“经济学家长期以来一直更倾向于得出一般性命题，然后假定这些命题对任何时间、任何地方和任何文明都有效。我们有一个从古典经济学那里继承来的，尔后进一步得到发展的理论宝库，这些理论通常被认为比它们所论证的内容更具有普遍适用性。只要这些理论的使用限制在西方世界，这种假定为普遍适用的理论可能就没有什么危害。但是，用这些理论来研究南亚欠发达国家——这些理论并不适用于这些国家，后果就严重了。”[①]但正如经济学家张五常在《中国的经济制度》一书中所言：“我可以在一星期内写成一本厚厚的批评中国的书。然而，在那么多不利的困境下，中国的高速增长持续了那么久，历史上从来没有出现过……中国一定是做了非常对的事情才产生了我们见到的经济奇迹。那是什么呢？这才是真正重要的问题。”[②]

中国改革开放发展的伟大成功，突破了现代西方主流经济学认知的局限性，同时也验证了 200 多年来西方理论的局限性。这说明现代西方主流经济学不但对现实的解释力日渐式微，而且无力提出可供选择的解决当下现实危机的理论方案，由此暴露出西方主流经济学理论本身面临的危机。西方主流经济学家保罗·M. 罗默（Paul M. Romer）也撰文指出了主流经济学对现实的解释无力。[③] 西方经济学依靠新古典经济学的理论框架，它构建的基础源于西方经验，是“西方中心论”。

事实上，中国 40 多年来的改革开放所取得的成就和其他发展中国家运用西方理论指导发展遭遇失败，打破了“西方中心论”的神话，解构了“西方中心论”的话语体系。因此，中国经济发展成功实践所确立的榜样，不但让一度流行于世界的

---

① 缪尔达尔．亚洲的戏剧：南亚国家贫困问题研究．方福前，译．北京：商务印书馆，2015：13.

② 张五常．中国的经济制度．北京：中信出版社，2009：117.

③ ROMER P. M. The trouble with macroeconomics. 2016，Wednesday 14th September.

西方经济学理论失去了市场，更让来自西方的各种偏见和教条现出原形。因此，在中国道路这个人类经济史的奇迹背后，一定潜藏着当代主流经济学并没有完全涵盖的经济逻辑，甚至有着完全不同的发展前提。正如穆勒（Mill）所说，我们的预测与实际事实之间的不符常常是提醒我们注意我们已经忽略的某些重要扰动原因的唯一条件。

一方面，现代中国走过的是一条特殊的发展道路，留下的历史记录、历史经验、历史实践，既不同于西方国家工业化的过程，也不同于大多数发展中国家的工业化过程。因此，将中国道路的经验提炼出来，形成一个完整、系统的理论体系，不仅是中国对经济学理论做出的贡献，更是中国给世界发展提供了中国智慧和中国价值。另一方面，这也说明 21 世纪将会是中国经济学的世纪。因为经济学研究的学术中心是随着现实中世界经济中心的转移而转移的，中国将成为未来世界经济的中心，所以经济学的学术中心将转移到中国。正像当初斯密的经济理论首先面向的是英国人和英国的经济问题，萨伊（Say）的经济理论首先面向的是法国人和法国的经济问题，李斯特（List）的经济理论首先面向的是德国人和德国的经济问题，克拉克（Clark）的经济理论首先面向的是美国人和美国的经济问题那样。这既是未来的经济学中国理论面临的时代挑战，也是经济学中国理论的历史使命。

正是西方发展的不确定性和低迷状态，让世界更多向

"东"看，更愿倾听中国声音，期待中国智慧。中国道路所蕴含的新国际合作观，更加突出发展中国家的重要性和发达国家的责任，避免了地缘竞争陷阱，有望从根本上扭转富国越来越富、穷国越来越穷的格局。这是对世界未来发展的远见卓识，也是中国道路的世界贡献。

近年来，西方社会的一些人总担心中国强大了会对世界构成威胁。这样的疑虑源于西方文明视野下认识人类社会的范式，源于西方现代化的历史逻辑完全没有顾及和观察到中国道路成功的历史渊源和现实路径。事实上，中国的发展完全是通过自我积累实现的，既没有对外掠夺和殖民，也没有对外转嫁矛盾和危机，是一种和平的、多方受益的发展模式。

中国道路成功的背后，体现了文明的力量。中华文明五千年来一脉相承、从未中断，具有强大内聚力、延续性、包容性和开放性，有着丰富的历史资源和文化资源。这些内聚力、延续性基因，通过与世界其他文化相互学习、借鉴、交流、融合，可以成为加快中国现代化发展进程的巨大资源和优势。

中国的发展既借鉴世界一切优秀文明成果，又坚持走符合自己国情的道路。在某种程度上，今天中国的政治和经济体制与二战后主导国际秩序的美国模式相比，可以说更完备、更可借鉴，也更可持续。中国的成功给占世界总人口四分之三的发展中国家开辟了一条新路，必将产生更大的示范效应。

第四章

中国道路：逻辑起点与成功探索

70 多年前，新中国的成立为这片古老的东方土地带来了新的发展契机，中国的现代化也由此开启了一段波澜壮阔、气势恢宏的崭新旅程。70 多年来，中国共产党团结带领中国人民栉风沐雨、筚路蓝缕，用几十年的时间走过了西方发达国家上百年甚至几百年的现代化历程，造就了人类现代化历史上前所未有的发展奇迹。70 多年后的今天，中国道路交出了一份漂亮的“成绩单”：中国实现了历史性的巨变。可以说，中国正在从现代化道路上的“跟跑者”变为“领跑者”。中国全面建成小康社会，开启了全面建设社会主义现代化国家新征程。站在新的历史起点上，认真回顾这 70 多年的现代化进程，系统总结蕴含其中的宝贵经验，对于中国今后的社会主义现代化建设，乃至对于其他发展中国家实现现代化都有着十分重要的意义。

一、中国道路的逻辑起点：现代化与工业化

蒋廷黻在《中国近代史》一书的前言里说："近百年的中华民族只有一个问题，那就是：中国人能近代化吗？能赶上西洋人吗？能废除我们的家族和家乡观念而组织一个近代的民族国家吗？能的话，我们民族的前途是光明的；不能的话，我们这个民族是没有前途的。因为在世界上，一切的国家能接受近代文化者必能富强，不能者必遭致惨败，毫无例外。并且接受得愈早愈好，日本就是好例子。"① 这时的近代化实质上是现代化，而现代化是关乎民族国家生死存亡的核心问题。

近代以来的现代化标准

一直以来，现代化的标准是由西方主导和确定的，因此一个国家要迈向现代化，就必须以西方为蓝本，学习西方。"自十六世纪到现在，世界史的最重要方面之一是东西的融化，或者我们应该说，是全世界的欧化。"② 近代化以来，中国现代化的历程就是把中国的历史跟世界的历史连接起来，不断强调

① 蒋廷黻．中国近代史．北京：中华书局，2016：5.
② 同①123.

学习西方，不断融入西方，因为现代化的参照系来自英国的工业革命。用“现代化”概念取代“西化”概念，这绝不仅是一个修辞上的问题，更是对观察现代世界的“西方中心论”观点的修正和突破。冯友兰强调：现在人常说我们要近代化或现代化，这并不专是名词上改变，这表示近来人的一种见解上的改变。这表示，一般人也渐觉得以前所谓西洋文化之所以是优越的，并不是因为它是西洋的，而是因为它是近代的或现代的。我们近百年来之所以到处吃亏，并不是因为我们的文化是中国的，而是因为我们的文化是中古的。这一觉悟是很大的。即专就名词说，近代化或现代化之名，比西洋化之名，实亦较不含混。基督教化或天主教化确不是近代化，或现代化，但不能不说是西洋化。[①]

对现代经济的认识，一般是源于英国工业革命给人们带来的样本启迪，于是现代化就等同于工业化，没有工业化就谈不上现代化。亚当·斯密在《国富论》中描述了英国资本主义的发展从分工开始。随着分工，工人的劳动生产率大幅提高，随之社会财富大幅增加，生产和消费随之表现出社会性。生产不再是为生产者本身的消费，而是为社会的消费生产；消费者消费的也不再是自己生产的产品，而是商品。于是，一切人都要依赖交换而生活，或者说，在一定程度上，一切人都成为商

① 冯友兰．新事论．上海：东方出版中心，2017：10.

人；而社会本身，严格地说，也在成为商业社会。[①] 这种商品化的生产和消费是大英帝国崛起的起点。

18 世纪 60 年代前后，资本主义生产在英国达到它的临界点，因而出现一连串突破性的发明创造，并且从 18 世纪 80 年代开始，这些发明创造又被迅速应用于工业。1785—1802 年间，出现了第一次起飞，开始了现代经济的发展。英国的成就构成了一种挑战，并立即得到应战。18 世纪 80 年代，法国、加泰罗尼亚、瑞士和萨克森的棉织业，由于仿效英国用机器纺纱，得到了迅速发展。[②]

安格斯・麦迪森教授在他的《世界经济千年史》中考察了欧洲近代化先驱国家和中世纪形态国家的经济数据，并得出一个结论，就是一个国家的人均 GDP 增长与否是一个国家是否进入现代化国家行列的标志性指标。马克思所说的现代化，就是资本主义把它的生产方式强制性地推广到全世界。这个资本主义的生产方式在马克思那里就是现代化的一个标志。黄仁宇先生所说的数目字管理的国家也是一种现代化国家的标志。[③]

但是，无论如何认识现代化，总体上都是从西方的角度看

---

① 斯密．国民财富的性质和原因的研究：上卷．郭大力，王亚南，译．北京：商务印书馆，1972.

② 罗斯托．这一切怎么开始的：现代经济的起源．黄其祥，等译．北京：商务印书馆，2014：177.

③ 参见黄仁宇的《中国大历史》《放宽历史的视界》《21 世纪与资本主义》，黄仁宇在相关著作中多次谈到数目字管理。

中国，是一种冲击—回应模式，中国只能是现代化的“他者”。冲击—回应模式把中国描绘成消极的，把西方描绘成积极的；近代化取向则把中国社会描绘成停滞不前的传统社会，有待精力充沛的近代西方赋予生命，把它从永恒的沉睡中唤醒。于是，对中国这头“野兽”而言，西方就成了“美女”，经她一吻，千百年的魔咒终被打破，她用那魔术般的力量把本来将被锁闭的发展潜力释放出来。这种模式对于比较全面公平地理解中国近代史，当然会造成灾难性的后果。①

中国工业化道路的实践

人类历史上的每一次工业革命，都会带来生产力的飞跃，发展观念也由此发生深刻变化，实现对思维局限、能力局限、资源局限的重大突破。

第一次工业革命，蒸汽机为人类提供了机器动力，解放了人类的双手；第二次工业革命，电力帮助实现了动力的远程传输，解放了人类的双腿；第三次工业革命，电子技术帮助实现了生产自动化，解放了人类的神经。世界经济发展史表明，一个国家只有把握了工业革命的历史机遇，才有可能在某个历史时期成为繁荣富强的国家。欧美日等地区和国家分别抓住了三次工业革命的机遇，成为为数不多的发达地区和国家。自 18

① 柯文．在中国发现历史．林同奇，译．北京：中华书局，2002：168.

世纪工业革命以来，工业化一直是世界经济发展的主题。世界经济史表明，没有经历成功的工业化进程，就不可能成为繁荣富强的发达国家。

“为了摆脱西方列强给中国的枷锁，中国首先需要实现现代化。”[①] 站在21世纪新的时代高度，回顾近代中国的发展历程，我们看到，自19世纪中叶西方资本主义以炮舰打开中国的大门后，在苦难深重的中国实现工业化便成为无数仁人志士梦寐以求的理想。从洋务派创建新式工业向西方寻求“机船矿路”，到孙中山制定《实业计划》，提出修筑十万英里长的五大铁路系统，在我国华北、华中、华南沿海修建世界级先进水平的海港；再到国民党政府资源委员会制定《重工业建设计划》，提出兴建钢铁、冶炼等大、中厂矿，均表现出在中国实现工业化并优先发展重工业的追求。

对于中国而言，近代以来，如何把中国这样一个落后的农业国建设成为一个发达的工业国，实现工业化，是众多仁人志士奋斗一生的伟大梦想。为了实现中国的民族独立与繁荣富强，近代以来的许多仁人志士不懈奋斗，努力探索工业化现代化道路，但直到新中国成立后在中国共产党领导下的中国，才真正开启了开展大规模工业化并持续深入推进的时代。

---

① 布罗代尔．文明史：人类五千年文明的传承与交流．常绍民，冯棠，等译．北京：中信出版集团，2017：218.

旧中国工业不仅生产落后、产量低，而且发展不平衡，主要有纺织、面粉等轻工业，基本上没有重工业，许多部门空白，完全依赖外国。1954 年，毛泽东描述当时的工业状况时说："现在我们能造什么？能造桌子椅子，能造茶碗茶壶，能种粮食，还能磨成面粉，还能造纸，但是，一辆汽车、一架飞机、一辆坦克、一辆拖拉机都不能造。"① 旧中国的工业，绝大部分是手工业，机器工业很少。手工业生产方式已经存在了几百年甚至上千年，与现代工业不能同日而语。20 世纪 20 年代初，工业产值仅占工农业总产值的 4.87%，而在中国产业资本中民族资本所占的比重也仅为 18.2%。②

新中国成立前，我国工业产品结构相当原始，稍微现代一点的工业产品前面都带"洋"字：如"洋纱""洋布""洋火""洋烟"等。当时，中国的很多工业产品都不如印度。新中国成立后，1952 年完成了国民经济恢复的任务，但是现代性工业产值在全国工农业总产值中的比重只占 43.1%，而重工业在工业总产值中只占 33.5%，许多重要工业产品的人均产量，不仅远远落后于工业发达国家，甚至低于印度这样的新兴独立国家。③ 印度的人口当时是 3.5 亿人，中国是 5.4 亿人。印度

---

① 毛泽东．毛泽东文集：第 6 卷．北京：人民出版社，1999：329.

② 当代中国研究所编．中华人民共和国史稿：序卷．北京：人民出版社，2012：82.

③ 中共中央党史研究室．中国共产党的九十年．北京：中共党史出版社，党建读物出版社，2016：420.

的钢、生铁、水泥、硫酸、原油等工业产品的产量，都比中国高；纱、布的产量和发电量也比中国高。1949 年，中国的人均国民收入仅为 27 美元，还不及同为人口大国的印度的 57 美元的一半。国内贸易的有效需求不足，特别是农村购买力薄弱，成为中国工业化的一个制约因素。①

早在 1955 年 10 月 29 日，中共中央召开了关于资本主义工商业社会主义改造问题座谈会，毛泽东在讲话中明确指出："我们的目标是要赶上美国，并且要超过美国。美国只有一亿多人口，我国有六亿多人口，我们应该赶上美国。"② 他说："不是说赶上美国不要一百年吗？这个看法我也赞成。究竟要几十年，看大家努力，至少是五十年吧，也许七十五年，七十五年就是十五个五年计划。哪一天赶上美国，超过美国，我们才吐一口气。现在我们不像样子嘛，要受人欺负。我们这么大一个国家，吹起来牛皮很大，历史有几千年，地大物博，人口众多，但是一年才生产二百几十万吨钢，现在才开始造汽车，产量还很少，实在不像样子。所以，全国各界，包括工商界、各民主党派在内，都要努力，把我国建设成为一个富强的国家。我们在整个世界上应该有这个职责。世界上四个人中间就

---

① 中共中央党史研究室．中国共产党的九十年．北京：中共党史出版社，党建读物出版社，2016：420.

② 毛泽东．毛泽东文集：第 6 卷．北京：人民出版社，1999：500.

有我们一个人，这么不争气，那不行，我们一定要争这一口气。”①

中国的经济体制与工业体系

新中国成立后，古老的中国重新开始了工业化征程。但这一次中国并没有沿用其他国家采用的从轻工业起步的工业化道路，而是采取从重工业起步的超常规道路，实行“优先发展重工业”的战略。从 1953 年开始，中国开始进行有计划的社会主义经济建设，国家经济建设的重点是为实现工业化奠定基础，并为社会主义改造、建立独立的比较完整的工业体系和国民经济体系创造前提。在此期间，建设 156 项重点工程是社会主义工业化的一个决定性环节。

1954 年 6 月，毛泽东强调：“我们要建成一个伟大的社会主义国家，大概经过五十年即十个五年计划，就差不多了，就像个样子了，就同现在大不一样了。”② 后来，毛泽东再次强调说：“事情总是发展的，一九一一年的革命，即辛亥革命，到今年，不过四十五年，中国的面目完全变了。再过四十五年，就是二千零一年，也就是进到二十一世纪的时候，中国的面目更要大变。中国将变为一个强大的社会主义工业国。”③

---

① 毛泽东．毛泽东文集：第 6 卷．北京：人民出版社，1999：500.
② 同①329.
③ 毛泽东．毛泽东文集：第 7 卷．北京：人民出版社，1999：156.

毛泽东又用诗一般的语言来描述建设社会主义的紧迫性："你有那么多人，你有那么一块大地方，资源那么丰富，又听说搞了社会主义，据说是有优越性，结果你搞了五六十年还不能超过美国，你像个什么样子呢？那就要从地球上开除你的球籍。"①

一万年太久，只争朝夕。1953—1957年，新中国开始实施第一个五年计划。这是中国奠定工业化初步基础的重要时期。在遭受全球绝大多数资本主义国家封锁、禁运的环境下，中国通过等价交换的外贸方式，接受了苏联和东欧国家的资金、技术和设备援助，建设了以156项重点工程为核心的近千个工业项目，使中国以能源、机械、原材料为主要内容的重工业在现代化道路上迈进了一大步。第一个五年计划期间新增的工业生产能力在中国历史上是空前的，以钢铁工业为例，1957年生铁产量达594万吨、钢铁535万吨、成品钢材415万吨，赢得了钢铁产量平均递增32%的高速度，生产的钢材品种达4 000余种，钢材自给率达到86%。中国结束了不能生产钢轨、无缝钢管、各种大型钢材、薄板的合金钢的历史。②

"一五"期间，我国钢铁工业5年所走过的路程相当于美

① 毛泽东．毛泽东文集：第7卷．北京：人民出版社，1999：89。

② 当代中国研究所．中华人民共和国史稿：第1卷．北京：人民出版社，2012：181.

国 12 年、英国 23 年、法国 26 年所走过的路程。工业生产能力的巨大增长，为我国工业进一步高速度发展创造了物质基础。156 项重点工程建设是中国大规模工业化的起步，自建成以后，新建、改建、扩建的企业为中国工业化做出了巨大贡献。其所生产的能源、原材料、机械设备源源不断地输送到全国各地；其所培养的技术人员、技术工人成了一批又一批新工业基地的种子和骨干，他们使中国工业的星星之火逐渐形成燎原之势。

布罗代尔曾这样评价中国的“一五”计划成就：1945 年，中国连一辆摩托车也制造不出来。[①] 但是，“中国自 1949 年到 1962 年的经济增长速度异常惊人，无论过去还是现在都非他国所能媲美。就连苏联的第一个五年计划也未能超过中国的第一个五年计划。中国经济总体说来是从零开始的。在对中国非凡的经济发展速度进行评估时，我们还应当记住，这是世界上人口最多的国家无情的意志和努力的结果。我们还可以补充一点，即计划经济是一个不仅为更早时期苏联的经验展现出来，而且为当代资本主义本身证明的手段”[②]。

“一五”计划所取得的成就，不仅坚定了中国人民走社会

---

① 布罗代尔．文明史：人类五千年文明的传承与交流．常绍民，冯棠，等译．北京：中信出版集团，2017：230.

② 同①222.

主义道路的信心，也为我国社会主义工业化的持续推进奠定了坚实的物质基础，同时，它也为世界范围内其他民族国家的解放斗争和经济建设起到了良好的示范作用。

进入21世纪后的中国发展表明，毛泽东预言的“大变”已经成为现实。今天的中国在改革开放的进程中发生了巨大变化，不仅成为一个社会主义工业大国，而且长期稳居世界第二大经济体的位置。随着历史的发展，我们越发认识到，在毛泽东时代开辟的社会主义工业化之路，是实现国家富强和人民幸福的必由之路，是在新世纪继续开拓前进、实现中华民族伟大复兴的光明之路。

现在，我国是世界第二大经济体、制造业第一大国、货物贸易第一大国、商品消费第二大国、外资流入第一大国，我国外汇储备连续多年位居世界第一。非农产业增加值占比已超过90%，主要工农产品产量大都居世界前列，粮食、油料、肉类、原煤、水泥、粗钢、钢材和发电量连续多年居世界首位，500多种主要工业品中有220多种产量位居全球第一。因此，中国不但是名副其实的世界第一工业大国，而且是世界第一货物贸易大国。

今天的中国更有自信用世界工业大国的说法来概括现在的基本经济国情。一是中国建立了世界上最完整的现代工业体系，成为全世界唯一拥有联合国产业分类中全部工业门类的国家。正是这个完整的现代工业体系，使中国产业具备了最完善的配套能力，保证中国经济在外界不可控因素的冲击下仍能保持巨大韧性。二是中国制造业的大发展。伴随着快速的工业化进程，中国制造业不断发展壮大，在世界200多个国家和地区都能见到“中国制造”的身影，2010年以后中国就已成为世界产出第一的制造大国。根据联合国的数据，到2016年，中国制造业增加值达到30 798.95亿美元，占世界比重的24.5%，比居世界第二位的美国制造业的增加值多出了近万亿美元，几乎等于美国和居第三位的日本制造业的增加值的总和。由于中国制造业的快速发展，世界制造业的格局发生了巨大的变化。经过两个多世纪的迁移，世界制造业的中心无疑已转移到了中国。

新中国成功开启并快速推进的社会主义工业化进程具有伟大的世界意义。其一，中国工业化道路富有中国特色。中国工业化道路基于中国的最大国情，充分考虑到中国人口众多、人均收入低、后发赶超的特点，遵循了工业化产业演进发展的规律，顺应了经济全球化的世界经济发展趋势。其二，新中国的工业化，是世界第一人口大国的工业化，70多年工业化进程的成功推进，无疑对整个人类社会的可持续发展贡献巨大。其三，中国的工业化进程为后发国家提供了新的工业化经验，这对世界工业化进程的推进意义重大。其四，新中国开启并成功推进的是中国共产党领导的社会主义的工业化道路，在国家主权完整和坚持中国共产党领导的前提下，有效促进了社会主义与市场经济的有机结合，建立了社会主义市场经济体制，成功解决了计划经济体制下社会主义工业化模式存在的问题，纠正了苏联不曾解决的因重工业优先发展战略造成的经济结构失衡的弊端，不仅为世界社会主义理论和实践做出了重大贡献，也对当今世界主流经济学的创新发展具有重大意义。

“如果中国的试验取得让我信服的成功，所有欠发达的国家都有可能试图加以仿效。”① 布罗代尔还特别提醒，中国试验的基本的、稳定的特征值得人们注意：

其一，最坚决的工业化，其增长率远高于苏联、东欧或欠发达国家。平均而论，是20％对7％～10％。

其二，非常明确地决定“两条腿走路”，也就是说，把工业收入用作投资，以保持增长率，同时在其他部门继续利用现成的资源，由农村的工匠供应农民大众所需要的农具和其他消费品。

其三，当局极具灵活性，能够承认自己的错误，迅速地改变方针。

所有这些仰赖的都是中国生活和中国文明的某些特征，没有这些东西，一切都是不可能的②。

---

① 布罗代尔．文明史：人类五千年文明的传承与交流．常绍民，冯棠，等译．北京：中信出版集团，2017：230.

② 同①231.

二、马克思主义中国化与中国特色社会主义

在人类思想史上，就科学性、真理性、影响力、传播面而言，没有一种思想理论能达到马克思主义的高度，也没有一种学说能像马克思主义那样对世界产生了如此巨大的影响。① 这体现了马克思主义的巨大威力和强大生命力，表明马克思主义对人类认识世界、改造世界、推动社会进步仍然具有不可替代的作用。学习研究当代世界马克思主义思潮，对推进马克思主义中国化，发展21世纪马克思主义、当代中国马克思主义具有积极作用。

马克思主义中国化

纵观中国共产党波澜壮阔的伟大历史，就是一部把马克思主义基本原理同中国具体实际相结合、不断推进马克思主义中国化的历史。邓小平反复强调："如果我们不是马克思主义者，没有对马克思主义的充分信仰，或者不是把马克思主义同中国自己的实际相结合，走自己的道路，中国革命就搞不成功。"②

---

① 习近平主持中共中央政治局第四十三次集体学习．(2017－9－29)．http：//www.gov.cn/xinwen/2017－09/29/content_5228629.htm.

② 邓小平．邓小平文选：第3卷．北京：人民出版社，1993：63.

“建国以后，我们从旧中国接受下来的是一个烂摊子，工业几乎等于零，粮食也不够吃，通货恶性膨胀，经济十分混乱。我们解决吃饭问题，就业问题，稳定物价和财经统一问题，国民经济很快得到恢复，在这个基础上进行了大规模经济建设。靠的是什么？靠的是马克思主义，是社会主义。”①

习近平总书记在纪念马克思诞辰200周年大会上的重要讲话中指出：“马克思主义的命运早已同中国共产党的命运、中国人民的命运、中华民族的命运紧紧连在一起，它的科学性和真理性在中国得到了充分检验，它的人民性和实践性在中国得到了充分贯彻，它的开放性和时代性在中国得到了充分彰显！”②

新中国成立后，以毛泽东为主要代表的中国共产党人，审时度势，不失时机地推进中国由新民主主义社会向社会主义社会过渡。1952年9月，毛泽东结合中国社会发展的具体实际，总结新中国成立之初国民经济恢复时期的实践经验，依靠广大人民群众，勇于实践创新和理论创新，加紧实施过渡时期总路线，走出了一条富有中国特色的社会主义过渡的新道路。这一过程不仅深刻把握了马克思主义理论的科学性和革命性，还提升了马克思主义中国化理论的实践性、人民性和时代性特征的

① 邓小平．邓小平文选：第3卷．北京：人民出版社，1993：63.

② 习近平．在纪念马克思诞辰200周年大会上的讲话．(2018-05-04). www.xinhuanet.com/politics/2018-05/04/c_1122783997.htm.

意境。

社会主义改造完成以后，探索一条适合中国国情的建设社会主义道路的任务，已经摆在了中国共产党面前。1956 年 4 月 25 日，毛泽东在中共中央政治局扩大会议上做了《论十大关系》的讲话。讲话总结了我国社会主义建设的经验，提出了调动一切积极因素为社会主义建设事业服务的基本方针，对适合中国国情的社会主义建设道路进行了初步的探索。毛泽东《论十大关系》的报告明确了建设社会主义的根本思想是必须根据本国情况走自己的道路。《论十大关系》的发表，标志着毛泽东对中国社会主义建设道路的探索开始形成一个初步的而且是比较系统的思路。毛泽东说："特别值得注意的是，最近苏联方面暴露了他们在建设社会主义过程中的一些缺点和错误，他们走过的弯路，你还想走？过去我们就是鉴于他们的经验教训，少走了一些弯路，现在当然更要引以为戒。"①

1956 年，在社会主义基本制度确立的关键时期，面对社会主义建设的全新实践，中国共产党没有照搬苏联模式，而是牢牢把握时代变化和中国社会变化的实际，坚持不懈地探索符合中国特点的社会主义建设道路。1956 年 4 月，面对苏共二十大后国际共产主义运动可能出现的变局，毛泽东倡导解放思

① 毛泽东．毛泽东文集：第 7 卷．北京：人民出版社，1999：23.

想、破除迷信，提出："最重要的是要独立思考，把马列主义的基本原理同中国革命和建设的具体实际相结合。"强调："要进行第二次结合，找出在中国怎样建设社会主义的道路。"①进行"第二次结合"，就是要把握马克思主义科学性、实践性、人民性和时代性的理论特征，走出中国自己的社会主义建设道路，推进马克思主义中国化的新发展。

"有一点要跟大家说清楚，就是中国的经验只能提供作为参考，照抄则不可。各国应根据自己国家的特点决定方针、政策，把马克思主义同本国特点结合起来。中国的经验，有好的也有不好的，有成功的也有失败的。即使是好的经验，也不一定同别的国家的具体情况相适合。照抄是很危险的，成功的经验，在这个国家是成功的，但在另一个国家如果不同本国的情况相结合而一模一样地照搬就会导向失败。照抄别国的经验是要吃亏的，照抄是一定会上当的。这是一条重要的国际经验。"②

改革开放伊始，邓小平总结了自1956年以来20余年我国社会主义建设的经验教训，借鉴国际共产主义运动的历史经验，把握时代发展新趋势，在1977年7月就提出："马克

---

① 中共中央文献研究室．毛泽东传（1949—1976）：上．逄先知，金冲及，编．北京：中央文献出版社，2003：506.

② 毛泽东．毛泽东文集：第7卷．北京：人民出版社，1999：64.

思列宁主义、毛泽东思想，是我们党的指导思想”[①]，“毛泽东思想不是在个别的方面，而是在许多领域发展了马克思列宁主义。毛泽东思想是个体系，是发展了的马克思主义”[②]。因此，对于马克思列宁主义、毛泽东思想，既要坚持，又要发展，而且只有在发展中才能真正更好地坚持。1982 年，在党的十二大开幕词中，邓小平提出：“我们的现代化建设，必须从中国的实际出发。无论是革命还是建设，都要注意学习和借鉴外国经验。但是，照抄照搬别国经验、别国模式，从来不能得到成功。这方面我们有过不少教训。把马克思主义的普遍真理同我国的具体实际结合起来，走自己的道路，建设有中国特色的社会主义，这就是我们总结长期历史经验得出的基本结论。”[③] 进一步凸显了对“第二次结合”的思想遵循。

毛泽东也强调：“我们的方针是，一切民族、一切国家的长处都要学，政治、经济、科学、技术、文学、艺术的一切真正好的东西都要学。但是，必须有分析有批判地学，不能盲目地学，不能一切照抄，机械搬用。他们的短处、缺点，当然不要学。”[④] “外国资产阶级的一切腐败制度和思想作风，我们要

---

① 邓小平．邓小平文选：第 2 卷．2 版．北京：人民出版社，1994：42.

② 同①43.

③ 邓小平．邓小平文选：第 3 卷．北京：人民出版社，1993：2－3.

④ 毛泽东．毛泽东文集：第 7 卷．北京：人民出版社，1999：41.

坚决抵制和批判。但是，这并不妨碍我们去学习资本主义国家的先进的科学技术和企业管理方法中合乎科学的方面。工业发达国家的企业，用人少，效率高，会做生意，这些都应当有原则地好好学过来，以利于改进我们的工作。现在，学英文的也不研究英文了，学术论文也不译成英文、法文、德文、日文同人家交换了。这也是一种迷信。对外国的科学、技术和文化，不加分析地一概排斥，和前面所说的对外国东西不加分析地一概照搬，都不是马克思主义的态度，都对我们的事业不利。”①。

中国特色社会主义理论与实践

近代中国，救亡图存是时代课题。以毛泽东为代表的中国共产党人，立足于“站起来”，以民族独立、人民解放和国家富强、人民幸福为己任，把马克思主义基本原理同中国革命和建设的具体实际结合起来，形成了毛泽东思想，实现了马克思主义中国化第一次历史性飞跃。

早在新中国成立之初，毛泽东就提出：“关于中国的前途，就是搞社会主义。要使中国变成富强的国家，需要五十到一百年的时光。现在已不存在障碍中国发展的力量。中国是一个大国，它的人口占全世界人口的四分之一，但是它对人类的贡献

① 毛泽东．毛泽东文集：第7卷．北京：人民出版社，1999：43.

是不符合它的人口比重的。将来这种状况会改变的。”① 社会主义被视为中国走向繁荣富强的最佳路径。苏联的迅速崛起为工业化强国的历程，让中国人见识到了社会主义的优越性，更加坚信社会主义的无坚不摧，因此，毛泽东后来又再次强调：“中国将变为一个强大的社会主义工业国。中国应当这样。因为中国是一个具有九百六十万平方公里土地和六万万人口的国家，中国应当对于人类有较大的贡献。而这种贡献，在过去一个长时期内，则是太少了。这使我们感到惭愧。”②

中国特色社会主义的理论与实践，是新时期遵循“第二次结合”而实现的马克思主义中国化第二次历史性飞跃的成果，邓小平理论是这一历史性飞跃的开创性成果。以“中国特色社会主义”为标识的第二次历史性飞跃的理论主题，在“三个代表”重要思想、科学发展观中接续发展，不仅彰显了马克思主义中国化历史进程的新的思想内涵，而且也体现了这一历史进程所具有的实践性、人民性和时代性的理论特征，成就了中国特色社会主义理论体系的思想智慧和理论力量。

江泽民曾提出：“坚持马克思主义，最重要的就是要坚持

---

① 毛泽东．毛泽东文集：第7卷．北京：人民出版社，1999：124.

② 同①156－157.

马克思主义的科学原理和科学精神、创新精神，善于根据客观情况的变化，及时察觉和研究前进中的新情况新问题，不断从人民群众在实践中创造的新鲜经验中吸取营养，不断改进和完善我们的工作。”① 马克思主义的“科学精神”，最为显著地展现了马克思主义科学性、人民性、实践性、时代性的理论特征的内涵和意蕴。

在纪念改革开放 30 周年时，回顾新时期中国特色社会主义的实践和马克思主义中国化的历史进程，胡锦涛提出：“马克思主义是与时俱进的开放的理论体系。中国特色社会主义理论体系，既展现了当代中国马克思主义的勃勃生机，又为我们继续进行理论创新打开了广阔空间。”② 新时期马克思主义中国化历史进程最重要的启迪就是不断把党带领人民创造的成功经验上升为理论，不断赋予当代中国马克思主义鲜明的实践特色、民族特色、时代特色，不断推动当代中国马克思主义大众化，让当代中国马克思主义散发出更加灿烂的真理光芒。马克思主义理论特征的新概括，孕育于新中国马克思主义中国化发展的全部过程之中。

2018 年 4 月，习近平总书记在主持中共中央政治局第五次集体学习时强调：“我们重温《共产党宣言》，就是要深刻感

① 江泽民．在中国科学院第十次、中国工程院第五次院士大会上的讲话．(2000 - 06 - 05). www. gov. cn/gongbao/content/2000/content _ 60244. htm.

② 胡锦涛．胡锦涛文选：第 3 卷．北京：人民出版社，2016：173.

悟和把握马克思主义真理力量，坚定马克思主义信仰，追溯马克思主义政党保持先进性和纯洁性的理论源头，提高全党运用马克思主义基本原理解决当代中国实际问题的能力和水平，把《共产党宣言》蕴含的科学原理和科学精神运用到统揽伟大斗争、伟大工程、伟大事业、伟大梦想的实践中去，不断谱写新时代坚持和发展中国特色社会主义新篇章。”① 马克思主义中国化历史进程，最显著地彰显了马克思主义科学性、实践性、人民性、时代性的理论特征。

从新中国成立伊始至今，中国一路走来，发展历程波澜壮阔，虽然有过曲折，但却从来没有放弃社会主义信念，而且越来越坚定社会主义信念。关于改革的路径也有过争论，甚至出现过分歧。现在有一种错误的思潮，就是认为中国要实现现代化强国这个梦想，经济改革的理想彼岸就是西方的市场经济；认为中国必须与过去的社会主义制度一刀两断，放下所有的历史包袱，抹去一切社会主义的痕迹，走向全新的市场经济。现代西方主流经济学理论也是不断强化市场经济只能与私有化相结合这一观点，西方理论的药方就是“大爆炸”的改革策略。哈耶克（Hayek）甚至尖锐地指责：社会主义就是一个错误，不可达到和实现它的

---

① 习近平．深刻感悟和把握马克思主义真理力量．(2018-04-24). www.xinhuanet.com/politics/2018-04/24/c_1122733802.htm.

目标和计划。进而言之，它们在逻辑上也是不能成立的，是“致命的自负”①。

现在来看，中国不但逃脱了“致命的自负”，而且让社会主义不断呈现蓬勃生机。这绝不是一个幸运的偶然事件，而是因为中国在整个经济改革的进程中没有遵循西方所设计的蓝图，始终坚定不移地走中国特色的社会主义道路。中国经济改革最非凡的特征或许在于，社会主义的中国发展得更加强大。这既不是中国共产党的“自吹自擂”，也不是社会主义制度优越性的“简单化说教”，而是用实实在在的社会主义伟大实践不断彰显其优越性，让社会主义者在世界社会主义运动低潮中看到中国带来的希望。现实是最真实的，实践成功最具说服力。社会主义中国的伟大实践与中国发展的伟大成功，让世界看到社会主义经济完胜资本主义经济，社会主义终于春回大地，点燃了更多发展中国家发展的希望。

新时代马克思主义中国化生机勃勃

进入新时期，中国走向何处，该选择怎样的发展道路，成为摆在中国共产党人面前的时代课题。在中国特色社会主义理

---

① 哈耶克．致命的自负．冯克利，等译．北京：中国社会科学出版社，2000：2，73.

论体系指引下，党团结带领人民进行建设中国特色社会主义新的伟大实践，使中国大踏步赶上了时代，实现了中华民族从“站起来”到“富起来”的伟大飞跃。

中国特色社会主义进入新时代，如何实现由大到强、全面建成社会主义现代化强国，成为摆在中国共产党人面前的新的时代课题。党的十八大以来，以习近平同志为核心的党中央，立足于使中华民族“强起来”，以实现中华民族伟大复兴为时代担当，把马克思主义基本原理同新时代中国具体实际结合起来，从理论和实践结合上系统回答了在新时代坚持和发展什么样的中国特色社会主义、怎样坚持和发展中国特色社会主义的重大问题，创立了习近平新时代中国特色社会主义思想，实现了马克思主义中国化的又一次历史性飞跃。在习近平新时代中国特色社会主义思想指导下，党团结带领人民进行伟大斗争、建设伟大工程、推进伟大事业、实现伟大梦想，推动党和国家事业取得了全方位、开创性的历史成就，发生了深层次、根本性的历史变革。

一个世纪以来马克思主义中国化的光辉历程，使中国这个古老的东方大国创造了人类历史上前所未有的发展奇迹。中华民族从“站起来”“富起来”到“强起来”的伟大飞跃以铁一般的事实证明：只有社会主义才能救中国，只有中国特色社会主义才能发展中国，只有坚持和发展中国特色社会主义才能实现中华民族伟大复兴。

习近平强调，时代在变化，社会在发展，但马克思主义基本原理依然是科学真理。[①] 尽管我们所处的时代同马克思所处的时代相比发生了巨大而深刻的变化，但从世界社会主义500年的大视野来看，我们依然处在马克思主义所指明的历史时代。这是我们对马克思主义保持坚定信心、对社会主义保持必胜信念的科学根据。马克思主义就是我们党和人民事业不断发展的参天大树之根本，就是我们党和人民不断奋进的万里长河之源泉。背离或放弃马克思主义，我们党就会失去灵魂、迷失方向。在坚持以马克思主义为指导这一根本问题上，我们必须坚定不移，在任何时候任何情况下都不能动摇。

只有民族的才是世界的，只有引领时代才能走向世界。要立足时代特点，推进马克思主义时代化，更好地运用马克思主义观察时代、解读时代、引领时代，真正搞懂我们面临的时代课题，深刻把握世界历史的脉络和走向。新中国成立以来，特别是改革开放以来，中国发生了深刻的变化，置身这一历史巨变中的中国人更有资格、更有能力揭示这其中所蕴含的历史经验和发展规律，为发展马克思主义做出中国的原创性贡献。要有这样的理论自觉，更要有这样的理论自信。要立

① 习近平主持中共中央政治局第四十三次集体学习．(2017－09－29). http://www.gov.cn/xinwen/2017－09/29/content_5228629.htm.

足我国实际，以我们正在做的事情为中心，聆听人民心声，回应现实需要，深入总结中国特色社会主义实践，更好地实现马克思主义基本原理同当代中国具体实际相结合，同时也要放宽视野，吸收人类文明一切有益成果，不断创新和发展马克思主义。

现在世界格局正处在加快演变的历史进程之中，迎来了百年未有之变局，产生了大量深刻复杂的现实问题，提出了大量亟待回答的理论课题。因此，我们不但要加强对当代资本主义的研究，分析把握其出现的各种变化及其本质，深化对资本主义和国际政治经济关系深刻复杂变化的规律性认识和经验教训总结，而且要坚持把自己的事情办好，不断发展中国特色社会主义，不断提高我国综合国力，充分展现我国社会主义制度的优越性。

当代世界马克思主义思潮的一个很重要的特点就是，对资本主义结构性矛盾以及生产方式矛盾、阶级矛盾、社会矛盾等进行了批判性揭示，对资本主义危机、资本主义演进过程、资本主义新形态及其本质进行了深入分析。这些分析有助于我们正确认识资本主义发展的趋势和命运，准确把握当代资本主义新变化新特征，加深对当代资本主义变化趋势的理解。对国外马克思主义研究的新成果，也要密切关注和研究，有分析、有鉴别，既不能采取一概排斥的态度，也不能搞全盘照搬。“一切民族、一切国家的长处都要学，政治、经济、科学、技术、文学、艺术的一切真正好的东西都要学。但是必须有分析有批判地学，不能盲目地学，不能一切照抄，机械搬用。”① “学外国织帽子的方法，要织中国的帽子。外国有用的东西，都要学到，用来改进和发扬中国的东西，创造中国独特的新东西。”② “应该越搞越中国化，而不是越搞越洋化……向古人学习是为了现在的活人，向外国人学习是为了今天的中国人。”③

改革开放以来我们取得一切成绩和进步的根本原因，归结起来就是：开辟了中国特色社会主义道路，形成了中国特色社会主义理论与丰富实践。在 40 多年的创造性实践中，我们经过艰辛探索，积累了宝贵经验。马克思主义只有同本国国情和时代特征紧密结合，在实践中不断丰富和发展，才能更好地发挥指导实践的作用。

现在来看，我国改革开放取得伟大成功，关键是我们既坚持马克思主义基本原理，又根据当代中国实践和时代发展不断推进马克思主义中国化，形成和发展了包括邓小平理论、“三个代表”重要思想、科学发展观以及习近平新时代中国特色社会主义思想等在内的中国特色社会主义理论体系，与时俱进，并不断赋予其新的时代内涵。

---

① 毛泽东．毛泽东文集：第 7 卷．北京：人民出版社，1999：41.
②③ 同①82.

三、社会主义经济体制探索

20 世纪，人类历史上第一种由无产阶级政党建立的社会主义模式，即苏联模式，在苏联初步尝试并取得巨大成功，从其出现到世界众多国家争相效仿，再到其最终失败，跌宕起伏，历经 70 多年。其对人类社会的影响，以及由此引发的反思则一直延续着。

苏联模式的成功与问题

所谓苏联社会主义模式，指的是苏联人民在苏联共产党的领导下建设社会主义的方式、道路，包括其所建立的社会基本制度和具体体制、运行机制，所实行的经济社会发展战略和具体的方针、政策等。因为十月革命胜利以后，列宁领导苏联社会主义革命和建设的时间不长，苏联社会主义模式基本上是在斯大林领导下建立起来的，所以，人们又把苏联社会主义模式称为“斯大林模式”。其内涵包括两个方面：第一，它是社会主义的模式，就是说它体现了社会主义的基本原则；第二，它是苏联的，就是说它在具体体制方面体现和反映了苏联的具体国情与当时时代的特点。苏联模式的基本特征可以概括为高度集权制。

众所周知，斯大林模式是一种高度集中的经济体制，在当时特定的历史条件下，对苏联的社会主义经济建设发挥着无可取代的重大作用。第一，优先发展重工业，实现了赶超西方强国的战略目标。使苏联成为工业化大国，迅速赶上甚至超过西方强国。第二，以高度国有化为基础，利用国家的权力，通过指令性计划集中配置社会资源，进行社会生产活动。第三，实行权力高度集中的政治体制。

这种经济体制有其历史由来，也曾起过积极的历史作用。当时，苏联经济落后，原始性的小农经济还很庞大，迫切需要迅速实现社会主义工业化，为社会主义建立物质技术基础。苏联又处在帝国主义包围中，国际环境十分险恶，尤其是希特勒上台后，战争的危险日益迫近，苏联不得不大力发展军事工业。但是，当时苏联的经济力量十分有限，为了完成工业化任务，建立庞大的重工业体系，必须把有限的人力、物力、财力高度集中起来，建设新的工厂，开发新的地区，从无到有地建立现代化部门，尤其是发展国防工业部门。显然，这时计划经济体制是契合实现经济发展战略的需求的。“1917 年十月俄国革命发生了巨大社会变化。在苏联所有加盟共和国中，工业化都已开始改变人们的生活；这一事实反过来影响苏联整体生活。在每一个地方，新的结构都开始产生。”① 尤其是，“最深

---

① 布罗代尔．文明史：人类五千年文明的传承与交流．常绍民，冯棠，等译．北京：中信出版集团，2017：590.

刻地改变苏联生活的是它所经受的强大工业化和即将胜利完成工业化的前景，也就是进一步发展它的成就，克服困难，弥补所遭受的失败”①。

历史事实也证明，这种体制取得了巨大的成就。苏联仅用12年时间就完成了资本主义国家花了50年到100年时间才完成的工业化任务，凭借本国的经济实力和军事实力打败了法西斯德国。第一个五年计划完成时，苏联经济取得了巨大成就，新建成1 500个企业，使苏联从一个典型农业国初步变为工业国。到第二个五年计划时，工业企业达到4 500个。② “第二个五年计划，是苏联国民经济实现更加巨大发展的五年计划，是苏联生产力更加空前增长的五年计划。国民经济的这种蓬勃发展，只有苏联才可能，而在资本主义国家里面是万万办不到的。”③ 1913—1937年，苏联工业增长7倍，而同期资本主义国家只增长0.3%。④ 经过两个五年计划的建设，苏联工业生产跃居欧洲第一、世界第二（仅次于美国），标志着苏联基本实现工业化，成为举世瞩目的工业强国。

不可否认的是，这种体制的确存在一定的弊端。优先发展

---

① 布罗代尔．文明史：人类五千年文明的传承与交流．常绍民，冯棠，等译．北京：中信出版集团，2017：588.

② 世界经济统计简编1978. 北京：生活·读书·新知三联书店，1979：99.

③ 彭迪先．世界经济史纲：下册．北京：生活·读书·新知三联书店，2012：651.

④ 同②108.

重工业忽视了农业和轻工业的发展，使农业和轻工业长期处于比较落后的状态。在高度集中的经济体制下，强调产量产值，但是产品质量差，产品种类少。另外，国家集中过多，统得过死，企业缺乏发展生产、改进经营的内在动力，不能充分地发挥生产者的积极性和主动性。

黄仁宇认为，苏联的体制是由战时处理及战时状态造成的。这种经济结构的主要目的是进行全民动员，强迫少吃多做，造成投资的全面社会化，使苏联快速成为一个工业化国家。这种过度集中、由中央管制的带有战时意味的经济模式不能长久维持。①

苏联解体，宣告了苏联社会主义模式的结束。“坦率地说，我们过去照搬苏联搞社会主义的模式，带来很多问题。我们很早就发现了，但没有解决好。我们现在要解决好这个问题，我们要建设的是具有中国自己特色的社会主义。”② 但苏联社会主义模式的失败，并不意味着社会主义本身的失败。社会主义本身并不包含导致苏联解体的种种错误，苏联模式的失败是违背社会主义的发展规律的结果。

苏联社会主义模式的形成、发展及其崩溃，有一个较为重要的经验教训是应该怎样正确对待马克思主义的继承与创新的

---

① 黄仁宇．资本主义与二十一世纪．北京：九州出版社，2019：344.

② 邓小平．邓小平文选：第3卷．北京：人民出版社，1993：261.

关系。一方面，苏联社会主义模式是马克思主义俄国化的产物，坚持了马克思主义以及科学社会主义的根本前进方向，但也犯了教条主义的错误，生搬硬套地将科学社会主义的某些结论如完全公有制、完全计划经济等超越现实发展水平的理论主张，运用到苏联的具体实践过程中。尽管这些举措的运用在当时是出于某种客观的历史原因，但后来某些社会主义国家也曾不顾客观条件的不同而照抄照搬苏联社会主义模式，结果在实践中“水土不服”，导致社会主义在实践中出现失误。另一方面，苏联社会主义模式作为马克思主义本土化的个别模式，应该在马克思主义的指导下，结合时代特征和苏联实际，在实践中不断丰富和发展马克思主义和科学社会主义，从而彰显马克思主义与时俱进的理论品格，但苏联在这个方面做得不好。这是苏联社会主义模式之所以崩溃的一个极为重要的历史教训，即没有正确对待马克思主义的继承与创新的关系。真正的马克思主义理论应该是在继承中创新，在创新中更好地继承，从而永葆马克思主义理论的生机和活力。

“我们不应该忘记那个有名的观点，即苏联体制即使在其最好的状态下也是低效率的。苏联体制动员了数量极为可观的资源，但它却没有很好地使用资源。无偿征用制度扼杀了经济有效运行所需要的市场。由于扼杀了私有企业，造成社会无法从私人企业家创新活动中获利。通过行政手段决定工资收入水平及其差别，以得到劳动收入中的更大比重，扭曲了劳动力市场。其结果是，苏联型社会的全要素劳动生产率低于且越来越低于处于可比发展水平上的市场经济体制。随着时间推移，苏联型社会开始停滞，最终变得极为僵化并终于寿终正寝。”①

计划经济的论战

1917 年，人类历史上第一个社会主义国家在俄国建立并在此后取得了巨大成就。这使更多的人对未来社会充满美好憧憬，相信社会主义或中央计划经济必然会取代资本主义或市场经济。20 世纪 30 年代左右发生了以米塞斯（Mises）、哈耶克为代表的市场经济推崇派与以兰格（Lange）为代表的计划经济推崇派的大争论。

米塞斯指出，在私有制的经济体制中，合理经济计算之所以可能，是因为用货币计量单位所表现的价格构成了这种计算的必要条件。计划经济不存在价格，因此无法确定某一种产品是否需要，也不能确定生产它的过程中劳动和原材料是否存在浪费。中央计划者由于缺乏市场经济调整的价格信号，也就没有能据以制订计划的经济计算手段，因而只能采取一种“在黑暗中摸索”的试错办法。② 社会主义社会的计划计算是不可能

① 奥尔森．权力与繁荣．苏长和，等译．上海：上海人民出版社，2018：140.

② 米塞斯．社会主义制度下的经济计算//现代国外经济论文选：第 9 辑．北京：商务印书馆，1986：65－67.

的，社会主义经济不能解决它的资源的合理分配问题。由此，米塞斯从经济合理核算角度论述了计划经济的不可实现。

兰格回应了米塞斯对社会主义经济计算可行性的质疑，提出了竞争社会主义的解决方案，即“兰格模式”。兰格认为，在生产资料公有制的社会主义经济中，中央计划者可以通过试错法来模拟市场机制，来实现接近市场经济中的一般均衡价格和生产资料的配置价格，实现供求平衡和资源合理配置。① 兰格开拓性地探索了社会主义条件下实现经济均衡的主客观条件、运行机制及其具体方式，他从一般均衡理论出发，证明社会主义经济中价格的决定不是任意的，而是通过相继试验错误的方法来实现的，因而是有客观性质的。中央计划者可以把这种价格作为经济计算的工具，实行资源合理配置，使经济达到均衡状态。兰格对社会主义经济运行的理论勾画，不同于马克思、恩格斯所设想的完全取消市场机制、没有商品货币的产品经济设想，也不同于苏联高度集中的指令性计划模式，而是一种计划模拟市场的经济运行模式。

这场争论持续了若干年，正是苏联计划经济的伟大成功给这场争议画上了一个句号。正如英国经济学家帕克（Parker）认为的，苏联经济发展得相当成功，“它的计划经济的形式在

① 兰格．社会主义经济理论．王宏昌，译．北京：中国社会科学出版社，1981：15.

工业主义时代比西方的市场经济优越；它所做的范例在经济发展方面已给所有不发达国家树立了一个适当的榜样。”① 兰格曾讥讽说，应该在国家计划委员会的大楼里给米塞斯塑一座雕像，因为他使我们真正认识清楚了社会主义计划经济能成功，我们应该感谢他。

中国道路对苏联模式的超越

怎样治理社会主义社会这样一个全新的社会，在以往的实践中没有解决得很好。马克思和恩格斯没有经历全面治理一个社会主义国家的实践，他们关于未来社会的原理很多是预测性的；列宁在俄国十月革命后不久就过世了，没来得及深入探索这个问题；苏联在这个问题上进行了探索，也取得了一些实践经验，但犯下了严重错误，仍没有解决好这个问题。

坚持对内改革是中国道路对苏联模式的重要超越。客观地说，苏联模式对发展中国家，特别是对面对重大外部威胁的发展中的大国而言，有其独特的优势。它可以集中全国人力物力，迅速实现国家重工业化；可以建设成最强的重工业和军工生产部门。新中国成立初期，苏联被中国人民亲切地称为“老

① 帕克．超级大国：美苏对比．原文化部咸宁干校翻译组，译．北京：商务印书馆，1975：152.

大哥”，这在很大程度上是因为苏联的社会主义政治经济建设是新中国的社会主义建设典范，新中国需要借鉴苏联社会主义建设的经验。我国一度照搬苏联模式，但总的来说不成功。“我们的现代化建设，必须从中国的实际出发。无论是革命还是建设，都要注意学习和借鉴外国经验。但是，照抄照搬别国经验、别国模式，从来不能得到成功。”① 在中国改革伊始，邓小平同志就以他对苏联和中国以往体制模式的深刻认识，在体制模式的层次上，高屋建瓴地思考和设计中国的改革。“中国的社会主义道路与苏联不完全一样，一开始就有区别，中国建国以来就有自己的特点……但是，我们有些经济制度，特别是企业的管理、企业的组织这些方面，受苏联影响比较大。”②“一说计划经济就是社会主义，一说市场经济就是资本主义，不是那么回事，两者都是手段，市场也可以为社会主义服务。”③ “市场经济不能说只是资本主义的。市场经济，在封建社会时期就有了萌芽。”④ 正是从这一大胆的创新理论出发，中国共产党创造性地提出了社会主义市场经济模式。这样，就找到了社会主义经济发展的巨大驱动力，这无疑是对斯大林否定市场的计划经济体制模式的重大突破，是对苏联模式的

① 邓小平．邓小平文选：第3卷．北京：人民出版社，1993：2.

② 邓小平．邓小平文选：第2卷．2版．北京：人民出版社，1994：235.

③ 同①367.

④ 同②236.

超越。

坚持正确的对外开放是中国道路对苏联模式的另一项超越。在建设社会主义的道路上，列宁特别重视苏俄同资本主义国家的交往。苏俄从 1920 年起，就开始积极主动地发展同西方资本主义国家的经济联系，在实施对外开放方面进行了有益的尝试和探索。但是，后来社会主义国家在改革和对外开放方面迈出的步伐并不大。出于国际大环境变化和政治方面的考量，苏联模式的对外开放逐渐呈现为一种谨慎的姿态，使自身同世界经济一体化的过程相脱离，这导致本国经济体制僵化、效率低下，束缚了社会主义经济的发展。如今我国在利用两个资源、两种市场方面取得了巨大成就：一方面，我们在对外开放的过程中注重维护国家经济安全，正确处理开放、发展与安全的辩证关系，始终保持对关键行业和领域的控制力。另一方面，我们从利用外资，引进国外的先进技术、人才和先进管理经验，到创办经济特区，实行“一国两制”，加入 WTO，开辟了一条利用资本主义文明成果建设社会主义的正确道路，步入了社会主义融入世界经济发展的新阶段。

以人民为中心是中国道路对苏联模式的又一重大超越。苏联奉行的是国家至上。俄国历来就有强国主义传统，斯大林继承了这一传统，领导苏联走的是一条优先发展重工业的道路。这在特定时期应该说是必要的。但苏联未适时对这样的发展道路进行调整，而是使其固定化、模式化和长期化。不仅如此，苏联的重工业化实际上带有一种浓重的重工业军事化的特征。为了重工业和军事工业的投资，积累和消费比例严重失调，城市居民和工人的工资与生活长期处于低水平，人民生活长期得不到改善，极大地影响了人民群众物质文化生活水平的提高，严重背离了社会主义的本质。邓小平同志深刻总结了这一教训，把“是否有利于提高人民的生活水平”作为判断一切工作是非得失的标准之一。“我们评价一个国家的政治体制、政治结构和政策是否正确，关键看三条：第一是看国家的政局是否稳定；第二是看能否增进人民的团结，改善人民的生活；第三是看生产力能否得到持续发展。”① “发展为了人民，这是马克思主义政治经济学的根本立场。……党的十八届五中全会鲜明提出要坚持以人民为中心的发展思想，把增进人民福祉、促进人的全面发展、朝着共同富裕方向稳步前进作为经济发展的出发点和落脚点。”② “人民对美好生活的向往，就是我们的奋斗目标。”③ 因此，中国道路和中国发展模式，无疑是对苏联国民经济片面地重工业化和重工业军事化发展模式的突破，是对苏联忽视民生的发展道路和发展模式的突破。

---

① 邓小平．邓小平文选：第3卷．北京：人民出版社，1993：213.

② 习近平．不断开拓当代中国马克思主义政治经济学新境界．求是，2020(16).

③ 习近平．习近平谈治国理政：第1卷．北京：外文出版社，2018：4.

四、改革开放与市场经济让中国经济腾飞

历史是最好的教科书，在特定的年代，它总能给人们提供智慧和继续前行的力量。在历史的坐标上，改革开放是千年变局中百年变革的延续，更是中华民族伟大复兴路上的新篇章。当西方用坚船利炮粉碎了“天朝大国”的尊严时，有人惊呼“三千年未有之大变局”开始了。其后百年间，无数志士仁人前赴后继，只为求得民族独立和人民解放，完成国家繁荣富强和人民共同富裕这两大历史性任务。改革开放承接历史的血脉，延续着前辈的光荣与梦想。

对经济体制改革的认识不断深化

早在 1985 年时，邓小平就说，“现在我们正在做的改革这件事是够大胆的。但是，如果我们不这样做，前进就困难了。改革是中国的第二次革命”，并且明确提出“两个开放，即对外开放和对内开放”①。“我们的改革不仅在中国，而且在国际范围内也是一种试验，我们相信会成功。如果成功了，可以对

① 邓小平．邓小平文选：第 3 卷．北京：人民出版社，1993：113.

世界上的社会主义事业和不发达国家的发展提供某些经验。”①

1978 年，中国拉开了改革开放的序幕。最先是在农村开始实行家庭联产承包责任制，在短短几年时间里，极大地解放了农村社会生产力，农村面貌发生了前所未有的巨变，呈现出一派蓬勃生机。农村改革的成功给城市改革提供了良好的示范，由此改革在城市推开，改革的突破口就是不断扩大企业经营自主权，使企业具有一定的活力和积极性。同时，实行对外开放，利用外资，兴办经济特区。在流通领域，价格逐步放开，市场一片繁荣。

“我们首先开放农村，很快见效。有的地方一年翻身，有的地方两年翻身。农村取得经验之后，转到城市……对外开放，也很快收到成效。”② 所有这些，都显示了市场机制的“魔力”。邓小平早在 20 世纪 80 年代就意识到：“社会主义同资本主义比较，它的优越性就在于能做到全国一盘棋，集中力量，保证重点。缺点在于市场运用得不好，经济搞得不活。计划与市场的关系问题如何解决？解决得好，对经济的发展就很有利，解决不好，就会糟。”③

1984 年的《关于经济体制改革的决定》是中国经济改革史上的一个标志性事件，因为它突破了把计划经济与商品经济

---

① 邓小平．邓小平文选：第 3 卷．北京：人民出版社，1993：135.

② 同①224.

③ 同①16－17.

对立起来的传统观念，也意味着市场经济终于可以“破茧成蝶”，因此具有里程碑式的意义。此后，市场经济成为中国社会主义现代化建设的经济改革目标。邓小平在评价《关于经济体制改革的决定》时说：“写出了一个政治经济学的初稿，是马克思主义基本原理和中国社会主义实践相结合的政治经济学。”① “经济体制改革的文件好，就是解释了什么是社会主义，有些是我们老祖宗没有说过的话，有些新话。我看讲清楚了。过去我们不可能写出这样的文件，没有前几年的实践不可能写出这样的文件。”②

1992 年，党的十四大第一次把社会主义市场经济确立为中国经济体制改革的目标模式。此后，对市场经济的认识不断得到深化，从党的十五大“使市场在国家宏观调控下对资源配置起基础性作用”发展到十八届三中全会的“使市场在资源配置中起决定性作用”，不断开辟社会主义市场经济的新境界。

林毅夫、蔡昉和李周将中国改革的成功经验总结为五个方面③。

第一，做大蛋糕。中国经济改革从一开始就是与增长同步进行的。无论是对国有企业放权让利还是在农村实行家庭责任

---

① 邓小平．邓小平文选：第 3 卷．北京：人民出版社，1993：83.

② 同①91.

③ 林毅夫，蔡昉，李周．中国的奇迹：发展战略与经济改革．上海：格致出版社，上海三联书店，上海人民出版社，2014：191 - 196.

制，以及扩大对外开放和外贸企业的外汇留成，每一项改革措施的出台都着眼于改进激励机制以增大经济总量，取得了做大蛋糕的效应。

第二，增量改革。中国经济改革不是按照一种理想模式和预定的时间表进行，而是着眼于让市场机制在资产增量的配置上发挥作用的改革方式，就是所谓的增量改革。

第三，试验推广。中国的经济改革大多不是在全国范围内同时展开，而是每项改革措施都从较小范围内的试验开始，在取得成果并进行总结的基础上局部推广，由点及面，不断总结和观察，进而扩大其实行范围。

第四，非激进改革。中国经济改革是在坚持社会主义基本制度前提下，由中国共产党和政府领导进行，这就保证了改革目标和改革手段的非激进性。

第五，坚持不走私有化改革的道路，避免了资产存量再分配过程中出现的不公平以及产生的冲突，因而可以保持接近于共同富裕的收入分配状况，每个群体都可以在短期或中长期内从改革中受益。

改革开放让中国经济腾飞

新中国成立之初，中国国民生产总值只有区区 100 多亿美元，重工业几乎为零，轻工业只有少数纺织企业。改革开放之前，尽管已建立起独立的比较完整的工业体系和国民经济体系，但是总体来看，我国综合国力与西方大国相比差距不小。

经过40多年的发展，无论是农业、工业、科技、国防、商业、金融等关键领域，还是国家资产建设、基础设施改善等关键领域，都发生了前所未有的巨大变化。尤其值得大书特书的是，我国经济发展能够创造中国奇迹，民营经济功不可没。民营经济不但是社会主义市场经济的重要组成部分，也是社会主义市场经济的风向标，更是社会主义市场经济伟大成就的显示器。正是社会主义市场经济的启动才让民营经济从无到有、从小到大、从弱到强，不断发展壮大。民营经济是社会主义市场经济的参与者和见证者，更是社会主义市场经济的弄潮儿。

1992年，邓小平同志“南方谈话”发表后，掀起了新一轮创业兴业、发展民营经济的热潮，很多知名大型民营企业都是在这个时期起步的。现在民营经济给中国经济贡献了50%以上的税收，60%以上的国内生产总值，70%以上的技术创新成果，80%以上的城镇劳动就业，90%以上的企业数量。改革开放40多年的历史进程表明，正是社会主义市场经济建设，让国有企业和民营企业高度互补、互相合作、互相支持、相得益彰，共同打造出中国经济的完整产业链，由此中国成为唯一拥有全部工业门类的国家。

正是改革开放呈现的魔力激发了中国精神，展示了中国力量，从而使一个曾经在世界上积贫积弱的大国崛起腾飞，实现了从“站起来”到“富起来”的历史性巨变。

改革开放成为当代中国进步的显著特征

审视当代中国的巨大历史性进步和辉煌成就，改革开放是当代中国最显著的特征、最壮丽的气象。在庆祝改革开放40周年大会上，习近平总书记用“九个必须坚持”深刻总结了改革开放40年积累的宝贵经验，用“十个始终坚持”高度概括了党引领亿万人民的奋斗历程和所创造的人间奇迹。新时代要继续把改革开放推向前进，就要深刻把握“九个必须坚持”的宝贵经验。40多年的实践充分证明，改革开放是我们党和人民大踏步赶上时代的重要法宝，是决定实现“两个一百年”奋斗目标、实现中华民族伟大复兴的关键一招。任何讲述中国奇迹的故事，离开了改革开放，都是不完整的。正是改革开放，让中国得以不断发展。对内，中国经济发展呈现出勃勃生机；对外，中国经济不断融入全球经济，从而拉近了中国与世界的距离。

没有改革开放，就没有中国的今天；离开改革开放，也没有中国的明天。一切伟大的事业都是接续奋斗的结果，一切伟大的成就都需要在继往开来中推进。对历史的最好纪念，就是创造新的历史。总结经验是为了继往开来，是为了更好地再出发。改革开放再出发，让我们不断在新起点上推动改革开放实现新突破，创造让世界刮目相看的新的中国奇迹。毛泽东同志说："夺取全国胜利，这只是万里长征走完了第一步。如果这一步也值得骄傲，那是比较渺小的，更值得骄傲的还在后头。在过了几十年之后来看中国人民民主革命的胜利，就会使人们感觉那好像只是一出长剧的一个短小的序幕。剧是必须从序幕开始的，但序幕还不是高潮。"①

要是马克思能够亲眼见证波澜壮阔的中国改革开放历程和伟大成就，他一定会大为惊叹，发出无限感慨。因为中国改革开放所取得的伟大成就，是人类历史上罕见的发展成就，也是人类发展史上亮眼、精彩的华章。

五、不断开辟社会主义发展新境界

社会主义国家大多是在经济文化比较落后的基础上建立起来的，在起点上就不同于马克思主义经典作家的设计。尽管可以在生产关系与社会制度上实现历史性跨越，但生产力发展水平普遍不高的事实成为社会主义建设过程中必须跨越的历史性关口。因此，如何在生产力落后的国家建设社会主义，怎样建设社会主义，使社会主义的优越性得到充分发挥，就成为一个必须解答的历史之问。

---

① 毛泽东．毛泽东选集：第4卷．2版．北京：人民出版社，1991：1438.

社会主义展现出全新气象

邓小平同志将中国的改革开放视为“第二次革命”。他指出：“改革的性质同过去的革命一样，也是为了扫除发展社会生产力的障碍，使中国摆脱贫穷落后的状态。”① 正是改革开放极大地激活并发挥出社会主义的优越性：社会主义作为一种先进的社会形态，一旦被注入现代化新元素，必然带来社会生产力水平的显著提高；作为一种先进的社会制度，一旦聚焦于全力推进现代化建设，必然产生巨大成效，充分发挥出集中力量办大事的优势。中国的社会主义制度虽然是在生产力落后条件下建立起来的，但改革开放孕育并催生了中国特色社会主义，使社会主义体现出巨大的优越性。

中国特色社会主义是社会主义，不是别的什么主义。一个国家实行什么样的主义，关键要看这个主义能否解决这个国家面临的历史性课题。在中华民族积贫积弱、任人宰割的时期，无数志士仁人对各种主义和思潮都进行过尝试，资本主义道路没有走通，改良主义、自由主义、社会达尔文主义、无政府主义、实用主义、民粹主义、工团主义等也都没能解决中国的前途和命运问题。是马克思列宁主义、毛泽东思想引导中国人民走出了漫漫长夜，建立了新中国；是中国特色社会主义使中国

① 邓小平．邓小平文选：第3卷．北京：人民出版社，1993：135.

快速发展起来。从改革开放开始，特别是在苏联解体、东欧剧变以后，国际上唱衰中国的舆论不绝于耳，各式各样的“中国崩溃论”从来没有中断过。但是，中国非但没有崩溃，反而综合国力与日俱增，人民生活水平不断提高，“风景这边独好”。历史和现实都告诉我们，只有社会主义才能救中国，只有中国特色社会主义才能发展中国，这是历史的结论、人民的选择。

40 多年的改革开放让社会主义在中国焕发出强大生机。中国特色社会主义拓展了发展中国家走向现代化的途径，为解决人类问题贡献了中国智慧，提供了中国方案和中国力量。社会主义从诞生之日起，经历了从空想到科学、从理论到实践、从一国实践到多国发展的过程。社会主义在世界范围内的发展充满了艰难曲折。西方总是囿于意识形态偏见，给社会主义贴上封闭僵化、贫穷落后的标签，甚至有人断言：“社会主义是 20 世纪的产物，也必将终结于 20 世纪。”① 中国 40 多年改革开放所取得的伟大成就，有力地驳斥了西方意识形态偏见，使社会主义在 21 世纪展现出全新气象。

坚定不移地走好中国道路

道路决定命运。中国特色社会主义是科学社会主义理论逻

---

① 福山．历史的终结与最后的人．陈高华，译．桂林：广西师范大学出版社，2014：21.

辑和中国社会发展历史逻辑的辩证统一，是根植于中国大地、反映中国人民意愿、适应中国和时代发展进步要求的科学社会主义，是全面建成小康社会、加快推进社会主义现代化、实现中华民族伟大复兴的必由之路。“中国模式”是中国人民在自己的奋斗实践中创造的。不走僵化封闭的老路，不走改旗易帜的邪路，坚持完善和发展中国特色社会主义制度，不断发挥和增强我国的制度优势，是改革开放 40 多年伟大实践的最大启示。正如习近平总书记在庆祝改革开放 40 周年大会上强调的，“该改的、能改的我们坚决改，不该改的、不能改的坚决不改”[①]。正是沿着中国特色社会主义道路，近代以来久经磨难的中华民族才实现了从“站起来”“富起来”到“强起来”的历史性飞跃。随着改革开放的持续深入推进，中国特色社会主义进入了新时代，科学社会主义在 21 世纪的中国一定会焕发出更强大的生机。

中国发展的伟大成就来自全面深化改革，来自全面扩大开放。改革不停顿，开放不止步，“将改革开放进行到底!”——这是中国共产党总结过去、着眼当下、展望未来，发出的时代强音。改革开放再出发，伟大的中国将在中国共产党的坚强有力引领下，创造出一个又一个新的更伟大的中国奇迹，把中国特色社会主义不断推向前进。

---

① 习近平．在庆祝改革开放 40 周年大会上的讲话．(2018－12－18)．www. xinhuanet. com/2018－12/18/c _ 1123872025. htm.

不断开辟社会主义市场经济的新境界

40 多年来，我们解放思想、实事求是，大胆地试、勇敢地改，创造出了一片新天地。从实行家庭联产承包责任制、乡镇企业异军突起，到取消农业税，再到农村承包地“三权”分置、打赢脱贫攻坚战、实施乡村振兴战略；从“引进来”到“走出去”；从搞好国营大中小企业、发展个体私营经济，到深化国资国企改革、发展混合所有制经济；从单一公有制到公有制为主体、多种所有制经济共同发展和坚持“两个毫不动摇”；从传统的计划经济体制到前无古人的社会主义市场经济体制，再到使市场在资源配置中起决定性作用和更好地发挥政府作用，社会主义市场经济越来越充满生机和活力。

按照西方经济学的理论逻辑，市场经济只有一种模式、一套标准，即以私有制为基础的市场经济。事实上，市场经济的理想彼岸并不是西方市场经济；西方市场经济也不是市场经济的理想蓝图，更不是市场经济的标准模式。在今天的世界里，没有所谓的“市场经济”的标准定义。从语义上讲，社会主义市场经济不是市场经济，犯了逻辑学的错误，就好像白马非马论，是典型的强盗逻辑。市场经济不是只有一种模式，正是社会主义市场经济体制让中国实现了蓬勃发展，这是中国不同于西方的体制优势。社会主义制度和市场经济的结合，是前无古人的伟大创新，所以还有许多问题需要探索，还需要不断深化改革。之所以说“社会主义市场经济不是市场经济”，是因为美国“不能容忍”中国的经济体制优势，因为社会主义市场经济体制优势使“美国优先”受到了挑战。这才是问题的本来面目。中国改革开放40多年的伟大实践，一方面破除了对社会主义经济的僵化认知，使社会主义经济不断焕发生机和活力；另一方面又破除了市场经济等于资本主义的传统认知，为市场经济注入了更加丰富的内涵。

建立社会主义市场经济体制是一场伟大的社会实践。中国改革开放40多年的成功和经验表明，社会主义市场经济既不同于传统计划经济体制，又不同于西方市场经济体制。不同于传统计划经济体制之处就在于，社会主义经济引进了市场机制，发挥了价值规律的作用，充分调动了生产者的积极性，增强了经济活力，提高了效率；不同于西方市场经济体制之处在于，在经济实践中实现了公有制与市场经济的有机结合，从而避免了完全市场化带来的弊端。社会主义市场经济不是简单地对标西方市场经济，中国改革开放40多年的伟大成功实践从来没有把西方市场经济当作理想模式输入，更没有用西方市场经济模式作为尺度来度量中国的社会主义市场经济。

正是社会主义市场经济的成功实践，让西方之乱与中国之治形成鲜明对比。中国改革开放40多年的成功经验表明，西方之乱就在于时过境迁，西方仍然固守和束缚于几百年前的发展路径，同时又对自身缺乏深刻反思，既不能处理好对内与对外的关系，又不能处理好市场与政府的关系。特别是 2008 年金融危机以来，西方市场经济制度受到广泛质疑，越来越多的国家开始质疑西方市场经济制度、发展模式，西方标榜的资本主义市场经济制度的优越性黯然失色。今天的西方世界，沉迷于自己的理念而无法自拔，并把这种理念当成衡量现实和实践的标准，因而丧失了解决问题和推进国家发展的能力。

中国改革开放 40 多年的伟大成功实践再次说明，西方世界不能再陶醉在自己过去的辉煌历史中，到了应该警醒的时候了，否则只能继续“迷失”下去。中国改革开放 40 多年伟大实践的成功不仅可以使西方反思自己的问题，还有助于推动西方国家自身的改革。

六、新时代中国发展总方略

改革开放以来，我国成功开创了中国特色社会主义并阔步走在中国特色社会主义大道上，党和国家的事业取得了辉煌成就。但如同习近平总书记所说，我们的事业越前进、越发展，新情况新问题就会越多，面临的风险和挑战就会越多，面对的不可预料的事情就会越多。① 这些问题与挑战包括：发展中

① 习近平．关于坚持和发展中国特色社会主义的几个问题．求是，2019（7）．

不平衡、不协调、不可持续问题依然突出，城乡区域发展差距和居民收入分配差距依然较大，有法不依、执法不严、违法不究等问题依然存在，党风廉政建设和反腐败斗争形势依然严峻。

面对这些问题和矛盾，如果应对不力，或者发生系统性风险、犯颠覆性错误，就会延误甚至中断社会主义现代化的进程。习近平总书记在党的十九大报告中指出："我们党要团结带领人民有效应对重大挑战、抵御重大风险、克服重大阻力、解决重大矛盾，必须进行具有许多新的历史特点的伟大斗争，任何贪图享受、消极懈怠、回避矛盾的思想和行为都是错误的。"① 哪里积聚着重大矛盾和突出问题，哪里就是"伟大斗争"的"主战场"。"纷繁世事多元应，击鼓催征稳驭舟"。进行"伟大斗争"需要高超的政治定力，更需要深谋远虑的治国理政战略布局。

统筹推进"五位一体"总体布局和协调推进"四个全面"战略布局

改革开放以来，我们党对中国特色社会主义现代化内涵的认识不断深化。党的十八大创造性地提出"五位一体"总体布

① 习近平．决胜全面建成小康社会 夺取新时代中国特色社会主义伟大胜利．北京：人民出版社，2017：15.

局，大大丰富了中国特色社会主义现代化的理论体系。党的十八大以来，我们党在积极推进“五位一体”总体布局中，又逐步形成了“四个全面”战略布局，确定了我们党在新时代的治国理政新理念新思想新战略。统筹推进“五位一体”总体布局和协调推进“四个全面”战略布局，步步合拍中国现代化进程，促进形成了经济富裕、政治民主、文化繁荣、社会公平、生态良好的发展格局，全面开创了我国社会主义现代化事业的新局面。

强调“四个全面”协调推进，这在我们党的历史上是第一次，标志着新一届中央领导集体治国理政方略更加完善，必将进一步推动党的理论与实践的大发展，迎来中华民族伟大复兴更加光明的前景。

“四个全面”是习近平同志站在时代和全局的高度，在坚定中国自信、发展中国道路、优化中国模式、总结中国经验，带领人民推动改革开放和社会主义现代化建设的进程中提出来的，既是我们党把马克思主义基本原理同中国实际和时代特征相结合的重大理论创新成果，又是实践创新的巨大飞跃。协调推进“四个全面”，对于坚持和发展中国特色社会主义、实现中华民族伟大复兴有着重大而深远的意义。

不断开拓治国理政的新境界

不断开拓治国理政的新境界，既是时代发展的要求，也是我们党领导水平和执政能力提升的标志。党的十八大以来，以习近平同志为核心的党中央直面当代中国和当今世界的重大课题，运用历史唯物主义和辩证唯物主义的科学世界观、方法论，深刻把握治国理政的若干重大关系，科学统筹治党治国治军、内政外交国防、改革发展稳定，科学统筹国内国际两个大局，思考谋划治国理政一盘棋，先后提出全面建成小康社会、全面深化改革、全面推进依法治国、全面从严治党的重大任务和战略部署。“四个全面”廓清了治国理政的全貌，抓住了治国理政的关键，拎起了治国理政的总纲，集中体现了党治国理政的新思路、新方略。

确立中国由大向强发展的总方略。由大向强，不仅是量的积累，更是质的飞跃。如何实现这“关键一跃”，是我们党治国理政的核心课题。由大向强可谓“树大招风”，越是靠近世界舞台中心、越是接近实现民族复兴的目标，遇到的阻力和压力就越大。同时，我国的改革发展进入了攻坚期、深水区，要用几十年的时间来解决西方在几百年的现代化进程中遇到的问题，还要解决自身特有的突出矛盾问题。国内外安全风险叠加交织，面临“中等收入陷阱”“西化分化陷阱”等，这些都给党治国理政提出了新的课题和更高的要求。协调推进“四个全面”，就能更好地统筹国家安全和发展利益，坚持走中国特色社会主义道路与实现中国梦的统一，坚持全面建成小康社会与实现中华民族伟大复兴的统一，以全面深化改革来破解民族复兴和现代化进程中遇到的各种深层次矛盾问题，以全面推进依法治国来确保发展风险有序可控，以全面从严治党来强力巩固党的执政基础和群众基础。

开启接续打造“中国优势”的新篇章。无论是以中国特色社会主义的伟大成就继续推动世界社会主义的发展，还是以“中国奇迹”的升级版实现从追赶时代到引领时代，核心都在于完善“中国模式”，打造和增创“中国优势”。“四个全面”是将实践特色、理论特色、民族特色、时代特色融入中国特色社会主义道路、理论体系、制度之中的大手笔。党的十八届三中全会明确把完善和发展中国特色社会主义制度、推进国家治理体系和治理能力现代化作为全面深化改革的总目标，这意味着中国模式的核心之一是国家治理现代化。推进“四个全面”，中国特色社会主义制度必将更加成熟、更加定型。

指引改革开放和现代化建设迈上新台阶。协调推进“四个全面”战略布局，紧紧围绕实现第二个百年奋斗目标，建成富强民主文明和谐的社会主义现代化国家展开：推进经济社会全面协调可持续发展，全面建成小康社会；围绕“五位一体”总布局，全面深化体制机制改革；着力维护社会公平正义，加快建设法治中国；围绕提高科学执政、民主执政、依法执政能力，全面从严治党……目的都在于推动改革开放和现代化建设迈上新台阶，促进人的全面发展和社会共同富裕。同时，破除城乡二元结构，建设农民幸福生活的美好家园；坚持走中国特色新型工业化、信息化、城镇化、农业现代化道路；把生态文明建设融入经济、政治、文化、社会建设各方面和全过程，协同推进新型工业化、城镇化、信息化、农业现代化和绿色化……可以坚信，随着“四个全面”协同推进，随着一系列战略举措的全面实施，社会主义现代化强国将一步一步成为现实。

第五章

中国道路：历史比较视野下的政府与市场

政府与市场的关系是市场经济的一个永恒的话题。历史经验证明，自由放任的市场经济从来就不可能存在，一个国家总是在“有为的政府”和“有效的市场”之间取得平衡。改革开放以来，中国始终立足本国实际，围绕政府与市场关系这一经济体制改革的核心问题和经济发展的关键因素，大胆探索和建设社会主义市场经济，使市场在资源配置中起决定性作用和更好地发挥政府作用，使社会主义市场经济体制的优势不断得到彰显，在处理政府和市场关系方面走出了一条既符合中国国情，同时又具有世界意义的发展道路。中国道路的成功可以说是处理政府与市场关系的成功，中国破解了市场与政府关系的经济学世界性难题。

一、自由主义经济学的幻觉

自由是一个充满吸引力的词语，当今世界中鲜有国家会反对自由，自由是社会主义核心价值观的重要内容，马克思主义也同样追求建立一个自由人的联合体。但问题是怎样才能实现真正的自由。如果认为自由就是尽量少的政府监管，每个人可以在松散的框架中随机游走，那这种自由主义就具有很强的欺骗性。因为从东西方大分流的历史来看，自由放任导致经济增长的论证并不充分，现代经济始终与政治和民族国家密切相关。

自由放任与亚当·斯密学说

自由放任概念源于法文词汇。关于这个词的发明权归属，一直分歧比较大，版本较多。据陈岱孙考证，自由放任的准则可能最早溯源到与柯尔贝尔（Colbert）同时代的法国商人勒让德（Legendre），而由古尔奈（Gournay）予以箴言化。[①] 从经济学说史角度看，自由放任作为经济学的思想流派才具有存在意义。因此，自由放任在经过重农学派的系统化思想阐释后，才形成一种鲜明地体现经济自由主义思想的完整而充实的经济政策和理论体系，成为一个时代的经济学主张。[②]

一般认为，从法国重农学派开始，一直到 20 世纪 30 年代，在长达一个世纪的时间里，虽然出现过经济学主张政府干

---

① 中国大百科全书出版社编辑部．中国百科全书·经济学：Ⅲ．北京：中国大百科全书出版社，1988：1394.

② 谈敏．法国重农学派学说的中国渊源．上海：上海人民出版社，2014：196.

预的流派，但自由放任论一直占据主流。事实上，重农学派的思想是自然秩序的经济思想表达，与中国古代哲学思想主张的“天人合一”有着惊人的相似。“天人合一”是中国传统哲学中一个独特的观点，它起源于西周时期，是中国传统社会几千年来的主导思想。因此，法国重农学派有着深厚的中国渊源。重农学派认为，自然秩序是最好的秩序。自由放任作为以魁奈（Quesnay）为代表的重农学派主张，其主要含义就是：经济生活受自然规律调节，国家不得干涉经济事务，国家实行自由主义的经济政策。

因此，对自由放任思想传承的新古典经济学可做一个简单概括：自由放任是使一国富强的最好政策，最小的政府也是最好的政府。今天的西方主流经济学家们认为，国富论是自由市场经济的基础[①]，并把它奉为圭臬。

事实上，亚当·斯密说过：“任何一种学说，如要特别鼓励特定产业，违反自然趋势，把社会上过大一部分的资本拉入这种产业，或要特别限制特定产业，违反自然趋势，强迫一部分原来要投入在这种产业上的资本离开这种产业，那实际上都和它所要促进的大目的背道而驰。那只能阻碍，而不能促进社会走向富强的发展；只能减少，而不能增加土地和劳动的年产

① 多德．资本主义及其经济学．熊婴，译．南京：江苏人民出版社，2013：23.

物的价值”。同时，他又说：“一切特惠的制度，一经完全废除，最明白最单纯的自然自由制度就会树立起来。每一个人，在他不违反正义的法律时，应听其完全自由，让他采用自己的方法，追求自己的利益，以其劳动及资本和任何其他人或其阶级相竞争。这样，君主们就被完全解除了监督私人产业、指导私人产业，使之最适合于社会利益的义务。要履行这种义务，君主们极易陷于错误；要行之得当，恐不是人间智慧或知识所能做到的”①。

通过了解这些观点推出的背景，我们可以看出，亚当·斯密主要针对的是重农主义，认为重农主义影响了工业发展进程，因而借此反对重农主义的理论和学说。“魁奈自己就是个医生并且是个极有思想的医生，他似乎对于国家亦抱有同样的概念，以为只有在完全自由与完全公平的正确制度下，国家才能繁荣发达起来。他似乎没有考虑到，在国家内，各个人为改善自身境遇自然而然地、不断地所做的努力，就是一种保卫力量，能在许多方面预防并纠正在一定程度上是不公平和压抑的政治经济的不良结果。如果一国没有享受完全自由及完全正义，即无繁荣的可能，那世界上就没有一国能繁荣了。”②

---

① 斯密．国民财富的性质和原因的研究：下卷．郭大力，王亚南，译．北京：商务印书馆，1974：258.

② 同①246.

不但西方主流经济学误读了亚当·斯密的观点，中国也有学者犯了同样的错误。亚当·斯密和李嘉图论证说，一个国家的经济只有在最自由的状态下才能最好地发展，一切国家干预都会对经济造成破坏，只有“一只看不见的手”即纯粹的经济规律不受节制地起作用，才能把这个国家引向富强。边沁(Bentham)告诫，良好的社会应该追求最大多数人的最大利益，只有当每个人都追求到他自己的最大利益时，全社会的最大利益才能实现。斯密—李嘉图自由经济理论和边沁功利主义是英国工业化道路的指导思想，由此英国走上了资本主义道路。英国完成工业革命，并成长为一个工业化国家。[①] 为何会有如此判断，因为“大多数现代学者接受了西方的教育，他们自然按照西方的经验来看待中国历史”[②]。

事实上，“看不见的手”在亚当·斯密多达50万字的《国富论》巨著中仅出现了一次，而且不是作为一个经济学的系统理论出现的，是作为一个词、一个比喻出现的，这并不代表斯密赞同只要这只“看不见的手”发挥作用就够了。“如果没有市场，我们最终会陷入低效率的苏联体制。但是，如果认为我们仅仅靠市场就可以生存，那这实际上就等于说我们仅仅靠食

---

① 钱乘旦，许洁明．英国通史．上海：上海社会科学院出版社，2019：222.

② 黄仁宇．十六世纪明代中国之财政与税收．北京：九州出版社，2019：369.

盐就可以生存，因为食盐对于我们的生存至关重要。”①

其实，亚当·斯密对政府的主张，更接近今天的“有为政府”的理论，在《国富论》中，亚当·斯密明确提出了两个不同的目标：第一，给人民提供充足的收入或生计，或者更确切地说，使人民能给自己提供这样的收入或生计；第二，给国家或社会提供充足的收入，使公务得以运行。总之，其目的在于富国裕民。但不论是“富国”还是“裕民”，皆有赖于国民财富的增加。因此，增加国民财富就是斯密经济理论的研究主题。

可见，亚当·斯密对政府增加收入从来就不排斥，而且主张政府应该增加收入，因为只有政府收入增加了，才能更好地从事公共事务。

斯密在第四篇明确地规定了国家的职能：“按照自然自由的制度，君主只有三个应尽的义务……第一，保护社会，使其不受其他独立社会的侵犯。第二，尽可能保护社会上每个人，其不受社会上任何其他人的侵害或压迫，这就是说，要设立严正的司法机关。第三，建设并维持某些公共事业及某些公共设施，这种事业与设施，在由大社会经营时，其利润常能补偿所费而有余，但若由个人或少数人经营，就绝不能补偿所费。”②

---

① 张夏准．经济学的谎言：为什么不能迷信自由市场主义．孙建中，译．北京：新华出版社，2015：208.

② 斯密．国民财富的性质和原因的研究：下卷．郭大力，王亚南，译．北京：商务印书馆，1974：259.

前两项是政府的政治职能，后面一项则是政府的经济职能。亚当·斯密特别重视政府修建公共工程，认为一国商业的发达，仰赖于良好的道路、桥梁、运河、港湾等公共工程。

亚当·斯密特别推崇中国古代政府将修建公共工程作为考核官员的指标这一做法。他指出："在中国，在亚洲其他若干国家，修建公路及维持通航水道这两大任务，都是由行政当局担当。据说，朝廷颁给各省疆吏的训示，总不断勉以努力治河修路；官吏奉行这一部分训示的勤惰如何，就是朝廷决定其黜陟进退的一大标准。所以，在这一切国家中，特别是在中国，对于这些工程都非常注意。中国的公路，尤其是通航水道，有人说比欧洲著名的水道公路要好得多"①。亚当·斯密在称赞中国的同时，也批评了传教士的少见多怪，其实质是认为政府本就应该这么做。

结合《道德情操论》，可看出亚当·斯密明确了一点，即市场与政府应该相互配合。《道德情操论》的第一篇论行为的合宜性，第二篇论功劳与过失，斯密在其中也强调高效的市场需要优秀的政府。"有什么政府机构能像智慧和美德的盛行那样极大地增进人类的幸福呢？所有政府都只不过是对智慧和美德的不足起一种不完善的补救作用。因此，国民政府因其效用

① 斯密．国民财富的性质和原因的研究：下卷．郭大力，王亚南，译．北京：商务印书馆，1974：300.

而具有一切美，在很大程度上都必定属于智慧和美德。反之，有什么样的内政能像人的品德败坏那样具有毁灭性和破坏性呢？坏政府所带来的最致命的恶果正源于它不能有效地防止人的邪恶所引起的危害。”① 自由主义主流经济学可能出于无知或者无意识的故意，强行把自由市场的言论硬往亚当·斯密头上安，有点“拉大旗作虎皮”的架势。而且，在《道德情操论》中，斯密认为，为了实现真正的高效和自由，市场需要自主也需要监管，这恐怕才是斯密的本意。

亚当·斯密和洛克是英国学术传统的两大奠基人，不仅亚当·斯密反对小政府，洛克也反对。在洛克构筑的框架内，整个社会的兴衰取决于两点：一是经济领域间因分配不公而形成的贫富悬殊；二是因少数垄断的出现而导致的通过经济权力对人的自由的控制。按照洛克的观点，小政府主义最大的危害就是会导致社会的衰落。而这种衰落完全是经济原因，一个是贫富分化，一个是强势利益集团通过经济力量对其他人自由的控制。这一预测跟现代社会的发展完全相同。

市场经济的繁荣发展离不开有力的政府。得力的政府机构办事效率更高。对于经济的繁荣发展而言，没有什么比效率更重要了。市场与政府之间应该是互补的关系，而不应该是对抗

---

① 斯密．道德情操论．余涌，译．北京：中国社会科学出版社，2003：206.

的关系。作为一个整体，二者缺一不可，而不是有你没我。只有落后的原始经济学思想才认为二者不能共存，务实的现代经济学思想则恰恰相反。

“我们生活在一个国家的世界中——或者说，如果不理解不同类型国家的制度特征，以及它们间互动的性质，我们就无法理解我们居住的世界。当国家下决心追赶权力和繁荣时，该国家的领导能够带来更加成功的经济和政治发展。”①

历史告诉我们，如果市场和政府不能和平共处，经济就无法增长。这两只大手，在不同时期以不同的方式合作，在不同的环境下受不同的价值观影响，它们各自发挥的作用也不尽相同，但是双方一直都携手前行。未来也是如此。自由市场无法逃脱政府的有形之手，政府也不会对抗市场的无形之手。更有经济学家早就提醒，亚当·斯密之所以用大名鼎鼎的“看不见的手”这个表述，其实想表达的是嘲讽之意，因为他根本不会相信任市场自由发展是最好的办法。

有一个比喻很形象：“我们之所以敢把汽车开得很快，就是因为我们有制动装置。如果汽车没有制动装置，即使是最熟练的司机也不敢将车开得很快，因为他担心发生致命的交通事故。同样，人们之所以愿意接受失业的风险或偶尔感到需要再学一门手艺，就是因为他们知道这些经历不会毁灭他们的生

① 坎贝尔，霍尔．国家的世界．闫健，译．北京：中央编译出版社，2018：1.

活。这就是大政府可以让人们对改变工作现状持一种更加开放的态度，并因此可以使经济更具活力的原因。”①

比如新自由主义的代表人物弗里德曼就轻率而武断地发出指责，认为政府干预是错误的，正是政府干预导致了经济波动。“经济萧条像大多数其他严重失业一样，是政府管理不当造成，而不是由于私有制经济的任何固有的不稳定性。”② 而且政府干预影响了市场竞争的公平性，直接或者间接地成为垄断的重要来源。他甚至错误地认为，政府干预会扼杀个人行动的多样化和差异化。“哥伦布不是响应议会大多数的指令才出发去寻找通向中国的道路。”“牛顿、莱布尼茨、爱因斯坦、莎士比亚、爱迪生、南丁格尔……他们的成就是个人天才的产物，没有一个是出自响应政府的指令。”③

弗里德曼的话背离了历史事实，他在有意识地想抹杀政府的作用。哥伦布作为侨居于葡萄牙的意大利人，最先是谋求葡萄牙政府对他的支持，但是遭到了拒绝。他又先后向英国国王和法国国王提出了建议，均以失败告终。最后，他游说西班牙王室成功，由此获得西班牙政府全力支持，才有了哥伦布发现新大陆的伟大创举。若没有政府支持，就不可能有哥伦布的伟

① 张夏准．经济学的谎言：为什么不能迷信自由市场主义．孙建中，译．北京：新华出版社，2015：229.

② 弗里德曼．资本主义与自由．张瑞玉，译．北京：商务印书馆，2009：50.

③ 同②4.

大创举。对此，有人批评说，弗里德曼是个天才，但是这个天才“错得离谱”①。

如果没有政府干预，市场预测不会自己发展，也不会具备自我调节的能力。没有政府的帮助，市场不能稳定发展，也不会在关键时刻克服危机。如果让市场自生自灭，它最终的结局是走向灭亡。“今天，经济学家越来越同意，任何国家，只要拥有宽容而高效的政府、坚实的技术教育、开放的经济和对企业家与贸易的支持，就可以建立起一个现代化的经济并赶上西方。”②

面对这么多的历史教训，自由主义经济学家为什么就不能明白其中的道理呢？也许他们已经意识到了，但是他们要鼓吹自由市场的先进性，贬抑政府监管职能的重要性，即使明知道这是错误的做法。也许他们天真地以为人类会采取理性的行为，政府的干涉只会起到阻碍作用（这种情况确实有可能发生，但是一味地放任，非理性行为既会伤害他人也会伤害自己）。

自由主义经济学的谬误

自由主义作为一种孕育于宗教神学中的社会思潮，从传播

---

① 张五常．弗里德曼和科斯错得一塌糊涂，但不代表他们不伟大．(2015－01－05). https：//www. thepaper. cn/newsDetail _ forward _ 1291544.

② 戈德斯通．为什么是欧洲：世界史视角下的东方崛起（1500—1850)．关永强，译．杭州：浙江大学出版社，2010：203.

学的意义上来说可能是成功的。但是，古典与新古典自由主义经济学并不成功，因为时至今日仍然没有严谨的理论体系可言，将经济发展的任务甩给市场实质上是一种不负责任的学术观点。资产阶级革命将世界带入了现代经济发展阶段，依靠声称的民主政治和自由市场推翻了君主统治，但却没有真正带来曾许诺给人民的自由、平等与繁荣。好的经济学不能只是“动听”，更不能成为无法验证甚至是“反事实”的经济学。自由主义经济学中的“自由”很大程度上只是一个代名词或口号，本质上是在维护西方国家富裕资产阶级的利益，它声称要摒弃价值判断，但是选择自由放任这一做法本身已经做出了价值判断，即相信资本家而不是政府。

罗德里克（Rodrik）提及他和同事对一个拉美国家进行礼节性访问的事例。该国的财政部长在北美学术界取得优异成就并在国际金融机构工作过，他向来访的学者们展示本国最新的经济进展情况，列出了取消价格控制、私有化国有企业和消除贸易壁垒等诸多举措，并准备进一步升级相关改革。按照新古典自由主义经济学的理论，如果世界上还有天理的话，这个国家应当得到经济增长和贫困减少的回报。然而，实际情况是，该国经济一直鲜有增长，贫困和不平等不降反升。①

---

① 罗德里克．一种经济学，多种药方：全球化、制度建设和经济增长．张军扩，侯永志，等译．北京：中信出版社，2016：2.

美好的愿望不会自动实现，而错误的努力方向自然也很难带来正确的结果。自由主义经济学家所指明的自由化和市场化道路，是一条西方发达国家自己也没有走过的道路。所谓的工业革命，并不是从自然状态中迸发出“刀与火”的革命。英国工业革命和资本主义的发展在很大程度上与政府的合理作用密不可分。而人不能脱离社会而存在，人的自由是在社会共同体中展现出来的，每个人的自由发展都要以其他人的自由发展为前提。尽管西方经济学家倡导理性的原则，但是在对待政府和市场的关系上，他们并没有展示出应有的客观和理性，“华盛顿共识”更是经济学上“天马行空”的想象。

自由市场就是一种幻觉。如果某些市场看起来“自由”，那只是因为人们完全接受了支撑市场的规则，因此，这些规则也就被人们视而不见了。[①] 每个市场都有一些规则和界限在制约着选择的自由。市场之所以看起来“自由”，就是因为我们完全不在乎市场背后的制约因素，因而也就看不到它们的存在。市场到底有多自由，难以客观地界定，因为这是一个政治问题。自由市场经济学家宣称的捍卫市场自由并防止政府出于政治动机进行干预，这种基本主张是错误的。破除客观上存在

① 张夏准．经济学的谎言：为什么不能迷信自由市场主义．孙建中，译．北京：新华出版社，2015：4.

的自由市场这个神话，是我们理解资本主义的第一步。[①]

当一些经济学家为自由放任市场摇旗呐喊时，我们无意指责他们这种构想乌托邦的勇气。[②] 因为这不仅仅是为了人类自由和世界美好所做出的尝试，而更多可能是学术性的怀疑和探讨。人类历史和现实已给出过无数答案，市场不是“天使”，不可能有如此“魔力”。斯蒂格利茨（Stiglitz）对美国经济学研究的考察也印证了这一观点：一方面，经济学本该是严谨的社会科学，却沦落成为自由市场资本主义最大的“啦啦队”，因此经济学理论急需一次颠覆性的重构；另一方面，由于对政府的不信任，各种各样的利益团体干扰了经济和社会政策，它们的政治影响力使得政府几乎不可能制定合理的政策，这就是美国式的腐败。[③]

从理论上看，西方主流经济学的研究看似颇为繁荣，但其思想内核上的匮乏却带给人们无知的恐惧，其对于一个国家的经济究竟应该如何发展知之甚少，这已现实地反映在发展经济学的困境之中。它既无法可信地解释市场机制应如何发挥作用，也难以解释为什么政府在历史上的经济发展过程

---

① 张夏准．经济学的谎言：为什么不能迷信自由市场主义．孙建中，译．北京：新华出版社，2015：2.

② HAYEK F A. Law，Legislation and liberty. Chicago：The University of Chicago Press，1973：65.

③ 斯蒂格利茨．自由市场的坠落．李俊青，杨玲玲，等译．北京：机械工业出版社，2011：23.

中起着如此重大的作用；虽然剖析了市场与政府的某些特性，但对于社会经济运行规律的了解还是十分碎片化和不成体系的，更没有一套有关如何发展经济的系统理论。而自由主义经济学，更只会把人们关在资本理性的铁笼中，让人们迷失在自由市场的原始丛林之中。

现代西方经济的矛盾与弊端凸显，也给中国的经济学理论发展和创新带来了重大机遇。在经济发展方面，我们应当抛弃对于市场朴素的迷信。中国过去的落后，与其说是因为不自由，不如说是因为没有一个代表国家共同体利益的强大政府。历史选择了中国共产党来领导人民来实现中华民族的伟大复兴。西方的自由市场和自由贸易理论，从古至今对中国都没有公平可言。100 多年前的鸦片贸易如此，近年来的中美贸易摩擦更是如此。面对欧美在发展生产力方面的衰败倾向，当今技术和信息的发展使政府调控经济生活的潜力剧增，也提高了中国通过国家建构和国家治理实现赶超的可能性。

基于改革开放 40 多年以来涌现出的中国奇迹撰写出的“中国方案”，立足于正确处理政府与市场的辩证关系，不断突破既有的新自由主义理论框架，致力于“构建创新、活力、联动、包容的世界经济”①。中国经济的奇迹，在理论上是对市

① 周文，包炜杰．中国方案：一种对新自由主义理论的当代回应．经济社会体制比较，2017（3）.

场和政府关系的重构，预示着一条崭新的中国道路的可能①。在中国经济学理论的创新上，如何更好地揭示中国道路成功背后的理论逻辑，建立起市场与政府有机结合的经济学理论体系，反思自由市场和政府权力的界限，是包括中国特色社会主义政治经济学在内的整个中国哲学社会科学亟待解决的问题。世界历史远未终结，国家之间的互动也将继续。而中国将继续积极参与全球治理体系的变革与建设，并贡献中国智慧、中国方案、中国力量，让人类命运共同体建设的阳光普照世界。

二、国家的作用

一切经济都是政治经济，每一种经济秩序都以政治秩序为前提。工业革命的相关研究毫无例外地都征引了英国政体和政治策略。针对自由主义观点割裂政治和经济之间密切关联的批评，不仅在国与国之间的接触中存在，在国家内部也同样存在。经济发展中，各国政府都有过保护某种特定形式的生产方式，并垄断国内外的利益所得的历史，其扮演的角色不是守夜人或者仲裁者，而是参与者和当局者。一个实行积极干预政

① 周文．中国道路与中国经济学．经济学家，2018 (7).

策，并且能够保护财产所有权和掌控丰富资源的有产阶级的强大国家，是经济发展和工业化的前提。[①]

更能有效地推动国家实现富强的究竟是市场还是国家？关于这点，在经济学中一直众说纷纭，争论不休。事实上，这个问题的答案并不是一个简单的逻辑或者非此即彼的判断，更不能像自然科学那样在实验室通过数据进行证实或者证伪。好在人类历史并没有中断而是有连续性的，历史是最好的老师。透过历史，我们同样可以理出线索，找到规律性的结论。

现代国家元素的中国起源

我们理解的现代国家元素，其实在公元前3世纪的中国业已具备。其在欧洲的出现，则晚了整整1 800年。因此，从历史视角研究国家的兴起，可以发现，中国比希腊和罗马更值得关注，因为只有中国建立了符合马克斯·韦伯定义的现代国家。尤其是与地中海沿岸的欧洲地区相比，中国成功建立了统一的中央官僚政府，管理着众多人口和广阔疆域。

中国早已发明一套非人格化和基于能力的官僚制度，比罗马的公共行政机构更为系统化。公元1年时，中国总人口可与罗马帝国媲美，而中国人口受统一规则管辖的比例要远远超过

---

① 弗里斯．从北京回望曼彻斯特：英国、工业革命和中国．苗婧，译．杭州：浙江大学出版社，2009：13.

罗马。作为现代负责任政府的先驱，希腊和罗马非常重要。但在国家发展上，中国更为重要。[①] 从某种意义上说，中国人发明了好政府，他们设计的行政机构是理性的，按照功能组织起来，以非人格化标准进行招聘和晋升，这绝对是世界第一。[②]

中国在19世纪和20世纪上半叶的全球经济竞赛中表现如此糟糕，现在又如此突出，原因何在？较为令人信服的解释是它对科学、知识和革新的态度，而不是它的政治制度的根本缺陷。[③] 国家是集约型经济增长的基本条件。保罗·科利尔（Paul Collier）示范了该命题的反面，即国家崩溃、内战、国际冲突对经济增长的负面影响。[④] 20世纪晚期，非洲的大部分贫穷都得归因于国家的羸弱，以及不时发生的国家瘫痪和动乱。除了建立国家以提供基本秩序外，强大的行政能力还与经济增长呈明显的正相关关系。当人均GDP处于绝对低水平时，国家变得尤其重要。即便收入达到了较高的水平，国家仍然重要，但其影响可能会发生不成比例的变化[⑤]。

---

① 福山．政治秩序的起源：从前人类时代到法国大革命．毛俊杰，译．桂林：广西师范大学出版社，2014：25.

② 同①283.

③ 同①286.

④ COLLIER P. The bottom billion：why the poorest countries are failing and what can be done about it. Oxford：Oxford University Press，2007.

⑤ 同①424.

英国工业革命的真相

追溯历史可知，在国家功能的完善方面，英国一直走在欧洲各国的前列。[①] 自中世纪开始，西欧民族主义兴起，英国很早就拥有了国家认同。“民族主义首先出现在英格兰。”[②]

国内有学者曾断言：“英国人把自由放任实行得太彻底。从亚当·斯密起，政治经济学就把自由放任说成是发展经济的根本保证，自由放任被看成是工业革命的指导方针，连最保守的政治家都把它奉为神明。因此，政府对一切经济问题都袖手旁观，决不干预经济的发展。”[③] 对此，王国斌的评价是：“通常从欧洲经验中抽出政治发展的标准，然后进行分析。重在研究西方政治的不同传统，而将中国经验置于一种次要的地位，着眼于中国经验是否符合西方的企盼而非中国的实际。中国学者习惯于探寻中国与欧洲的不同之处，将此作为中国失败或无能的表现。”[④]

---

① 梅俊杰．自由贸易的神话：英美富强之道考辨．北京：新华出版社，2014：117.

② 格林菲尔德．资本主义精神：民族主义与经济增长．张京生，刘新义，译．上海：上海人民出版社，2009：29.

③ 钱乘旦．第一个工业化社会．成都：四川人民出版社，1988：94.

④ 王国斌．转变的中国：历史变迁与欧洲经验的局限．李伯重，连玲玲，译．南京：江苏人民出版社，2010：78.

事实上，英国政府从未将大英帝国的整体利益抛诸脑后，它支持各行业、各种各样的企业主，不论是国内的还是国外的。英国的这一做法大大激励了自身工业化的发展，但它对由此产生的收入差距不断扩大、贫富差距日益加剧、无产者人数逐渐增多等后果却很无奈。纵然出现了诸多的不平等，它也构建了民族统一、国家独立的社会共同感。这一点对于面临国际竞争的任何国家来讲，都是至关重要的。工业革命的成因并不凸显，除非我们将其看作民族国家间经济竞争的重要因素。将经济工业化当作一项国家工程来推进的国家，同其他国家相比常常具有一定的优势，英国即为一例。简而言之，在经济领域，国家力量无处不在。

在 18 世纪，英国的工业化尚处于酝酿阶段，其税收高居欧洲列国之首。平均来讲，其间接税收和累退税约占税收总额的四分之三。酒精饮品的征税不低于税收总额的三分之一（有人认为，英国的嗜酒现象是英国近代史的主要推动力），对酒精饮品的征税为英国带来了大量的国家收入，英国凭借这种收入不断强大起来，进而建立了大英帝国，而帝国又为工业革命的发生提供了可能。①

相比较而言，英国工业化的初始阶段也呈现一种官僚主义

① 弗里斯．从北京回望曼彻斯特：英国、工业革命和中国．苗婧，译．杭州：浙江大学出版社，2009：14.

的社会特征。就人均情况而言，英国拥有整个欧洲数目庞大的职业官僚群体。在军事领域，英国的地位同样引人注目：在同法国路易十四的战争中，英国征召士兵总数为6.5万人；在同拿破仑进行的战争的顶峰阶段，英国募兵260万人，并动员了10万～15万人的海军士兵参军。[①] 从这里可以看出，国家守夜人角色与实际情况明显不符。在19世纪上半期，随着战争的结束，用于军事目的的财政支出显著下降，而用于基础设施、交通和教育等方面的中央和地方财政支出则出现增长。更重要的是，雇佣工人的技术化和职业化程度也在不断提升，一支专业化的公务员队伍正在成型；尽管学校教育和公开竞争等领域的发展情况还相对滞后，但是工业化的根基已经基本奠定。

兰德斯认为，即使是在英国，政府也支持并且保护海外贸易：国家作为整体，为远洋的私人冒险事业和历险行为支付相关的保障费用。这种非直接的补贴容易为人所忽略，却是至关重要的。依然是英国，如同在别的地方一样，对于工业的扶助也采取了抵御外来竞争的形式。英国承诺自由贸易以后的记录往往抹杀了早先的和时间久得多的经济民族主义行为，不管是用保护关税的方法还是用歧视性海运的规定（航海法）的方

① 弗里斯．从北京回望曼彻斯特：英国、工业革命和中国．苗婧，译．杭州：浙江大学出版社，2009：16.

法。经济理论家们热烈地——甚至是激昂地——争论说，对市场的这种干预伤害了每个人。事实依然是：历史上最坚强的自由贸易主张者——维多利亚时代的英国、第二次世界大战以后的美国——在它们自己的成长阶段都曾是强有力的保护主义者。它们叫别人不要做它们过去做的事情，而要做它们现在正在做的事情。这样的劝告并不总是有用的。①

英国愿意而且有能力把国家权力用于经济目的。在反对竞争对手荷兰的斗争中，英国于17世纪中期颁布了一系列航海条例，旨在垄断新大陆英属殖民地贸易，而且为了推行这些条例，必要时不惜诉诸武力。1688—1689年的光荣革命使威廉三世和玛丽二世登上了英国王位，他们同意遵守以保护国内制造业利益为主旨的法令。1707年，英国议会又通过了一项限制印度棉纺品进口的英国法令，以维护英国生产的利益，鼓励本国棉纺业的发展。②

爱泼斯坦（Epstein）认为，强有力的中央集权是经济有效率的必要前提，并表现为政府获取收入的能力。在18世纪前的欧洲，英国是一个政府最有效的国家，这并不是因为英国有更多的个人自由，而是因为英国有统一的中央集权。经济发展是封建社会中经济分权与政治集权两种力量共同作用的结

① 兰德斯．国富国穷．门洪华，等译．北京：新华出版社，2010：286.

② 马克斯．现代世界的起源：全球的、生态的述说．夏继果，译．北京：商务印书馆，2006：122.

果。前者表现为市场交易的许可带来的广泛尝试，后者表现为交易成本降低与专业化的发展带来的效率提高。因此，近代国家的形成成为 19 世纪以前市场扩张与斯密式增长的主要推动力。国家主权的缺失是市场交易成本过高的原因。①

现在，让我们联系相关的国际政治背景对英国的国家角色进行分析总结。近代早期的欧洲竞争颇为激烈，战争是国家事务的常态。工业化前夜的英国在政治和经济领域占据了有利位置，这种优势在欧洲外部表现得尤为明显。这种情况为其赢得经济霸权提供了绝佳机会。如此一来，英国政府拥有了在欧洲事务中发挥重要作用的砝码。人们普遍认为英国有效运用了这个砝码，同时为国家的工业化做出了巨大贡献。② “以国家职能为例，西尼尔曾花费了大量的时间，试图发现一个普遍适用的方案，以此来定义各国国家职能的界限。政府干预的适当界限是相对的，应视各国的具体情况和其文明的发展阶段而定。”③

西方兴起中的国家作用

在西方的兴起中，国家起了重要作用。查尔斯·蒂里

① 爱泼斯坦．自由与增长：1300—1750 年欧洲国家与市场的兴起．宋丙涛，译．北京：商务印书馆，2011：3.

② 弗里斯．从北京回望曼彻斯特：英国、工业革命和中国．苗婧，译．杭州：浙江大学出版社，2009：16.

③ 汤因比．产业革命．宋晓东，译．北京：商务印书馆，2019：9.

(Charles Tilly) 对“国家”一词做了一种广义的解释：国家是强制执行的组织。这种组织不同于家庭和宗教，并且在某些方面比其他广大疆域内任何其他组织更为重要。① 当强制资源的积累和集中一起发展时，就产生了国家。② 从这点来看，中华晚期帝国符合蒂里的标准。如果我们回到罗马帝国与秦汉帝国形成的时代，就会发现：中西方基本政治制度，比此后 20 世纪以前的任何时代都更为相似。而且资本强制、国家和战争相互作用，国家导致战争，战争强化国家。③

资本借助国家强制资源集中，市场由此才能“仗剑走天涯”。从罗马兴衰的故事可以看出此中的逻辑。罗马帝国衰落后，欧洲的政治权威在许多个世纪中一直支离破碎，再未能在一个帝国范围内得到行使。罗马帝国是一个脆弱的国家，它的建立是以军事征服为基础的，其官僚与财政两方面的能力有限，从而使帝国政治力量遭遇挫折。其政治控制不均衡而且通常来说在边远地区更弱。在这些边远地区，本地豪强才是真正的统治者。罗马帝国崩溃后，西方不复有规模大、力量强的帝国政治结构；即使是在拿破仑时代，帝国的规模也很有限，而且只存在了很短的时间。中国则不仅一直维持着统一帝国的形

---

① 蒂里．强制、资本和欧洲国家（公元 990—1992 年）．魏洪钟，译．上海：上海人民出版社，2012：2.

② 同①24.

③ 同①58.

象，而且不断地创造统一帝国的实体。1000 年前夕，中国已处在中期的帝国时代，而欧洲还在中世纪的黑暗中探索。

1700 年后，我们惊奇地发现，欧洲由一个支离破碎的政治单位拼凑物转变为相互竞争的各民族国家。在欧洲，形成了一种多国体系。在这种体系中，有一种脆弱的力量平衡长期存在，但不断被战争破坏。与此相反，在中国却形成了一个帝国。欧洲从未丧失其多国体系，中国则从未真正经历过永久的分裂。为什么有这样的差别？具体来说，原因在于政治权力集中资源的能力不同。在欧洲，有几个财富中心可供集中资源，从而能够获得大量的金钱供战争之用。而在中国，并没有这种规模的资源，同时资源也不能集中到多个中心，从而维持多国竞争的情况。

福山认为，无论是马克思、涂尔干（Durkheim）、梅因（Maine）、滕尼斯（Tönnies），还是马克斯·韦伯，都倾向于认为，西方经验是现代化的范本，因为工业化首先是在西方发生的。1800 年后，在欧洲和北美洲发生的生产力爆发和经济持续增长，既是史无前例的，也把世界塑造成了今天的模样。现代政治制度在历史上的出现时间远早于工业革命和现代资本主义经济。①

---

① 福山．政治秩序的起源：从前人类时代到法国大革命．毛俊杰，译．桂林：广西师范大学出版社，2014：24.

现在流行的西方故事存在着由现实反推历史的逻辑错误。西方故事产生的用以解释我们今天生存的世界性质的那些观念，特别是市场资本主义和民主价值，被认为只能源自西方文明，而且因为完美而具有普遍适用性，其不仅适合西方，也适合其他任何地方。依据其假设，今天世界的几乎所有问题的解决办法都是采用自由市场。① 由此可知，所谓的西方兴起从历史与现实中找不到任何完全市场因素的影子。西方兴起不能简单地归因于市场的因素，恰恰相反，是国家起了决定性作用。

正如赖特纳（Reinert）所说，欧洲财富的扩散，整个世界的发展，是一系列市场竞争政策的有意识的结果：市场如风一样，是一种力，它被驯服以达到某个既定目标。国家越穷，就越无力让风朝着正确的方向吹。②

纵观资本主义经济发展的历史，国富并不是源于亚当·斯密所说的“无形之手”。离开了国家，“无形之手”更可能成为“无形之拳头”，美好的世界更可能成为“撒旦的磨坊”③，最后结局只能是幻想破灭。果真如此，现实世界早已碾成“齑

---

① 马克斯．现代世界的起源：全球的、生态的述说．夏继果，译．北京：商务印书馆，2006：13.

② 赖纳特．富国为什么富　穷国为什么穷．杨虎涛，等译．北京：中国人民大学出版社，2013：14.

③ 波兰尼．巨变：当代政治与经济的起源．黄树民，译．北京：社会科学文献出版社，2013：95.

粉”。“资本主义的现实一再提醒我们，经济权力与政治权力间的联系是用最坚固的钢铁打造的。事实上，在现代世界，这种必要性更强烈。”① “殖民主义和国家主义也遵循同样的路径结合起来。羊毛来自英国的田地，棉布来自英国的殖民地——最终是英国西印度公司的奴隶制种植园，后来是北美洲的奴隶制种植园。令人惊奇的是，它还是主要市场。”②

专制中国说辞的由来

中国的自由主义思想远比西方源远流长、历史悠久，那历史大分流中的中国专制说辞又从何而来？事实上，在西方启蒙早期，西欧思想界对于中国的社会经济状况，诸如先进还是落后、自由还是专制，一直存在着两种截然不同意见之间的激烈争论；综合这两方面的意见来看，那时欧洲学者的分析总体上是比较客观清晰的。我们当然不应过分美化封建君主制，而是要审慎看待近代中国真实的社会经济发展状态。但在 18 世纪后期，对于中国的极端偏见逐渐占据上风。

在传教士和商人游客对中国财富的赞美声中，孟德斯鸠率先将中国的君主制和欧洲的传统君主制进行了类比，在其著作《论法的精神》中多处批评中国的政治制度和传统礼教，认为

① 多德．资本主义及其经济学．熊婴，译．南京：江苏人民出版社，2013：32.
② 同①33.

中国的繁荣只不过是特殊的地理和气候因素使然，并提出了其颇为著名的论断，“中国是一个以恐怖为原则的专制主义国家”，它的“暴君没有任何规律，他的反复无常的意欲毁灭其他一切人的意欲”[①]，开了对中国专制批判的先河，也为开拓殖民地提供了借口。

不过，因为强调中国的专制属性，所以存在不少自相矛盾的地方。例如，孟德斯鸠一方面认为君主剥夺了商人逐利的权利，另一方面又认为中国商人在市场交易中自私、贪婪而不讲诚信；一方面将礼教无情地批判为奴性，另一方面又不得不承认“礼”作为国家精神在相互尊重、净化人心和维护和平方面的作用。卢梭则相信人类在进入文明状态之前有一种美好的自然状态，强调通过分权来尽可能地限制政府行为，并把中国描述为“世界人口最多和最著名的民族被屈服在一小撮强盗的统治之下”[②]。

当然，这一时期也不乏对中国持积极态度、向往中国的自然自由状态和道德治理传统的思想家。莱布尼茨把当时的欧洲和中国都视为拥有最伟大和最高雅的文明，在手工技能方面二者不相上下，在理论科学方面欧洲略胜一筹，但是在伦理道德和政治学说方面中国远胜欧洲；当欧洲人以狼与狼的关系在自

---

① 孟德斯鸠．论法的精神：上册．张雁深，译．北京：商务印书馆，1995：129，26.

② 卢梭．新爱洛漪丝．伊信，译．北京：商务印书馆，2010：501.

由的荒野上挣扎之时，中国正几近完美地致力于谋求社会和平与建立人与人之间相处的秩序；中国的君主虽然身居高位，却习惯于培养自身的道德与智慧。① “肯定无疑，中华帝国之大，本身决定了它的重要性；作为东方最聪明的民族，中华帝国的声望是卓越的，其影响被其他民族视为表率。”②

在魁奈看来，中国的政治官僚体制是以自然法则为基础建立起来的，他直截了当地反对孟德斯鸠对中国专制制度的批评：“中国君主的专制主义或专制权力，被我们的政论作者过于夸大了，或者说至少他们是带着相当反感的情绪来考虑这个问题的。”③ 伏尔泰则是以中国为模板来阐述自己的开明君主政治思想的，因而他对中国的赞美广泛存在于其作品中，并明确提出“关于中国的政府……旅行者们，尤其是传教士们，都认为到处看到的是专制制度……可实际情况并非如此”④。此外，狄德罗作为百科全书学派的代表人物，也相对公允地赞扬了传统儒道思想。⑤

斯密在《国富论》中有关经济发展成因的分析里，对中国的认识也存在专制、贫穷且闭关自守三个方面的个人论断。其

---

① 莱布尼茨．中国近事：为了照亮我们这个时代的历史．梅谦立，杨保筠，译．郑州：大象出版社，2005：1.

② 同①13.

③ 魁奈．中华帝国的专制制度．谈敏，译．北京：商务印书馆，2018：93.

④ 伏尔泰．风俗论：上册．梁守锵，译．北京：商务印书馆，2011：249－250.

⑤ 许苏民．狄德罗与中国哲学．北京行政学院学报，2014（3）.

一，中国存在广泛而严重的政府专制，正是这种国家对于财富的攫取，使得中国“处于停滞状态似乎由来已久……平民百姓或小资本主几乎得不到政府的保护，甚至随时会受到低级官僚假借公平的名义肆意掠夺”[①]。其二，人民生活水平相当低下，“中国低层民众贫穷的情况，远超过欧洲最穷国家的低层民众……任何动物的尸体，例如死猫或死狗，尽管已经腐烂得发出恶臭，其受欢迎的程度，犹如他国人民欢迎最健康的美食”[②]。其三，中国君主的“全部收入或其中的绝大部分，始终是来自某种土地税或地租……每一年他们自己的收入增减直接取决于农业的荣枯”[③]。基于此，“中国的政策偏爱农业胜于其他所有行业……所以，在中国，国外贸易在各方面都受到限制，仅能在一个很狭窄的范围内进行；如果中国允许国外贸易享有更大的自由，则中国的国外贸易自然会自动扩展到更大的范围”[④]。因此，斯密认为，要解决中国经济的困境，自然就是要建立起自由市场和有限政府的制度，并实行自由贸易。具有讽刺意味的是，这套自由市场与自由贸易理论却常常成为欧洲国家发动对外殖民战争的借口。马克思在《鸦片贸易史》中更是清晰地指明：“英国政府公开宣传自由买卖毒品，暗中却

① 斯密．国富论．谢宗林，李华夏，译．北京：中央编译出版社，2010：104－105.

② 同①79.

③ 同①788.

④ 同①784.

保持自己对于毒品生产的垄断权。只要我们注意考察英国的自由贸易的性质，我们几乎可以处处看到，它的‘自由’的基础就是垄断。”①

虽然在启蒙初期西欧对于中国的社会经济状况还有正面的认识，但随着欧洲殖民主义的扩张，在斯密之后，这样的客观讨论就不复存在了，而代之以“西方中心论”的专断论调，中国政府过度管制的基本国家形象则成为一种共识。

古代中国为何没有完成现代国家治理体系的转变

中华帝国的特点在于它有能力使其帝国制度不断再生。欧洲的迅速变化，使得中国的帝国制度显得相对停滞不变。现有研究，大多是回顾推测，从 19 世纪或 20 世纪出发，到近代早期去追溯成功者的经验，从而把欧洲的政治变化作为发展的规范，而中华帝国晚期应当具有的政治实践的延续性被说成停滞。

首先，我们需要的是前瞻推测的研究方法，集中于研究英国、法国的成功，显然使欧洲国家形成的原因无法真正探寻到，也无法说明 20 世纪中后期以来亚洲和新兴国家的崛起。

其次，欧洲经验只是部分国家的特殊事例，而不能成为范本，否则何以说明今天欧洲的衰落和欧债危机。而且西方的超

① 马克思，恩格斯．马克思恩格斯全集：第 12 卷．北京：人民出版社，1962：591.

越是近 300 年的事，在历史的长河中这仅仅是一个短暂的小插曲。对于中华帝国的问题，有两种冲突的观点：一种就是强调统治的独裁与专制性质，认为强有力的集权在极力强化国家；另一种就是，低效、庞冗的官僚机器没有积极有为地做正确的事。这些观点有一个共同之处，就是强调国家没有多少积极作用，进步或者发展都与国家无关。

对国家的认识，必须考虑两个问题：一是国家面临的挑战；二是国家的能力和国家承担的义务。国家能力就是资源动员能力和工作效率。在从商业中增加新税收方面，英国做得最为成功，这可以部分地归因于经济变化所创造的财富。英国政府创立了新的财政方针，从而得以获取这种财富。杰克·戈德斯通在重新评价法国革命时认为，这些问题较少由法国与英国之间的经济差异引起，而较多因为法国的政策失败。但是，即使在满足财政方面不如英国，法国在 17、18 世纪依靠中央集权，也大大扩充了国家的财政收入。

在整个欧洲，成功者是那些能够启动资源的国家。这些国家提高财政能力，扩充官僚组织，以便能够推动和引导国家所获资源的流动。总体来说，欧洲国家创造了新官僚机构，而这种官僚机构又决定了中央集权化过程中的欧洲国家的组织能力。蒂里对两种极端情况做了对照：一种是主要依靠强制性动员资源的国家；一种是依靠积聚资本性资源的国家。英国、法国则是在国家形成过程中，将强制性集中与资本性集中相结合。资本和强制的不止一次的结合出现在欧洲国家成长过程中的每个阶段。①

“在中国的某些地区，帝国的控制相对较弱而商业活动相对较强。”② 在帝国的疆域与人口增加时，无论是官员数目还是财政收入，都未与帝国同步增长。中期帝国时代，国家放弃了直接控制土地分配与直接管理市场事务的企图。宋代以后，国家简化了对经济的管理，宁愿放弃直接管理控制，而以各种办法影响日益操之于私人之手的经济。在中国史的研究中，国家操控经济能力的减弱，通常被认为是国家日益虚弱的象征。

从理论上说，国家加强对经济的调控有两种办法：一种就是提高政府对财政税收控制力的制度，提高政府财政能力，运用财政机制打击商人囤积行为，禁止民间信用。另外一种就是委之于商人组织市场，国家则从市场中完全退出，晚明以来，施行的就是这种所谓的不扰中国之民而得外邦之助。

随着经济的发展、贸易的扩大，货币短缺与市场不断扩大的矛盾日益突出，商人私自出口货币和窖藏货币的现象日渐突出，而国家财政调控经济的各种努力受到基层社会无组织能力的限制，传统的朝贡体系不能维系，由此国家只能向世界市场和国内掌握大量货币的商人妥协，国家控制货币和经济的能力

---

① 蒂里．强制、资本和欧洲国家．魏洪钟，译．上海：上海人民出版社，2012：37.

② 同①152.

荡然无存，社会整合能力必然会下降。“政府的重大失败，似乎是在其传统使命方面——维护公共秩序和治水、救荒、军事防御。最有可能的是，在普通人的眼中，这些失败对政府合法性的损害，远远超过了政府在现代使命中所获得的有限的成功。”①

对此，有学者评价说，郑和下西洋对中国社会产生了两极效应：朝贡贸易的衰落与私人海外贸易的兴起；官营手工业的衰落与民间手工业的兴起；大明宝钞的衰落与朝野皆用银的兴起；社会整合程度的下降与海外移民的兴起；重农抑商的没落与新兴思想的兴起。伴随着白银的货币化和市场的不断扩大，日本和美洲白银的大开发与明朝经济社会发展相互促进。国内不断增加的对白银的巨大需求，推动了白银的大量流入，最终把中国和整个世界联系起来，中国经济为一个整体世界的形成做出了重要贡献。②

古代中国官无封建、吏有封建的体制制约了发展

应该说，在近代以前，中国以超前的科学技术水平、繁荣的市场经济，遥遥领先于世界其他国家，但是，由于没有建立起与市场化发展相适应的国家治理体系，在长期表面繁荣的掩盖下，中国国力日益衰落，国家治理经济和整合社会的能力不

① 彭慕兰．腹地的构建：华北内地的国家、社会和经济（1853—1937）．马俊亚，译．上海：上海人民出版社，2017：67.

② 李露晔．当中国称霸海上．桂林：广西师范大学出版社，2004：5.

断下降。中国国家治理能力下降之根本原因，从政治上看，可以说是由于封建制度逐步僵化，不能适时调整或内部抵抗在不断消解着国家治理能力。

秦是排儒而任吏，西汉是儒吏并举，历史上所谓的儒法斗争，其实就是这两个阶层的斗争。此后，中国的政治转为门阀政治。官僚士族化或者贵族垄断官位问题，终至隋唐因科举取士的实行而得到解决。虽然革除了传统政治的豪族与门阀对抗集权的流弊，但儒家治国与精英政治忽视了吏的问题，形成了中国历史几千年的官无封建而吏有封建的体制，国家治理呈现出黄仁宇所说的“潜水艇式三明治”和“夹心面包”的状态，长此以往，国家衰败就成为必然。因为吏久居一方，不断“坐大”，进而与地方豪强同流合污，形成国家治理的“反向运动”，不断侵蚀国家能力。

这种官僚体制必然导致彭慕兰所说的“国家内卷化”，“国家对更多资源的盘剥、政府薪金支出的不断膨胀，却没有提供能够承担更多义务、有着更多尽职的人员或对来自公民社会的更独立的方面有所突破”[①]。柳宗元在《封建论》中评价，自秦以来，中国政治之缺失，在政而不在制。意思是说，历代缺失并不在于郡县大一统的制度，而在于王朝的国家治理能力。

---

① 彭慕兰．腹地的构建：华北内地的国家、社会和经济（1853—1937）．马俊亚，译．上海：上海人民出版社，2017：69.

今天来看，这种认识是深刻的。事实上，包括秦朝在内的历朝历代出现的问题，其错误不在于完成国家统一和实行郡县制度，而在于治理上的苛政和失策。哈尔西（Halsey）把近代中国的体制称为“军事—财政国家”。这种体制不仅需要财富和枪炮，而且需要行政体制来调动资源，部署装备，并维持社会的控制。由于深受效率低下与贪污腐败的困扰，这种体制反而成为软弱无能以及王朝衰落的一个标志。①

“中国向来有一套士农合一节制经济的传统理想。”② 自西晋以来力避“门阀政治”，中国各朝代比较注重削平文武贵族势力，确保没有贵族特权，从而在根本上避免了内部的分裂和战乱，维持了长期的和平统一，这是历史进步。与此相对照，1500 年以来，欧洲之所以战乱不断，就是因为它们虽然瓦解了“教权”，但没有推翻贵族，没有解决好“皇权”治理问题，导致贵族政治祸乱不止。由此，欧洲 500 年来充满战乱，并通过缔结《威斯特伐利亚和约》，形成“均势制衡”，这当然也是一种历史进步。但是，战争强制与资本强制不断打破“均势制衡”，对内行政效率低下，对外推行霸权，一直是西方体制的痼疾。另外，西方人认为，历史走向近代化的过程，是战胜邪恶与落后的过程。而中国人的历史观强调的是衰落与复兴的周

---

① 哈尔西．追寻富强：中国现代国家的构建，1850—1949．赵莹，译．北京：中信出版集团，2018：131.

② 钱穆．中国历史精神．北京：九州出版社，2016：66.

期，在这一过程中，人可以认识却不能完全主宰自然与世界，最佳结果是与之融合为一体。①

如何看待中国历史上国家治理中的自由放任问题，这其实已经不需要争论了。理由很简单，因为自明朝以来，中国在国家的治理上一直奉行自由放任的理念，甚至对白银的输入和输出基本属于“国门洞开”，这是一种毫无防范的制度性安排。可以说，在西方资本强制和资源集中的过程中，中国反而成为近500年来最为彻底地依靠市场组织经济活动的国家。

不是说市场开放不好，关键是这种市场开放是“以我为主”的开放，还是被动地“随波逐流”的开放。我们真正需要争论的问题仅仅是：几千年来中国远比西方重视精英治理和儒家的价值理念，却为什么长期没有重视和建立起配套的国家治理体系，从而在世界格局大变动时完成适应发展需要的国家治理体系转变？结果是，无视中西方大分流的中国体制僵化，导致近代中国体制的“繁华”落尽。

中国封建体制中的官无封建、吏有封建的乱象愈演愈烈。官有心而无力治国；吏与地方豪强作为分利集团不时合谋“强取豪夺”，不断乱作为。这种局面反映出两种混乱：一是财政的混乱，组织管理无力，手段和方法僵化。吏属于非正式行政人员，不能领国家俸禄，而只能通过额外的税收获得补偿，史

① 基辛格．论中国．胡利平，等译．北京：中信出版社．2015：24.

书上称之为“火耗”或者“陋规”。问题逐渐累积直至“火山爆发”。二是行政上的混乱，理论上政府权力无限，实际上政府往往无所作为。体制外在层面注重强化官员忠诚于皇帝，以及制衡和防范相互勾结的朋党政治。

另外，官与僚“离心离德”，使中层体制对接空虚化，缺乏应对的主动性。大多数官员做“甩手掌柜”，一般事务皆由僚处理。权力中心过于注重集权政治的架构，而忽视和淡漠国家治理的体系和能力。随着时间的推移，作为国家治理末梢的乡绅治理更无力提高治理的执行能力，达成良好的治理效果，国家治理能力越来越弱。一旦出现突发事件，整个国家就陷入一盘散沙的乱局。

对此，黄仁宇的说法富有启迪性。他认为，中国国家能力衰弱的原因是国家无为，地方官员从来不固定，随意而为，表面上国家省事，实际上造成了行政的内卷化——日益形成政府的衰弱与管理上的混乱局面。①

三、市场的角色

自由经济学家告诉我们的东西，往好里说部分是正确的，

① 黄仁宇．十六世纪时代中国之财政与税收．北京：生活·读书·新知三联书店，2001：420.

往坏里说完全是错误的，甚至可以说是谎言。“自由市场理论家传播的真理如果不是‘包藏祸心’，就是建立在不严密的假设和主观狭隘的幻想之上”①。

自由市场理论与现实的矛盾

长期以来，我们一直被告知，如果推行自由放任的经济政策，市场就可以产生最有效、最公正的结果。这种政策之所以最有效，是因为每个人都清楚如何利用手中的资源为自己谋利；之所以最公正，是因为市场竞争的进程可以确保每个人都获得各尽所能、按劳分配的结果。这种理论还告诉我们，政府干预市场只会降低市场效率。因此，政府干预只能限制在特定范围内。具体地说，只有当财富创造活动受到平等主义误导时，政府才可以进行干预；当财富活动未受到平等主义误导时，政府对市场进行干预只能起到消极的作用。这是因为，政府既不掌握必要的经济信息，也不具备最佳商业决策的利益动力。总之，要完全相信市场，不仅如此，还应让它自行其是。

依据此建议，世界上的许多国家最近几十年都采取了自由市场政策——国有企业私有化，解除对工业和金融的监管，推动投资自由化。自由政策主张者承认，这些政策可能会产生一

① 张夏准．经济学的谎言：为什么不能迷信自由市场主义．孙建中，译．北京：新华出版社，2015：1.

些暂时的问题。但是，通过创造一个更加生机勃勃和富裕的社会，自由市场经济最终会让所有人都过上好日子。然而，进入新世纪，屡次爆发的金融危机给世界造成的伤害在未来几十年都难以消除。众所周知，在金融危机爆发前，自由市场政策已经阻碍了许多国家的经济增长，拉大了人们的不平等差距，并且导致了经济的不稳定。①

历史和国家将经济学召唤到前线，结果经济学却成为一场“瘟疫”，不但不治病，反而让经济发展“染病”，经济学的狂欢变成一场又一场的悲剧。现实中的很多灾难更是成为经济学理论数不清的“控诉书”。

我们还没有聪明到让市场决定一切的程度。通常的情况就是，我们之所以对市场进行干预，就是因为我们还没有那么聪明。② 不是因为政府知道得更清楚，而是因为我们谦逊地承认自身智力能力的有限性，所以我们需要对市场进行调节。③

霍布斯鲍姆（Hobsbawm）认为，经济学的问题包括两个方面：一是经济学作为一门科学，必然受到现实经济活动的影响，并反映经济的形势。当经济前景黯淡时，经济学往往成为“郁闷的科学”。大量经济学研究所发挥的作用不是

---

① 张夏准．经济学的谎言：为什么不能迷信自由市场主义．孙建中，译．北京：新华出版社，2015：1.

② 同①171.

③ 同①175.

告诉政府应当做什么，而是告诉人们正在做什么。二是政府政策通常并不会反映当时最好的经济学，而是更多反映政治上最能接受的经济学，因而经常是经济学的简化版本和庸俗版本。完全的政府放任自流从术语上来看，就是一种自相矛盾的东西。现代政府不可能不去影响经济生活，因为政府的存在本身就是为了这个目的。①

中国发达的市场经济为什么没有导致一种工业上的突破

在理论逻辑上，发达的市场与工业化是一种正向反馈机制。而在这个问题上，中国是一个例外。中国并没有因为市场发达就成为工业化的引擎，反而长期锁定和束缚在落后的僵化体制之中，现代经济增长迟迟不能在中国"破茧而出"。

主流观点认为，欧洲的工业革命源于人口的推动和自由市场的发展。② 通过各种各样的实践，特别是晚婚，欧洲国家能够控制家庭规模，使其低于自然可能性。小型家庭意味着较小的人口总量，使农民家庭可以将更多的剩余物投入农业和手工业生产的改进中。越来越少的人靠勤奋工作来增加可用于投资

① 霍布斯鲍姆．工业与帝国：英国的现代化历程．梅俊杰，译．北京：中央编译出版社，2016：248.

② 马克斯．现代世界的起源：全球的、生态的述说．夏继果，译．北京：商务印书馆，2006：140.

的剩余物，人们称这是勤奋革命。工业革命才不可避免地发生。[1]

马尔萨斯对中国经济长期以来一直处于停滞状态的解释是：由于中国人口众多，“其所需要的食物数量巨大，中国无论进口多少食物，也不会使其每年的食物总量有明显的增加。中国的人口过于稠密，因而劳动力非常充裕，也就无须费力节省劳动。中国财富的增长与其说会改善穷人的生活境况，还不如说使穷人的生活境况恶化”[2]。因此，中国存在一种前工业时代人口机制，缺乏任何控制出生率的措施。这样，中国人口不断激增，农业剩余不断转化为生存之所需，仅能勉强糊口，无力进行扩大再生产，也不可能进行工业革命所需要的投资。

也许马尔萨斯对欧洲的理解是对的，但是他对中国的理解很明显犯了“水土不服”的错误。事实上，尽管与欧洲不同，但中国家庭实际上有很多办法来限制家庭人数，由此确保中国人总体上来说始终处于最低生活水平线上。中国的实际情况远比马尔萨斯想象的复杂得多，否则人口与自然的冲突早就“刺破”极限。卢梭说：“假定所有条件都是相同的，一个政府，如果人民生活在其治理下，不靠外来移民，不靠归化，不靠殖民，而能人丁兴旺，人数大增，那么这个政府就是最好的政

---

① 马克斯．现代世界的起源：全球的、生态的述说．夏继果，译．北京：商务印书馆，2006：140.

② 马尔萨斯．人口原理．朱泱，等译．北京：商务印书馆，1992：124.

府；反之，如果在它的治理下人口减少而衰败，那么这个政府就是最坏的政府。”[1] 因此，人口增加不是国家治理衰落的原因，更不是经济发展滞后的原因。

而在持自由市场推动工业化这一观点的人看来，欧洲商品、土地、劳动力、资金市场的建立和发展使欧洲制造商的生产更为高效，因而能够积累足够的资金用于农业和工业生产的改进，而且成功的市场需要国家对私人财产权进行保护。按照现代世界起源的“欧洲中心论”解释，这些因素在综合起作用，自然而然地导致了工业革命。他们推断，中国是专制的，国家干涉私人事务，财产权得不到尊重和保障，市场不能有效运转。有鉴于此，中国不存在工业革命的任何可能性。

现在来看，这些都是罔顾历史的逻辑推论。按照罗伯特·马克斯（Robert B. Marks）的说法，“到18世纪中期，中国政府日益乐于让市场和商人长距离贩运谷物，从出产地到消费地有时远达千英里。对这些市场运行效率的评估表明，它们比同时期的法国、英国或美国的市场更有效。另外，中国的土地、劳动力和资金市场也运行良好，在一些方面好于欧洲国家的具有可比性的市场”[2]。

威廉·麦尼尔也认为：“从1亿中国人中涌现的财富开始

---

① 卢梭．社会契约论．李平沤，译．北京：商务印书馆，2011：94.

② 马克斯．现代世界的起源：全球的、生态的述说．夏继果，译．北京：商务印书馆，2006：144.

流向海外，为和市场相关的活动增添了新的活力，并开拓了新的方向。众所周知，11 世纪，类似的商业活动也开始在地中海兴起，运货人主要是从威尼斯、热那亚和其他港口起航的意大利商人。他们在此后的三百年间，将欧洲半岛地区的大部分纳入了联系日益紧密的贸易网络。这虽是一个显著的成就，但仅仅是更广泛的社会现象中一个很小的组成部分。我认为，这种现象将文明民族市场调节行为的规模和重要性提高到了空前未有的程度。老式的指令社会的统治者再也无力像以前那样彻底控制人们的行为。于是，1100 年以后，原来只是时断时续地迸发出烈焰的闷火，开始摆脱官方的控制，逐渐变成熊熊大火。最后，到了 19 世纪，市场活动的火焰炽烈升腾，终将中华帝国敌对的指令性结构熔化，虽然这个对于儒教中国具有灾难性后果的巨变经历了 9 个世纪才实现。”①

中国发达的市场经济并没有导致一种工业上的突破，这是历史事实。有发达的市场而没有工业突破，其内在原因很可能是因为近代中国忘记了“市场只不过是前所未有地受到社会权威之控制与节制的一项制度装置的一个附属特征”“市场经济是受市场控制、调节及指导的经济体制；商品之生产及分配的

① 麦尼尔．竞逐富强：公元 1000 年以来的技术、军事和社会．倪大昕，杨润殷，译．上海：上海辞书出版社，2013：47.

秩序，完全委诸自律性机制”[①]。近代中国更没有注意到，西方的“通往自由市场的大道是依靠大量而持久之统一筹划的干涉主义而加以打通并保持畅通的”[②]。

旧中国一直没有建立起与市场经济匹配的国家治理体系，基层无组织，中间无制度，导致中层“梗阻”，固化于几千年未有之变局。“中国人过去的经济生活确实不鼓励合作精神的产生。中国不是一个从事社会化大生产的地方，这里的商业以零售为主，农业生产不需要多方面的合作。”“中国人缺乏合作能力与自古以来就是中国特色的经济放任自流政策互为因果。”[③]“庞大的人口、经常面临着生存的考验、没有进行有效合作的能力以及极端放任自流的经济政策等，都在某种程度上与它在农业条件下形成的简单自足的经济有密切关系。”[④]

结果，在漫长的历史中，农村自给自足的男耕女织分工模式没能产生实质性的突破，经济上一盘散沙，缺乏聚合力，国家不具备动员最广大基层的组织能力，因此国家最大的政治目标就是保持和维护现状。结果是，日益增加的交换需求，巨大的人口量，无视经济进入海洋时代，再加上不发达的内陆交通

---

① 波兰尼．巨变：当代政治与经济的起源．黄树民，译．北京：社会科学文献出版社，2013：144，145.

② 同①174.

③ 古德诺．解析中国．蔡向阳，李茂增，译．北京：国际文化出版公司，1998：26.

④ 同③30.

设施，使中国经济日益落入自我循环的陷阱中，不断把中国经济推向劳动密集型的农业经济模式，而不是推向工业革命。

四、中国道路的本质特征与制度特征

中国是拥有5 000年悠久历史的文明古国，中华文明长期处于世界领先地位。100多年前，西方的坚船利炮惊醒了封建王朝的天朝上国美梦，中国一步步沦为任由西方列强宰割的半殖民地半封建社会。面对亡国灭种的危机，无数仁人志士奋发图强，探索救亡图存之道。洋务运动、戊戌变法、辛亥革命都以失败告终，历史和人民选择了中国共产党，中国共产党带领中国人民不懈努力，实现了民族独立、人民解放的百年梦想。

新中国成立后，中国共产党领导人民开始了建设新社会、探索新道路的历程。通过对农业、手工业、资本主义工商业的社会主义改造，确立了社会主义基本制度；重视探索社会主义建设规律，提出在把握规律的基础上“创造新的理论，写出新的著作”。社会主义基本制度的建立以及建设社会主义的探索，为后来开辟中国特色社会主义新道路奠定了重要基础。[①] 党的

① 任理轩．复兴之路 富强之路 幸福之路：关于坚持和拓展中国特色社会主义道路的思考．人民日报，2012－05－09.

十八大以来，以习近平同志为核心的党中央带领全党全国各族人民，统筹推进“五位一体”总体布局，协调推进“四个全面”战略布局，团结一心，与时俱进，顽强拼搏，使中国特色社会主义进入了新时代，开拓了中国道路的新境界。从中国道路的选择到中国道路的探索，再到中国道路开辟新境界和实现创新发展，中国道路的内容与内涵也更加丰富。

坚持党对经济工作的集中统一领导

中国道路在经济学上的本质特征就是坚持党对经济工作的集中统一领导。坚持党对经济工作的集中统一领导，这是对西方主流经济学理论体系的超越和颠覆，是中国特色社会主义市场经济优越于资本主义市场经济的关键。坚持党对经济工作的集中统一领导，是我国社会主义市场经济的重要特征，是中国特色社会主义制度的一大优势。坚持党对经济工作的集中统一领导，可以更好地掌控经济发展大局，确保经济发展的正确方向。坚持党对经济工作的集中统一领导是西方主流经济学理论中没有的，这是对新中国成立 70 多年尤其是改革开放 40 多年经济发展伟大实践所取得的成功的最深刻经验总结，更是引领中国经济发展行稳致远的关键。

中国共产党的领导作为中国特色社会主义的最本质特征，体现在经济社会发展的方方面面。党作为中国经济社会发展的核心，符合中华文明自古以来的制度传承，因此在反映中国发展现实的经济理论中，“党的领导”都是一个无法回避的、必须考虑在内的制度性因素；此外，中国共产党“总揽全局、协调各方”的特点，使其在经济发展过程中可以做到协调各方，调动各方力量形成合力，这是中国特色社会主义的优势，也是中国发展奇迹的奥秘所在。正如习近平总书记在党的十八届五中全会第二次全体会议上的讲话中所指出的：“能不能驾驭好世界第二大经济体，能不能保持经济社会持续健康发展，从根本上讲取决于党在经济社会发展中的领导核心作用发挥得好不好。”[①]

坚持党对经济工作的集中统一领导在中国有其历史性和客观性。将中国共产党置于国家的中心地位，并始终坚持领导作用，符合中华文明在长期历史演变中形成的政治伦理和体制习惯，具有历史性。中华文明作为世界上唯一一个绵延 5 000 年未曾中断的古老文明，在漫长的历史中形成了对于大一统和中央集权的深刻记忆。为了维护一个长期和谐稳定的统一局面，中华文明在不断尝试中形成了一套独特的国家建构，其中就包括围绕某一政治核心进行运行的政治伦理和体制习惯。这一点正是中西方文明的差异所在，正如费正清在其著作中描述的：“说到最后，欧洲和中国的区别在于人民的愿望，中国历史中

① 中共中央文献研究室．习近平关于社会主义经济建设论述摘编．北京：中央文献出版社，2017：325.

表面上的统一，实际只占全部历史的三分之二，而统一的理想则相沿无改。”[①]

中国人民的意愿和国家建构中的这种历史传统，在很大程度上受到客观地理环境的影响，具有客观性。从地理的角度来看，发源于东亚大陆的中华文明，从一开始就不同于形成于地中海沿岸的西方文明，具有很容易形成统一国家的地理条件。而像希腊地区这个西方文明的发源地，则缺少如同中国、印度那样可以建立复杂的帝国组织所必需的“天然地理政治中心”。类似地，美国历史学家保罗·肯尼迪也认为欧洲政治上四分五裂的情况，主要是由它支离破碎的地形造成的。[②] 正是中西方在地理、历史、文明上的这种差别，使得中国共产党在中国政治制度以及经济制度中的地位和作用与西方政治经济理论中传统意义上的政党完全不同。

坚持党对经济工作的集中统一领导，是处理好“政府与市场”关系的关键。

如何处理好政府与市场的关系，一直是经济学理论研究中一个必须要回答的重要问题。长期以来，西方经济学在自由放任思想的指导下，对政府作用的理解停留于“守夜人”角

---

① 费正清．伟大的中国革命（1800—1985）．刘尊棋，译．北京：世界知识出版社，2000：14．

② 肯尼迪．大国的兴衰：1500—2000 年的经济变迁与军事冲突．陈景彪，等译．北京：国际文化出版公司，2006：16．

色上，反对政府以任何形式干预市场。就算经历了“大萧条”的洗礼，经济学家们将政府的职能重新界定为“弥补市场失灵”，但依旧对政府“可能”的过度干预“严防死守”。总体而言，在西方主流经济学理论中，政府的作用范围是有限的、被动的，同时政府与市场的关系是相互替代的。然而，相比于西方经济学中“政府与市场”二元对立的分析范式，中国在经济发展实践过程中，充分发挥社会主义市场经济体制的优越性，探索出了一条以中国共产党总揽全局、协调各方，让市场在资源配置中起决定性作用，同时更好发挥政府作用的当代中国马克思主义政治经济学的“党、政府、市场”的稳定结构。

坚持党对经济工作的集中统一领导，形成了当代中国马克思主义政治经济学的“三维谱系”。这种“三维谱系”既可以有效发挥市场在微观领域资源配置方面的高效率，又可以保证政府在发挥弥补市场失灵作用的同时，更好地发挥政府作用，使政府可以主动维护市场的有效性、完善市场监管、开展有效市场建设，进而解决由于市场运行的自发性与盲目性所导致的宏观经济结构失衡和产业发展规划缺少长期性等问题。坚持党对经济工作的集中统一领导，可以更好地实现市场与政府的有机结合，不仅可以有效避免市场失灵，还可以有效加快市场建设的速度，促使市场机制更快地发育成熟。坚持党对经济工作的集中统一领导，可以更好地掌控经济发展的正确方向，维护经济发展大局。

目前，党领导经济工作制度化建设已经取得了一些成果，形成了党的全国代表大会、中共中央全会、中央政治局会议（经济形势研究分析）、中央经济工作会议、中央财经领导小组五个不同层次的经济形势分析和研究的工作制度，定期研究部署重大战略问题，对推动经济发展起着重要指导作用。①

坚持党对经济工作的集中统一领导是跨越发展阶段和进一步全面深化改革的重要保障。在对经济发展形势形成正确判断的基础上，要推动经济跨越不同发展阶段，实现转型发展和确保经济体制改革的逐步深入，就更有必要坚持党的领导。这是因为如果没有党对经济工作的集中统一领导，不论是要跨越发展阶段还是全面深化经济改革，都面临两个问题：第一，不能集中力量办大事，导致发展持续时间长、见效慢。我国正处于从高速度向高质量的发展阶段转换的时期，经济发展的各个领域存在大量在过去粗放发展中形成的发展不平衡不充分的问题需要解决。同时，改革已经进入深水区、攻坚区，经济体制改革作为全面深化改革的重点领域，任务艰巨且形势复杂。第二，很难打破原有利益结构。2013 年 7 月 23 日，习近平总书记在湖北省武汉市主持召开部分省市负责人座谈会时强调，必须以更大的政治勇气和智慧，不失时机深化重要领域改革，攻

---

① 胡鞍钢，张新．习近平经济思想与政策框架．现代财经，2018（3）.

克体制机制上的顽瘴痼疾，突破利益固化的藩篱，进一步解放和发展社会生产力，进一步激发和凝聚社会创造力。[①] 这说明在深化改革和转换发展阶段的过程中，既得利益集团和原有利益结构的约束所带来的问题已经不容忽视。

实践证明，坚持党对经济工作的集中统一领导是集中力量办大事和破除利益藩篱的最好制度安排。

第一，始终坚持不断解放和发展生产力是社会主义本质，更成为中国共产党的历史使命。“促发展”是中国共产党长期以来的传统，党的十八大以来，习近平在各种场合多次强调，“发展是我党执政兴国的第一要务”，并且指出“发展仍是解决我国所有问题的关键”[②]。全面深化改革进入深水区，经济发展进入新常态，坚持党的领导对树立促发展、保发展的信念，对坚持长期推进改革发展，以及不断破解发展难题至关重要。同时，从历史的角度来看，坚持党的领导可以更好地保持政策和理念的延续性，这对于解决经济发展过程中的长期问题来说，是不可缺少的必要条件。

第二，中国共产党代表最广大人民群众的根本利益，同时也具有超越利益集团约束的强大力量。习近平指出，“我们要

---

① 习近平谈改革：冲破思想观念障碍 突破利益固化藩篱．(2014-08-09)．http：//www.ce.cn/xwzx/gnsz/szyw/201408/09/t20140809_3320665.shtml.

② 中共中央文献研究室．习近平关于社会主义经济建设论述摘编．北京：中央文献出版社，2017：3.

从全局和战略高度，着眼于最广大人民根本利益，牢牢把握发展方向，及时提出政策措施，不断把发展向前推进”[①]，并且强调全面深化改革，要“坚决破除一切不合时宜的思想观念和体制机制弊端，突破利益固化的藩篱”[②]。因此，坚持党对经济工作的集中统一领导，可以跳出既得利益集团的约束，更好地制定对推动社会经济整体发展最有利的经济发展方案，并且在执行新发展方案、构建新发展格局的过程中，保证人民群众的整体利益始终得到最大程度的重视。

坚持党对经济工作的集中统一领导，可以更有效地应对复杂局面和化解风险。中国共产党具备强大的资源整合、组织动员和执行能力。在党的坚强领导下，依靠科学制定决策和实施宏观调控，通过各地区各部门的密切配合、各项政策的协同发力，能够有效应对各类经济风险。坚持党对经济工作的集中统一领导，不但可以更好地化解经济发展中的各种风险，也有利于充分调动各方面的积极因素，更好地集中力量办大事。新中国成立初期，依靠党的领导，我们抵御住了来自西方的各种干扰和破坏，而且正是因为坚持党的领导，我们才可以集中有限的人力、物力、财力进行重点建设，在短时间内迅速建立起了

---

① 中共中央文献研究室．习近平关于社会主义经济建设论述摘编．北京：中央文献出版社，2017：325.

② 习近平．决胜全面建成小康社会 夺取新时代中国特色社会主义伟大胜利．北京：人民出版社，2017：21.

比较完整的工业体系和国民经济体系。没有党的领导，我们不可能用几十年时间走完发达国家几百年走过的发展历程，更不可能取得举世瞩目的发展成就。

实践证明，在党的坚强领导下，我们能够充分发挥社会主义集中力量办大事的优势，推动经济实现跨越式发展。党的十八大以来，以习近平同志为核心的党中央，面对世界经济复苏乏力、国内外风险挑战明显上升的复杂局面，坚持稳中求进工作总基调，高瞻远瞩、科学决策，充分发挥党领导经济工作的优势，创新宏观调控思路和方式，大力推进高质量发展，推动我国经济发展不断取得新成就。实践证明，我们党拥有在复杂多变局面下驾驭社会主义市场经济的娴熟能力和高超智慧，党的坚强领导是有效抵御外部风险，保障"中国号"经济巨轮劈波斩浪、行稳致远的定盘星和压舱石。

坚持和完善社会主义基本经济制度

坚持和完善社会主义基本经济制度是中国道路的重要制度特征。公有制为主体、多种所有制经济共同发展，按劳分配为主体、多种分配方式并存，社会主义市场经济体制等社会主义基本经济制度，既体现了社会主义制度的优越性，又同我国社会主义初级阶段的社会生产力发展水平相适应，是社会主义伟大实践的经验总结。党的十九届四中全会将公有制为主体、多种所有制经济共同发展，按劳分配为主体、多种分配方式并存，社会主义市场经济体制三项制度并列，作为社会主义基本经济制度，这是对社会主义基本经济制度做出的新概括，是对社会主义基本经济制度内涵做出的重要发展和深化，既强调了社会主义初级阶段的经济制度特征，又突出了整个社会主义阶段的经济制度特征，彰显了基本经济制度的根本性、全局性、延续性、长期性和稳定性，使社会主义基本经济制度更加成熟、更加定型。

第一，社会主义基本经济制度是改革开放理论和实践创新的重要成果。社会主义基本经济制度在社会主义经济建设实践中确立、形成和发展，在不断深化改革中逐渐完善。新中国成立 70 多年来，我国确立了社会主义基本制度及与之相适应的经济等方面的体制，为当代中国发展进步奠定了根本政治前提和制度基础。

改革开放 40 多年来，我国从社会主义初级阶段的基本国情出发，不断深化改革，锐意进取，主动调整生产关系，不断适应生产力发展需要，推动我国经济体制发生了深刻而重大的变化。在所有制方面，坚持公有制主体地位和国有经济主导地位，同时大力调整所有制结构，支持个体经济、私营经济、外资经济等健康发展，有效激发了各类市场主体的活力和创造力。在分配制度方面，坚持按劳分配为主体，承认物质利益原则和合理的收入分配差距，同时允许和鼓励资本、土地、知识、技术、管理、数据等其他生产要素参与分配，极大地调动了各方面的积极性。在资源配置方式方面，坚持社会主义市场经济改革方向，破除了社会主义和市场经济对立的思想教条，实现了从高度集中的计划经济体制向社会主义市场经济体制的转变，把有效的市场机制和有度的宏观调控结合起来。

总之，社会主义基本经济制度把社会主义制度和市场经济有机结合起来，是在社会主义经济建设特别是改革开放伟大实践中形成、确立并不断完善的，是被实践检验拥有巨大优越性的基本经济制度，既有利于解放和发展社会生产力、改善人民生活，又有利于维护社会公平正义、实现共同富裕。新中国成立以来，我们用 70 多年的时间走完了西方国家用几百年时间走过的发展历程，成为世界第二大经济体，这与我们党带领全国人民始终坚持和完善社会主义所有制结构，发挥“集中力量办大事”的显著制度优势密不可分。这些伟大的实践成果，为推动当代中国马克思主义政治经济学的理论创新提供了丰富的实践资源。

第二，社会主义基本经济制度是新时代经济改革发展的根本遵循。社会主义基本经济制度要体现活力和生机，需要随着实践发展不断完善。党的十八大以来，以习近平同志为核心的党中央坚持和完善社会主义基本经济制度，在巩固和发展公有制经济、发展混合所有制经济、支持民营经济健康发展、健全按劳分配和按要素分配机制、深化供给侧结构性改革、发挥市场在资源配置中的决定性作用等方面，取得了一系列新的重要理论和实践成果，形成了习近平新时代中国特色社会主义经济思想。

改革开放40多年来，我们坚持把公有制为主体、多种所有制经济共同发展，按劳分配为主体、多种分配方式同时并存作为基本经济制度。实践证明，正是这一基本经济制度推动和促进了中国经济快速发展。党的十九届四中全会通过的决定在此基础上，着眼于新的实践和发展需要，进一步将社会主义市场经济体制上升为基本经济制度，具有科学的理论基础、广泛的实践基础、深厚的群众基础。

同时，这三项基本经济制度相互联系、相互支持、相互促进，体现了经济制度体系的基本属性，起着方向性和引领性作用，对经济制度属性和经济发展方式有决定性影响。新中国成立70多年来，居民收入在城乡、地区之间的差距明显缩小，尤其是党的十八大以来实施精准扶贫取得了巨大成就，绝对贫困的问题得到了历史性的解决。相比之下，在西方资本主义国家，按资分配为主的分配方式导致劳动者和资本家之间收入严重不平等，我国分配制度不断呈现显著优势。

第三，社会主义基本经济制度也是中国道路的伟大创新。新中国成立70多年来，我国不断推进社会主义实践探索，积累了丰富经验，取得了重大成果，改革开放以来的进展尤为显著。我国政治稳定、经济发展、社会和谐、民族团结，与世界上一些地区和国家不断出现乱局形成了鲜明对照。这说明，社会主义基本经济制度是适应我国国情和发展要求的，是我国经济发展的成功之路。邓小平同志说，革命是解放生产力，改革也是解放生产力，“社会主义基本制度确立以后，还要从根本上改变束缚生产力发展的经济体制，建立起充满生机和活力的社会主义经济体制，促进生产力的发展”[①]。通过深化改革，让一切劳动、知识、技术、管理、资本、数据等要素的活力竞相迸发，让一切创造社会财富的源泉充分涌流。

通过不断改革创新，使中国特色社会主义在解放和发展社会生产力、解放和增强社会活力、促进人的全面发展上比资本主义制度更有效率，更能激发全体人民的积极性、主动性、创造性，更能为社会发展提供有利条件，更能在竞争中赢得比较优势，把中国特色社会主义制度的优越性充分体现出来。

社会主义基本经济制度的最大成功就是建立社会主义市场经济体制。改革开放以来，围绕建立和完善社会主义市场经济体制，不断推进经济体制以及其他各方面体制改革，使我国成功实现了从高度集中的计划经济体制到充满活力的社会主义市场经济体制、从封闭半封闭到全方位开放的伟大历史转折，实现了人民生活从温饱到小康的历史性跨越，实现了经济总量跃居世界第二的历史性飞跃，极大地调动了亿万人民的积极性，极大地促进了社会生产力的发展。

---

① 邓小平．邓小平文选：第3卷．北京：人民出版社，1993：370.

第六章

中国道路：文明的多样性与互鉴性

有人认为，历史的真正源头在中国，所以，历史的研究和历史哲学的研究就必须首先从中国说起。中国是最古老的国家之一，因为在很早以前，中国就已经达到了现在的状态。① 中国在 1 000 年以前是地球上最富庶、人口最多的帝国，约 300 年前仍是人们赞叹的对象。② 说世界是由两个部分组成的，可能在某种程度上接近于现实，这取决于如何界定这两部分。出现在各种名称下的最普遍的划分是富裕国家和贫穷国家。从历史上说，与这种经济划分方法相关的是西方和东方之间的文化划分方法，后者较少强调经济富裕程度的差别，较多强调基本的哲学、价值观和生活方式的差别。

① 黑格尔．黑格尔历史哲学．潘高峰，译．北京：九州出版社，2011：219.

② 兰德斯．国富国穷．门洪华，等译．北京：新华出版社，2010：376.

一、源远流长的中华文明

中华文明是世界上唯一绵延 5 000 年而不曾中断的文明。“中国有着世界上现存最古老的文明，这几乎已成了老生常谈，光是强调这一点几乎是对人们智力的侮辱。然而，对于研究现代中国问题的人来说，还是很有必要将这一点常记于心。通常把公元前 3 000 年当作中国的黄金时代，而大约 2 000 年之后才有确切可考的历史，但这里的文明已处于高度发展的阶段，这使我们相信中国社会的起源要远远早于这个时候。”① 斯塔夫里阿诺斯（Stavrianos）在谈到中国文明的连续性时曾这样说道：与印度文明的松散和间断相比，中国的文明是聚合和连续的。②

中国为什么会拥有世界上最古老的、连续不断的文明？一个原因在于地理方面——它与人类其他伟大文明相隔绝的程度举世无双。地中海将美索不达米亚、埃及、希腊和罗马连接在一起，印度洋使印度能与中东、非洲和东南亚相互影响；然

---

① 古德诺．解析中国．蔡向阳，李茂增，译．北京：国际文化出版公司，1998：10.

② 斯塔夫里阿诺斯．全球通史：从史前史到 21 世纪：下册．第 7 版/修订版．吴象婴，梁赤民，等译．北京：北京大学出版社，2012：128.

而，可与地中海或印度洋媲美的地理条件，中国却一点也不具备。相反，中国在其有史以来的大部分时间里，四面一直被有效地切断。它的西南面和西面是世界上最高的山脉；东面，是直到近代方能逾越的太平洋；北面和西北面，则为沙漠和大草原，它们起着很大的保护作用——中国人又进一步加强了这种保护作用，他们为了防止凶险可怕的游牧部落入侵，在那里修筑了长城。

这种与世隔绝的意义在于，它使中国人能在较中东或印度诸民族更少面临外来入侵的情况下，发展自己的文明。因而，中华文明连绵不绝，也更为独特——中国与欧亚其他伟大文明之间，有着更为根本的差别。

费正清也强调过这一点：尽管中国疆土广袤而各地景象又千差万别，但是其始终维持一个政治统一体，而欧洲却未能做到这一点，这是不足为奇的，因为维系整个中国在一起的生活方式，比西方的更加根深蒂固，并且自古延续至今，可以说是更加源远流长。而且不管是文明的什么组成部分——民族或文化特征——只要进入中国，它们就都并入具有中国特色的生活方式，受其大地和大地利用方式的哺育、制约与限制。①

马丁·雅克（Martin Jacques）认为，中国作为文明国家

① 费正清．美国与中国．张理京，译．北京：世界知识出版社，1999：9，11.

有两个根本性特点：首先，历史悠久，积淀颇深；其次，地域广阔、人口众多，也因此表现出复杂的多样性。①

正因为如此，中国社会和政治制度所具有的一成不变的特点以及中华文明的不断延续性，无不给一个研究中国问题的外国人留下强烈的印象。②

中国人口庞大无比有助于保持文明连续性

中国的人口庞大无比，也有助于保持文明的连续性。中国从一开始起，就能供养数量很可观的人口，因为这里的土壤和气候结合得很好：每年天气暖和的几个月里，季风雨降临，使农作物能一年两熟，这与中东和欧洲的情况迥然不同。而且，中国水稻的亩产量比欧亚大部分地区种植的小麦或大麦的亩产量高得多。因此，公元 2 世纪的人口调查结果显示，中国在汉朝时拥有人口 5 950 万——比罗马帝国在其疆界达到最大范围时的人口还要多。16 世纪初叶，葡萄牙人首次到达中国时，中国的人口为 1 亿多，超过整个欧洲的人口。到 19 世纪中叶西方用炮舰强行打开中国大门时，中国人口已激增到 4 亿以上（这在一定程度上是因为中国从美洲引进了诸如花生、玉米和

① 雅克．中国统治世界：中国的崛起和西方世界的衰落．张莉，刘曲，译．北京：中信出版社，2010：中文自序，XXI.

② 古德诺．解析中国．蔡向阳，李茂增，译．北京：国际文化出版公司，1998：2.

甘薯之类的粮食作物）。

罗素认为，中华帝国之所以存续到今天，不是因为兵精器锐。相反，很多时候中国在战争中处于弱势，表现不佳。中国有地缘优势，中华文明绵延不断，自佛教传入以来没有发生过根本变化。这种现象很不一般。古埃及文明和古巴比伦文明也持续了很长时间，但自这两种文明消失以来，世界上还没有哪种文明能与中华文明相媲美。也许主要原因在于中国人口极多，中华文化自成一体。①

有助于中华文明连续性的，还有中国的农业生活方式。农业是中国社会的基础；土地是否适宜耕种这一点，确定了中国文明的分布范围。在适合农业的地方，就发展起了农业文明；反之，则实行一种畜牧的生活方式，不管它是属于蒙古人还是突厥人的。在农业区，可见到典型的中国农民，他们头戴草帽，在麦田或水稻田里辛勤劳动；而在北部和西部，因降雨量不足，无法经营农业，存在着游牧民，他们骑在马上，牧放牛羊。村庄仍然是中国借以支撑的基础；而农民，始终至少占总人口的五分之四，他们用自己宽厚的脊背，负担着供养城市居民、朝臣和士兵的重荷。

美国学者古德诺（Goodnow）也表达了同样的观点，在漫长的历史岁月中，世界每时每刻都在发生着变化，许多东西早

① 罗素．中国问题．田瑞雪，译．北京：中国画报出版社，2019：28，29.

已变得面目全非，而独有中国能够保持其社会政治制度和语言文化基本不变。这是因为中国经济生活的基础是农业，中国优越的地理条件使得农业可以持续而并不使土地的生产力下降。[①]

中国文化有内聚性

构成中国文化内聚性的又一重要因素是，存在着一种可追溯到数千年前、最古老的商朝的书面语。这种书面语具有特殊意义，因为各地区的中国人，尽管各自操的方言彼此间犹如意大利语之于西班牙语、瑞典语之于德语，颇为不同，但都懂得这种书面语。其原因就在于，它由表示意义或物体的汉字组成。这些汉字的发音，在中国不同地区是不同的；但是，任何汉字，不管其发音如何，含义都是一样的。这种共同的书面语是为中国提供统一性和历史连续性的一种重要力量。实际上，它对整个东亚也起了如此的作用，因为中国的文字书写方法已全部或部分地为周围包括日本人、朝鲜人和部分东南亚人在内的大部分民族所采用。

罗素认为，中国文化有三点最重要的特征，“是世界上其他国家过去都未曾有过而为中国所独有的”：其一，文字

① 古德诺．解析中国．蔡向阳，李茂增，译．北京：国际文化出版公司，1998：8.

由表意符号构成，而不是用字母；其二，在受教育的阶层中，孔子的伦理学说取代了宗教；其三，政府掌握在由科举制度选拔出来的文人学士而非世袭贵族手中。罗素认为，中国独特的文化与以符号构成的汉字有着极大的关系。或者说，汉字本身具有的优缺点，决定了中国文化的某些重要特征。①

当然，罗素也指出中文这种表意文字的一大好处，在于它的稳定性和持久性。他指出，英语等字母文字是一字代表一音，而中文却是一字代表一义。像西方采用的阿拉伯数字就与汉字相似，1、2、3、4……这些数字用英语、法语或别的语言来读，音都不同，但义相同。同理，中国各地的方言不同，无法沟通，但汉字却全国的人都能读懂。

中国的口语从古至今变化肯定很大，就像法语从拉丁语演变而来一样。但由于中国使用的是表意的文字，所以中国人今天仍然可以读懂最古老的经典书文。

曾被北洋政府聘为顾问的美国学者古德诺也说，汉语有两大特点使它区别于欧洲语言。首先，它不是拼音文字，是一种表意文字。其次是书面语言和口语的差别。② 而且，他认为，中国一直有一个欧洲没有的优点：中国的知识分子群体有点像

---

① 罗素．中国问题．田瑞雪，译．北京：中国画报出版社，2019：32.

② 古德诺．解析中国．蔡向阳，李茂增，译．北京：国际文化出版公司，1998：31，33.

一个传教士组织，使中国没有像欧洲一样——各个国家、各个教派为了争夺权力而发生残酷的争斗。另外，儒家正统思想哲学性而非宗教的特点也使中国避免了宗教迫害和教派纷争。①

罗素认为，中国文化能历经数千年而延绵不绝，足以让后人追根溯源，“或许就是由于使用了表意文字”。他还引用了中国学者李济的一段话：“没有字母文字的种种便利之处，但是它所体现的简朴和终极真理却牢不可破，不受狂风暴雨和艰难时日的侵袭，保护了中国文化达四千年之久。它坚固、方正而优美，恰如它所代表的精神。”②

19世纪中期在中国任职的英国领事官员梅多斯（Meadows）认为，中华民族历史悠久，人口不断增长……其真正原因可以归结为三个信条和一种制度：一是，必须靠道义的作用而不是靠物质力量来治国；二是，让最有贤能的人为国家效力是妥善治理国家所必需的；三是，如果君主道德败坏、肆意放纵自己，从而导致高压的暴政，那么人民有权废黜这样的君主。一种制度就是科举制。③

罗素在《中国问题》一书中特别提道：“中国的文化问题，不论对于中国还是对于全人类都具有最重要的意义。”“中国文

---

① 古德诺．解析中国．蔡向阳，李茂增，译．北京：国际文化出版公司，1998：35.

② 罗素．中国问题．田瑞雪，译．北京：中国画报出版社，2019：35.

③ 斯塔夫里阿诺斯．全球通史：从史前史到21世纪：上册．第7版/修订版．吴象婴，梁赤民，等译．北京：北京大学出版社，2012：265.

明是世界上几大古国文明中唯一得以幸存和延续下来的，中国传统文化有三个显著特点：文字由表意符号书写；儒家伦理学说取代了宗教；科举考试制度。”① 他认为，这三样有利也有弊。如他喜欢孔子的“中庸”，却抨击以等级尊卑为核心的儒家伦理道德，认为孝道和家族意识使中国人缺乏公共精神、爱国精神、博爱精神及人权意识，且易导致官员贪污腐败。他特别推崇老庄哲学，赞赏“生而不有，为而不恃，长而不宰”的道家思想，认为其与自己“弘扬创造的冲动，抑制占有冲动的社会改造总原理”完全一致。他主张中国的传统文化应有所变革，抛弃无价值的东西。

罗素以超文化的视角比较中西文化，认为中国文化为内向型，西方文化为外向型。他对中国人与西方人的性格特征、行为习惯的差异有所评论，大体可概括如下：中国人气质平和、安于现状，西方人性喜竞争、好战；中国人易于保守，西方人崇尚变革；中国人爱钱，西方人爱权；中国人讲究人际交往的客套，爱面子，西方人重视人际交往的直率；中国人办事喜欢妥协，西方人办事倾向彻底。

在罗素看来，不求进取、不求高效、缺乏科学无疑是中国文化的致命弱点；但西方人永不知足、酷爱进步、不断改变现状、开发、竞争的机械人生观也不可取。他说，西方的繁盛及

① 罗素．中国问题．田瑞雪，译．北京：中国画报出版社，2019：32.

攫取的大部分东西是靠侵略弱国得来的。这种国家与个人的物质贪欲、权力欲以及侵略主宰别国的工业主义、军国主义已产生明显恶果，最终会带来毁灭；反观中国，“不有”“不恃”“不宰”思想深入人心，“使中国人的人生比西方的残暴人生更文雅、更宽容、更多反省”。而且“知识、艺术、内心的幸福、友谊或温情……不仅是实现某些目标的途径，而且本身就是有内在价值的事物”。他告诫西方人：除非借鉴历来遭到我们轻视的东方智慧，学会适度节制和宽恕容忍，否则我们的文明势必走向毁灭。①

古德诺也中肯地谈道，“中国唯一有学问的人还只是那些精于语言和文学的人，入朝为官时他们控制着国家政治的发展，作为文化的传承者他们塑造着国民的精神”。而普通大众，“沿着这条道路做出了显著的成就，但由于缺乏基本的训练，他们所看到的只是科学真理的一点点微弱的闪光，他们有着许多重要的发现和天才的发明，但他们没有意识到这些东西的重大意义。他们发明了指南针，但他们把它用于制作风水罗盘，以选择一块风水宝地作墓地，或者用它来在无人迹的平原上寻找道路，过去指南针有时也用于马车。中国人还发明了火药，但他们只把它用来制造烟花爆竹。虽然他们是伟大的航海家，但他们却没有想到指南针也能用于航海。他们发明了火药，但

① 罗素．中国问题．田瑞雪，译．北京：中国画报出版社，2019：218.

却没有把它用于发射炮弹，或用于爆破阻塞河道的礁石，或用于开矿”①。

鉴于中西文明各有利弊，罗素说：“中西交流对双方都有好处。他们可以从我们这里学到必不可少的实用效率；而我们则可以从他们那里学到一些深思熟虑的智慧。”从而逐渐把西方文明的长处——科学的方法与中华文明的长处——对人生归宿的合理理解结合起来。

对中国及中国文化的发展前景，罗素也有些判断和预言：“中国要追求的目标不仅对中国很重要，对全世界也很重要。中国现在有了复兴精神，如果再能阻止外邦为非作歹，就有可能发展为新文明，比世界上存在过的所有文明都优秀。”②“如果中国实现国内安定后，不去做强国硬塞给他们、一心只想满足物欲的活动，转而以自由之身追求科学艺术，建立更有效、更公平的经济制度，那么，中国将在全球发挥应有的作用，将在人类急需之时带去一个崭新的希望。带着这些希望，我愿意看到少年中国鼓舞人心，启迪众人。这种希望有望变成现实。正因为有望变成现实，中国理应挺立前列，得到每一个热爱人类之人的敬重。”③

① 古德诺．解析中国．蔡向阳，李茂增，译．北京：国际文化出版公司，1998：41.

② 罗素．中国问题．田瑞雪，译．北京：中国画报出版社，2019：294.

③ 同②295.

如今，中国和世界都发生了翻天覆地的变化，罗素的一些预言早已成真。近年来，中国坚持对外开放学习西方先进文化，又力图保存和弘扬优秀传统文化，在经济、科技上取得长足进步，成为世界第二大经济体。崛起的中国仍坚持与各国和平共处、不称霸。如罗素所希望的，中国既没有因工业发达而穷兵黩武，也未因抵抗外国侵略而拒绝西方文明、强烈排外。

中华文明的开放性

中华文明并不是封闭的、僵化的。早在公元前 221 年秦始皇统一中国前，中华大地就出现了众多不同的思想流派，百家争鸣，兼容并包。从汉朝到唐朝，丝绸之路成为中国与外部世界的商业通道。同时，中国也从印度、中亚以及更遥远的地方吸收外来思想。中华文明的绵延性让人们忽视了佛教传入中国后，中华文明的升级和转型，让传统儒家学说实现了全新崛起，并得到更大发展。

中国以其丰富多样性的文化传统为基础，不断向世界开放，广泛吸收世界先进文化。不管什么样的社会或文明，都应该在开放、包容和政治稳定中，通过与其他文化的融合而繁荣昌盛。过去的中国不曾统治过世界，现在的西方社会也不应该自视为世界的主宰者。“每一个文明都把自己视为世界的中心，并把自己的历史当作人类历史主要的戏剧场面来撰写。与其他文明相比，西方更可能是如此。然而，这种单一文明的观点在多文明的世界日益不相关和无用。”[①]“非西方社会远不只是西方创造的历史的客体，而是日益成为它们自己的历史和西方的推动者和塑造者。”[②]只有开放包容的文明才能持续地发展，拥有不可估量的未来。

尤其是改革开放以来，中国崛起形成的磅礴力量，不但开拓了世界发展的全新视野，而且丰富了世界文明的内容。充满活力的社会主义市场经济，无可辩驳地证明，市场经济可以在西方社会以外的地方扎根并繁荣发展。认为非西方国家的人民应该接受西方的价值观、体制和文化，这是不道德的。

此外，作为一个成熟的文明，西方已不再具备将自己的意志强加于其他社会所需要的经济动力、人口动力，而且，以此为目的的任何努力都有悖于西方所标榜的价值观。西方普世主义对世界来说是危险的，因为它可能导致核心国家之间的战争；它对西方来说也是危险的，因为它可能导致西方的失败。今天中国崛起，已为文明与历史有别于西方社会的其他国家谋求发展树立了榜样，促进和实现了市场经济的多样化，拓宽了市场经济的文化背景与多样性，也让市场经济的发展变得更加富有坚韧性和可持续性，同时更坚定了相关国家发展市场经济

① 亨廷顿．文明的冲突．周琪，等译．北京：新华出版社，2013：34.
② 同①32.

的信心。

中国政治制度的独特性

与共同的书面语有关的，是非凡的国家考试制度。这一制度，中国推行了近两千年之久。中国人通过考试，品评人才的优劣，为政府机构配备文官。“其人存，则其政举；其人亡，则其政息。”这句引自儒家经典之一——《中庸》的箴言，表明了中国人的基本信条：征召有才能的人，较之西方特有的进行法律和制度方面的改革，能更好地解决国家的种种问题。

这一制度是由一系列的考试组成的。“凡以考试制度取士的大多数朝代，都不惜花费口舌，广为宣扬这种制度的好处，说是只要你有才干，总能擢为高官。西方作家也素来认为中国的考试是真正的民主制度，使聪明的农民有机会出人头地。”①

“科举考试深刻影响了中华文明。好的影响有：社会普遍尊知尚学；无须出身名门望族，也可能出仕；选出的官员至少能做到勤奋上进；即便有蛮族入侵，中华文明依然完整无缺。”②

最初的考试完全是综合性的，强调儒家经典，但也考查其他科目，如法律、数学和政治时事等。不过，渐渐地，这些考试开始集中于文学体裁和儒家正统观念。最后的结果是形成一

---

① 费正清．美国与中国．张理京，译．北京：世界知识出版社，1999：45.

② 罗素．中国问题．田瑞雪，译．北京：中国画报出版社，2019：44.

种制度：从理论上说，官职之门向一切有才之士敞开，但实际上却有利于那些有足够财力进行多年的学习和准备的阶层。这并不意味着，统治中国的是世袭贵族阶层，相反，是一个由学者组成的统治集团，即文人学士集团为中国提供了一种赢得欧洲人尊敬和羡慕的、有效稳定的行政管理。

“中国历史上考试与选举两项制度，其用意是在政府与社会间打通一条路，好让社会在某种条件某种方式下来掌握政治，干预政治和运用政治，这才是中国政治制度最根本问题之所在。”① “凭事实讲，科举制度显然是在开放政权，这始是科举制度之内在意义与精神生命。汉代的选举，是由封建贵族中开放政权的一条路。唐代的分开竞选，是由门第特殊阶级中开放政权的一条路。”② 另外，也正是这一制度扼制了创造力，培育了中国人一味顺从的性格。只要中国仍相对地孤立在东亚，它就会继续提供稳定性和连续性。随着西方列强的侵入，它转而起到了阻止中国做出有效调整和反应的作用，直到1905 年最终被彻底废除为止。

儒家学说影响深远

促成中华文明的内聚性的最重要因素，也许是通称为儒家

---

① 钱穆．中国历代政治得失．北京：生活·读书·新知三联书店，2012：5.

② 同①58.

学说的道德准则和文学、思想方面的遗产。它主要由经过后代人修改和润色的孔子的教诲组成。据说，孔子原是名小吏，因享有学者的名声，吸引了许多学生。孔子为了寻访到一位愿意实践他的政治理想并委他以与其才干相符的职位的统治者，曾带着弟子们周游中国。寻访落空后，他回到家乡，继续开办私学，直到去世。

孔子作为一名注重实践的政治家，是失败者，但是，作为一名附带而为的教师，他取得了永垂史册、只是姗姗来迟的成功。同中国大多数思想家一样，孔子主要关心的是，在这世界上建立一个组织得很好的、幸福的社会。他对玄学或者推测来世并不很感兴趣。

孔子的首要原则是“正名”——“君君、臣臣、父父、子子”（《论语·颜渊》）。孔子阐释了社会地位不同的人们之间应该有的社会关系。如果各人都按自己的身份行事，家庭就会有秩序；家庭有秩序时，国家就会安宁。孔子还为中国提供了一种政治哲学。他的创新在于提出了政治基本上是个伦理问题这样一种观念。既然社会的和谐全靠有德行的统治者为其臣民提供福利和幸福，所以，他没有区分政治和伦理。正如个人应服从家庭那样，家庭应服从皇帝。然而，皇帝又应当做慈父的楷模——这只有遵循儒家伦理观而非某种法律制度才能做到。

儒家学说取得了非凡成功。一个原因是，它在道德上为当局和社会不平等所做的辩护，很受统治者和富人欢迎。而且，其高度的道德原则为现状提供了较纯粹的世袭权力更牢固的基础，从而对改善政治和社会关系起到了持续的促进作用。儒家学说取得成功，还因为它合乎时机。它为中国乃至东亚大部分地区提供了儒家生活方式的准则，并做了合理说明。结果，在长达两千多年的时间里，它一直充当中国文明的基础。

中华文明有着悠久的历史。以上这些因素也许都是解释自那时以来中华文明的连续性所必不可少的。

中国历史的发展从未被地震般的剧变根本动摇过。尽管整个国家曾多次遭到入侵，但这些入侵只是扰乱而非改变了中国。自秦朝建立至鸦片战争，中国所经历的仅仅是局限于传统框架的皇朝的兴亡递嬗，而非大规模的碎裂和新的开始。

罗素说："中华民族是一个伟大的民族，不会永远受到外国人欺压。他们不会为了壮大军事力量就去学西方人的种种恶行，但愿意为增进智慧而去学我们的种种美德。我认为，中华民族是世界唯一真正相信智慧比红宝石还珍贵的民族。"① "今天，我们已拥有必需的知识，因此我们有摆脱数千年的灾祸的潜力。可悲的是，这种潜力还没发挥出来，但是事实依然是，它的确存在。之所以存在，是因为过去人类的不同文明使种种进步成为可能。因此，我们现在可以回答这一问题：文明是诅咒还是福音——在过去，文明既是诅咒又是福音。至于将来怎

---

① 罗素．中国问题．田瑞雪，译．北京：中国画报出版社，2019：255.

样，则取决于人类是将过去文明中积累起来的知识用于破坏还是用于建设。”[①]

二、中国道路彰显人类文明发展的多样性

世界文化是多元的，人类走向文明的道路也应是多样的。强调人类文明发展既是统一的又是多样的，是马克思主义唯物史观的重要内容。马克思一方面认为，人类文明的发展是一个自然历史过程，人类社会按照内在的规律总会有一个总的趋向；另一方面又提出，由于人类文明发展所依据的各种历史条件具有特殊性和差异性，因而不同的民族和国家在发展过程中也会表现出不同的内容和形式。正是这种不同的内容和形式构成了人类文明的多样性。马克思曾经用“在现象上显示出无穷无尽的变异和色彩差异”[②] 来表明这种人类文明的多样性。

西方文明不是人类文明的普遍和唯一形式

在“西方中心主义”的话语体系笼罩下，人类文明发展似

---

① 斯塔夫里阿诺斯．全球通史：从史前史到21世纪：上册．第7版/修订版．吴象婴，梁赤民，等译．北京：北京大学出版社，2012：195.

② 马克思，恩格斯．马克思恩格斯文集：第7卷．北京：人民出版社，2009：894.

乎只有一种文明形式，这就是欧洲文明、西方文明。“西方中心主义”者把西方文明解释成人类文明的普遍的、唯一的形式，将西方走向现代化的道路视为整个人类必须效法的“典范”，把西方文明所意蕴的文化价值说成是人类文明的共同价值。西方霸权主义者大言不惭地宣称西方文明是世界上唯一理想的文明形式，并力图通过各种手段诋毁或消灭其他文明形式。

弗朗西斯·福山的“历史终结说”最典型地表述了这种西方霸权主义者的立场和观点。他认为，西方的那种人类文明形式，即西方的自由民主制度，也许是“人类意识形态发展的终点”和“人类最后一种统治形式”，随着这种文明形式变成全人类的制度，人类历史将走向“终结”[①]。现在回头看，他自己也承认，当年的断言显得草率而狂妄。

当今的世界中，西方文化的普世观念遇到了三个问题：它是错误的；它是不道德的；它是危险的。关于“它是错误的”，迈克尔·霍德华（Michael Howard）做了很好的总结：“西方的一种假设是，文化多样性是一个特殊的历史现象，它正在迅速地受到一个共同的、西方取向的、以英语为基础的世界文化的侵蚀，这种文化造就了我们的基本价值观……这一假设是根

① 福山．历史的终结与最后的人．陈高华，译．桂林：广西师范大学出版社，2014：9.

本不真实的。”①

韦伯就深刻地指出：“备受推崇的罗马大道并不是用作通商之途，罗马的邮政亦非为商业服务。靠近罗马大道被看成一种倒霉而非运气，因为这意味着常受军人驻扎借宿之骚扰。简言之，罗马大道乃为军队所开，而非为商业所开。”②

古德诺认为：“只是到了欧洲人开始发展科学之后的最近三四百年间，欧洲文明才可以说是相对中国文明显示出了一些优越性。可能没有比马可·波罗对六百年前的中国的状况更好的描述了，马可·波罗从当时欧洲文明中心的威尼斯去到中国，他对当时欧洲文明的状况、当时欧洲文明所能达到的最高成就是非常了解的。然而，当他面对着中国皇帝辉煌的皇宫、中国的繁荣强大、中国文明的巨大成就时，仍难以掩饰自己的惊奇。在中国和欧洲都将自己的聪明才智用于哲学和文学的时代，中华文明胜过欧洲文明。中国的艺术水平更高，生活更奢华，人民更富足。”③

中国道路成功解构“西方中心主义”

中国道路的成功对人类文明的另一个方面的重要意义，就

---

① 亨廷顿．文明的冲突．周琪，等译．北京：新华出版社，2013：286.

② 韦伯．民族国家与经济政策．甘阳，等译．北京：生活·读书·新知三联书店，牛津大学出版社，1997：6-7.

③ 古德诺．解析中国．蔡向阳，李茂增，译．北京：国际文化出版公司，1998：42.

在于解构了这种“西方中心主义”的话语体系，揭示和彰显了人类文明发展的多样性。[①] 习近平总书记强调：“历史告诉我们，只有交流互鉴，一种文明才能充满生命力。只要秉持包容精神，就不存在什么‘文明冲突’，就可以实现文明和谐。”[②]

黑格尔在谈到中华文明时说：“中华帝国最令人称奇的地方在于，它的一切都是自力更生的结果，它从自己内部之中就产生出来了，似乎与外界没有什么关系。不过这个帝国很早就已经吸引了欧洲人的视线、注意力和兴趣，但是那些欧洲人所听到的东西，毕竟也不过都是传说，人们听到了这些传说之后都很难相信。比如，13 世纪的时候，就有一位来自威尼斯的意大利人——马可·波罗，他从中国回来后写过一篇游记，可是他的描述在当时普遍被人们认为实在是太荒谬了。但是，他的那些记录后来却被一一证实了。据保守估计，中国有一亿五千万人口，而据最大胆的估计，则认为中国人口有三亿。而它的领土更是辽阔，北起极北之地，南至印度，东起太平洋，西至波斯和里海。”[③]

邓小平在强调要吸收和借鉴他人的优秀成果的同时，曾指

---

① 陈学明．中国道路彰显人类文明发展多样性．求是，2013（20）．

② 习近平．文明交流互鉴是推动人类文明进步和世界和平发展的重要动力．求是，2019（9）．

③ 黑格尔．黑格尔历史哲学．潘高峰，译．北京：九州出版社，2011：222.

出："我们的现代化建设，必须从中国的实际出发。无论是革命还是建设，都要注意学习和借鉴外国经验。但是，照抄照搬别国经验、别国模式，从来不能得到成功。这方面我们有过不少教训。把马克思主义的普遍真理同我国的具体实际结合起来，走自己的道路，建设有中国特色的社会主义，这就是我们总结长期历史经验得出的基本结论。"①

习近平主席指出，"如果人类文明变得只有一个色调、一个模式了，那这个世界就太单调了，也太无趣了"②；并且特别强调："自古以来，中华文明在继承创新中不断发展，在应时处变中不断升华，积淀着中华民族最深沉的精神追求，是中华民族生生不息、发展壮大的丰厚滋养。中国的造纸术、火药、印刷术、指南针、天文历法、哲学思想、民本理念等在世界上影响深远，有力推动了人类文明发展进程。"③

于尔根·科卡（Jürgen Kocka）认为，诞生于汉代的基本模式被中国人沿用了几个世纪。它保障了国际贸易关系的发展，使中国和西方世界的交流越发活跃。④ 中国人的高水平的生活真正始于重视贸易的宋代。我们可以说，中国在 11、12 世纪经历了一场商业革命。同时，中国人还做出了跨时代的技

---

① 邓小平．邓小平文选：第 3 卷．北京：人民出版社，1993：2-3.

②③ 习近平．在亚洲文明对话大会开幕式上的主旨演讲．(2019-05-15). http://cpc.people.com.cn/n1/2019/0515/c64094-31086573.html.

④ 科卡．资本主义简史．徐庆，译．上海：文汇出版社，2017：30.

术创新，发明了火药、指南针和印刷术。实际上，这种进步发生在一种混合的经济体制下。①

弗格森（Ferguson）在其著作中写道："如果你身处1411年，你可以环游全球，那么你极有可能为东方文明的生活方式而感叹。当时，明朝的紫禁城正在施工建设。同时，重新开启和改善大运河的项目已经启动。相比较而言，1411年的欧洲可能让你惊讶：难以忍受的落后状态，正从猖獗的黑死病瘟疫中逐渐恢复。1347—1351年，黑死病一路向东泛滥，导致了人口规模减半。而且，西欧仍然饱受恶劣的卫生条件之害，战争似乎永无停息之日。与中国长江相比，15世纪早期的泰晤士河所经之处，是名副其实的穷乡僻壤。与紫禁城的层层厅堂相比，伦敦塔本身就是一个粗糙的建筑工程。与中国的玉带桥相比，伦敦大桥不过是用支柱撑起的难看的杂货店罢了。与南京相比，那时的伦敦几乎还不能叫作一个城镇。"②

阿布-卢格霍德（Abu-Lughod）是这样描述中国的资源的："在中世纪，中国是世界上面积最广、人口最多、科技最发达的国家。长期以来，中国的国家组织方式、中国的智力水平，以及高效的农业生产方式不断发展。在这一过程中，中国

---

① 科卡．资本主义简史．徐庆，译．上海：文汇出版社，2017：31，33.

② 弗格森．文明．曾贤明，唐颖华，译．北京：中信出版社，2012：19，6.

的实力也越来越强，令世人瞩目。”[①]

中国道路彰显文明的多样性

“文明永续发展，既需要薪火相传、代代守护，更需要顺时应势、推陈出新。世界文明历史揭示了一个规律：任何一种文明都要与时偕行，不断吸纳时代精华。我们应该用创新增添文明发展动力、激活文明进步的源头活水，不断创造出跨越时空、富有永恒魅力的文明成果。”[②] 中国人民开创中国道路的过程，是促进全球化时代人类文明多样性发展、相互借鉴和相互融合的过程。也正是通过这一过程，中国人民丰富了对社会发展规律和道路的认识。中国人民在选择自己的发展道路时坚持在理论与实践的双向互动中实现创新，既不走封闭僵化的计划经济老路，也不走改旗易帜的邪路，而是坚定不移地走中国特色的社会主义道路。中国人民通过创建中国特色社会主义道路深刻地认识到世界历史的发展必然是多线条的，是相互交融与同时共进的统一。人类文明过去不是单一状态的持续发展，现在也不会是，未来更不可能是。人类文明的进步必然是多种文明共同作用的结果。

---

① 阿布-卢格霍德．欧洲霸权之前：1250—1350年的世界体系．杜宪兵，何美兰，武逸天，译．北京：商务印书馆，2015：307.

② 习近平．在亚洲文明对话大会开幕式上的主旨演讲．(2019－05－15). http：//cpc. people. com. cn/n1/2019/0515/c64094－31086573. html.

恩格斯曾经把这种共同作用的结果比喻为“无数个力的平行四边形”[①] 产生出的一个合力，强调每一种社会文明“都对合力有所贡献，因而是包括在这个合力里面的”[②]。正是有了这种对社会发展规律和道路的深刻认识，中国人民才信心百倍地走在中国特色社会主义大道上。全方位观察中国道路，可以让人类文明演变的多样性和丰富性的特点实实在在地展现在人们面前。马兹利什（Mazlish）特别指出：“新全球化时代，中国扮演着重要角色。其实，就全球化而言，这一时期的核心特征很可能就是中国的发展。放眼四周，我们正生活在一个全球文明的时代里，其中诸多文化同时并存。在这一现象中，中国的作用极为关键。”[③]

三、中国道路为发展中国家现代化提供中国经验

吉尔伯特·罗兹曼（Gilbert Rozman）在《中国的现代化》的开篇就提出：“长期以来，就人们从总体上认识现代化

① 马克思，恩格斯．马克思恩格斯选集：第4卷．3版．北京：人民出版社，2012：605.

② 同①606.

③ 马兹利什．文明及其内涵．汪辉，译．北京：商务印书馆，2017：12.

究竟是如何在全世界因地而异这个问题，中国一直占有一个相当突出的地位。对于中华民族的非凡气质，人们不乏自己的见解、兴趣和感情，但翔实可靠的材料和广泛深入的分析却属凤毛麟角，也许就是因为它众多无比的人口，举世无双的历史连续性以及令人叹为观止的文化创造及其所达到的深度，中国一直使各方人士为之倾倒。”①

习近平总书记在党的十九大报告中明确提出，经过长期努力，中国特色社会主义进入了新时代，这是我国发展新的历史方位。中国特色社会主义进入新时代，标志着中国道路取得了空前的成功，意味着中国特色社会主义道路、理论、制度、文化不断发展，拓展了发展中国家走向现代化的途径，给世界上那些既希望加快发展又希望保持自身独立性的国家和民族提供了全新选择，为解决人类问题贡献了中国智慧和中国方案。

这一重要论断是对中国特色社会主义优越性和生命力的深度把握，不仅表明中国特色社会主义使久经磨难的中华民族迎来了从站起来、富起来到强起来的伟大飞跃，迎来了实现中华民族伟大复兴的光明前景，也深刻揭示了新时期中国特色社会主义的世界价值和全球意义，诠释了新时期中国特色社会主义

---

① 罗兹曼．中国的现代化．国家社科基金“比较现代化”课题组，译．南京：江苏人民出版社，凤凰出版传媒集团，2010：1.

对发展中国家现代化发展道路选择和解决人类问题的中国贡献。

改革开放40多年来，我国坚持走自己的道路，实现了经济的持续快速发展，成为世界第二大经济体，使7亿多人口摆脱贫困，人均国内生产总值超过10 000美元。中国用几十年的时间走完了西方发达国家用几百年走过的发展历程，实现了从一穷二白到建立现代工业体系和国民经济体系的跨越，实现了从物资极度匮乏、产业百废待兴到成为世界经济增长引擎、全球制造基地的跨越，实现了从贫穷落后到阔步走向繁荣富强的跨越。

历史以超出人们想象的大跨越和大步伐，对中国共产党领导中国人民走出的中国道路做出了最生动的诠释。中国改革开放40多年取得的发展成就，带给中国的是中华民族伟大复兴的光明前景，带给世界的是历史坐标的大翻转。正是有了40多年来的历史性成就和变革，中国特色社会主义将中国的现代化发展带到了新的历史方位。40多年来在现代化道路上不断砥砺前行，使中国的现代化建设又站在了一个新的起点。不忘初心，牢记使命。基于中国特色社会主义伟大实践和长远发展，党的十九大把习近平新时代中国特色社会主义思想确立为党必须长期坚持的指导思想并庄严地写入党章。习近平新时代中国特色社会主义思想，不仅领航中国的繁荣发展，也为解决人类问题提供了中国智慧和中国方案。

发展是人类永恒的主题

国家强盛，人民富裕，关键在于发展。发展是硬道理，只有经济发展了，人民才能富裕，社会才能安定，这是中国特色社会主义发展实践反复验证的一条真理。中国特色社会主义的一个显著优势就体现在中国的快速发展上。改革开放 40 多年来，中国之所以取得举世瞩目的辉煌成就，从根本上讲就是抓住了发展是解决中国一切问题的总钥匙。在中国特色社会主义现代化道路上，我国有关发展的信念从未动摇过，并以不断创新的中国伟大实践主动回应世界性的发展难题和普遍性的发展困境。

党的十八大以来，在全面建成小康社会，实现社会主义现代化和中华民族伟大复兴的重要历史节点，以习近平同志为核心的党中央又明确提出了“创新、协调、绿色、开放、共享”的新发展理念，为破解发展难题、突围发展困境、厚植发展优势再次找到突破口，也为中国特色现代化找到了一条新路，极大地拓展了中国特色现代化的现实路径。现在，我国已成为世界第二大经济体，形成了世界上人口最多的中等收入群体，每年对世界经济增长的贡献率在 30%以上，成为世界经济增长的重要引擎。

正是有了这些发展积累的雄厚物质基础，才为我国发展培育了新动力、拓展了新空间，有力推动了我国发展不断朝着更高质量、更有效率、更加公平、更加可持续的方向前进，也标志着中国经济进入由“高速增长”转向“高质量发展”的新时代。党的十九大提出，我们要在继续推动发展的基础上，着力解决好发展不平衡不充分的问题，大力提升发展质量和效益，更好满足人民对美好生活的需要，更好推动人的全面发展、社会的全面进步。

不断开辟当代中国发展进步的新境界

党的十八大以来，我们党着眼于全面建成小康社会、实现社会主义现代化和中华民族伟大复兴，以强烈的历史使命感和问题意识前瞻性地谋划未来，统筹推进“五位一体”总体布局和协调推进“四个全面”战略布局，抓住改革发展稳定的关键，进一步确立了新形势下党和国家各项工作的顶层设计、战略方向，坚定走生产发展、生活富裕、生态良好的文明发展道路，建设美丽中国，为全球生态安全做出贡献，充分体现了当代中国的全局视野和战略眼光。

“五位一体”总体布局，紧扣我国社会主要矛盾变化，统筹推进经济建设、政治建设、文化建设、社会建设、生态文明建设，步步“合拍”全面建成小康社会的时代进程，形成经济富裕、政治民主、文化繁荣、社会公平、生态良好的发展格局，协同推进人民富裕、国家强盛、中国美丽，突出抓重点、补短板、强弱项，特别是坚决打好防范化解重大风险、精准脱贫、污染防治的攻坚战，使全面建成小康社会得到人民认可、经得起历史检验。在党的十九大报告中，习近平总书记又再次强调，“我们要建设的现代化是人与自然和谐共生的现代化，既要创造更多物质财富和精神财富以满足人民日益增长的美好生活需要，也要提供更多优质生态产品以满足人民日益增长的优美生态环境需要”。

高举改革开放大旗

回顾中国特色社会主义的伟大成功，其中重要的原因就在于 40 多年来中国始终坚持高举改革开放大旗，主动顺应经济全球化潮流，把改革开放作为大踏步赶上时代步伐的重要法宝。没有改革开放，就没有中国的今天，也就没有中国的明天。通过改革开放，不断深化和全面推进体制改革，加快破除经济、政治、社会、文化和生态等领域的体制机制性障碍，不断解放思想，激发了劳动、知识、技术、管理、资本的活力，解放和发展了社会生产力，推动了从计划经济向市场经济的历史性转变，推动了经济社会发展质量和人民生活水平不断迈上新台阶。

同时，中国的改革始终坚持社会主义市场经济的改革方向，保持战略定力，在改革中不断完善中国的社会主义市场经济体制，在伟大实践中不断超越西方理论的认知，始终坚持“看不见的手”和“看得见的手”的有机结合，做到既充分发挥市场经济的优势，又有效克服市场失败的风险，坚持适应我国经济发展的新变化，完善宏观调控，从而使中国经济走出一条行稳致远的发展之路。

据 2018 年 12 月 15 日央视网的特稿，十八届中央全面深化改革领导小组共召开 38 次会议、审议通过 360 多个重要改革文件，中央和国家机关有关部门共出台 1 500 多项改革举措。党的十九大报告强调“使市场在资源配置中起决定性作用，更好发挥政府作用”，进一步宣示了中国坚持社会主义市场经济改革方向的决心和立场。

四、中国道路开拓现代化新途径

回望历史，西方现代化进程总是伴随着西方霸权地位的建立与强化。历史上，西方国力增强伴随着海外扩张和殖民掠夺，形成中心与外围、殖民与依附，将广大的发展中国家卷入现代化进程。

西方现代化霸权的历史终结

如马克思所言：“资产阶级，由于一切生产工具的迅速改进，由于交通的极其便利，把一切民族甚至最野蛮的民族都卷到文明中来了。它的商品的低廉价格，是它用来摧毁一切万里长城、征服野蛮人最顽强的仇外心理的重炮。它迫使一切民族——如果它们不想灭亡的话——采用资产阶级的生产方式；它迫使它们在自己那里推行所谓的文明，即变成资产者。一句话，它按照自己的面貌为自己创造出一个世界。”[①] 西方现代化的发展“正像它使农村从属于城市一样，它使未开化和半开化的国家从属于文明的国家，使农民的民族从属于资产阶级的民族，使东方从属于西方”[②]。二战结束后，尽管许多国家成功摆脱了西方的殖民统治，但殖民主义的完结并不意味着西方霸权统治的消亡。相反，借助“西方中心论”，西方国家在经济、政治和文化领域仍然维系着各种隐形的霸权，并继续干预和影响着其他国家的发展。

在将这些霸权文化中的基本价值观念简化为一套包括市场经济制度、政治民主化和人权保障等内容的意识形态教条后，西方国家大肆宣传和兜售这些观念的普适性，向非西方国家，特别是社会主义国家、发展中国家强制推销，强化自己在意识形态方面的霸权地位。显然，霸权是西方维系资本主义优势地位的重要手段，是西方实现现代化的捷径，更是西方认定“国强必霸”历史逻辑的根源。正是中国特色社会主义伟大实践和巨大成就宣告了西方现代化霸权的历史终结。

---

① 马克思，恩格斯．马克思恩格斯选集：第1卷．3版．北京：人民出版社，2012：404.

② 同①405.

西方新自由主义理论开错“药方”

对任何一个发展中国家来说，现代化都是其竭尽全力追求而又必须正视的历史潮流，发展中国家都在努力探寻适合自己的现代化发展道路。20 世纪 20—30 年代形成的风靡世界的新自由主义理论，就是西方为发展中国家开出的现代化“万能药方”，该理论的基本主张是“市场化”“自由化”和“私有化”。基于新自由主义理论的“华盛顿共识”，虽然给拉美国家带来了一时的经济繁荣，创造了“拉美模式”，但作为一种现代化模式，“拉美模式”更多地暴露了其不足，拉美、俄罗斯和亚洲的实践证明该模式的后果是灾难性的。一些接受“华盛顿共识”的国家深受其害，它们称“华盛顿共识”是来自华盛顿的“持续性攻击”，拖垮了各国经济。

历史事实已经证明：西方模式对于发展中国家的现代化起了误导作用，早期很多发展中国家由于深受西方理论影响，简单化地照搬和复制西方模式，非但没有成功走向现代化，反而饱尝西方模式带来的苦果，导致发展不断退化甚至落入发展陷阱。一些国家党争纷起，战祸不断，社会动荡。中国现代化道路所确立的榜样，不但让一度流行世界的西方新自由主义理论失去市场，更让来自西方的各种偏见和教条现出原形，给了更多发展中国家自主探索现代化道路的勇气和信心。

西方应当反思自己的发展模式

当前世界正处于大发展大变革大调整时期，世界多极化、经济全球化、社会信息化、文化多样化深入发展，全球治理体系和国际秩序变革加速推进，各国相互联系、依存程度日益加深，国际力量对比更趋平衡，和平发展大势不可逆转。同时，世界面临的不稳定性不确定性突出，世界经济增长动能不足，贫富分化日益严重，地区热点问题此起彼伏，恐怖主义、网络安全、重大传染性疾病、气候变化等非传统安全威胁持续蔓延，人类面临许多共同挑战。

自 2008 年金融危机以来，西方资本主义的生命力受到了广泛质疑，越来越多的国家对西方资本主义经济制度、发展模式和民主政治制度的信任开始动摇，西方标榜的资本主义制度的优越性黯然失色。

今天的西方世界，由于沉迷于自己的理念无法自拔，并把这种理念当成衡量现实和实践的标准，因而丧失了解决问题和推进国家发展的能力，决策效率低下，治理绩效越来越难看。特别是西方个别大国奉行自身“优先”战略，重新拥抱保护主义和闭关主义，举起反全球化的大旗，“任性”撕毁国际社会达成的许多协议，使今后的世界格局和国际秩序走向不确定。

西方世界不能再陶醉在自己过去的辉煌历史中，到了该警醒的时候了，否则只能继续迷失下去。中国现代化道路的成功既可以使西方反思自己的问题，也有助于推动西方国家自身的改革。“一个说故事的人要能引起听众的高度兴趣通常总要使听众相信这故事与他们自己的生活息息相关，从而最后能引出某种教训。”①

现代化必须走符合自己国情的道路

西方是现代化的诞生地。现代化无论从起源还是从发展来看，都与西方息息相关。过去200多年来，现代化成为西方经验的总结。事实上，西方只是现代化的先行者，并不是现代化的范本，更不是衡量其他国家现代化的标准。过去的现代化发展路径受历史局限，没有更多样本可以选择，从而造成西方现代化的光环过于耀眼。结果，现代化成为单向输入，现代化成为西方化。国情决定道路，道路决定命运。实践中，我们可以看到一些发展中国家照抄照搬西方模式甚至依附于西方国家，失去了发展自主性，进而落入发展失败国家的行列。相反，我国在实践发展中成功开辟的中国特色社会主义道路，既避免了社会主义传统模式的僵化，又在很大程度上摒弃了西方现代化模式的弊病和缺陷。

中国道路的成功表明，没有任何一种模式能够适用于所有

① 韦伯．民族国家与经济政策．甘阳，等译．北京：生活·读书·新知三联书店，牛津大学出版社，1997：5.

的国家，必须走一条适合自己国情的道路。相对于西方发展路径，中国经验更契合发展中国家的现实需要，更能有效助推发展中国家的发展改革新实践，丰富发展中国家实现现代化的路径选择。中国特色社会主义成功的伟大实践证明，人类社会走向现代化的道路是多线式的，现代化不是“西方化”。习近平总书记指出：“当代中国的伟大社会变革，不是简单延续我国历史文化的母版，不是简单套用马克思主义经典作家设想的模板，不是其他国家社会主义实践的再版，也不是国外现代化发展的翻版。”①

中国坚持走中国特色社会主义道路，经济社会发展的历程波澜壮阔。中国仅用几十年的时间就走完了西方发达国家用几百年才走完的发展历程，创造了人类社会发展史上惊天动地的发展奇迹，攻克了一个又一个看似不可攻克的难关，创造了一个又一个彪炳史册的人间奇迹，从而不断开辟现代化的新境界，不断刷新和确立现代化的新坐标。

中国现代化道路源于中国的国情，植根于中国的大地。今日中国所取得的举世瞩目的成功，是独立自主走符合国情的现代化发展道路的成功。从这个角度看，中国道路的世界意义，并不在于它提供了现代化的“国际标准”，而在于它代表了一

① 习近平．在纪念马克思诞辰 200 周年大会上的讲话．(2018－05－04). www. xinhuanet. com/politics/2018－05/04/c _ 1122783997. htm.

种信念，那就是坚持从国情出发、以解决现实问题为导向，同时以世界眼光和开放心态积极吸收借鉴一切有益经验，走出一条让世界瞩目的成功的现代化道路。

五、中国道路可资借鉴

中国是人类历史上第一个以和平共赢方式取得发展成功的国家。中国的发展完全是通过自我积累发展起来的，既没有对外掠夺和殖民，也没有对外转嫁矛盾和危机，完全是一种和平的、多方受益的发展模式。这和资本主义国家通过对外扩张和殖民实现崛起的方式完全不同。因此，中国道路的成功，体现的是一种文明的力量。

中华文明 5 000 多年来一脉相承、从未中断，中华文明具有独特的强大内聚力、延续性、包容性和开放性，有着更为丰富的历史资源和文化资源，这些内聚力、延续性基因一旦与世界其他文化相互学习、借鉴、交流、融合，就会成为中国加速现代化、创新中国特色现代化的巨大资源和文化优势。近年来，西方社会有一些人总担心中国强大了会对世界构成威胁，这样的疑虑源于他们在西方文明范式下认识和思考人类社会发展，源于西方现代化的历史逻辑，完全没有顾及和观察到中国道路成功的路径。

中国发展既借鉴世界一切优秀文明成果，又坚持走符合自己国情的道路，并取得了巨大成功，为广大发展中国家走向现代化展示了新的可选途径，给世界上那些既希望加快发展又希望保持自身独立性的国家和民族提供了全新参照。中国道路的成功在人类发展史上开创了现代化的新纪元，具有划时代的意义。今天中国的政治和经济体制比二战后在国际上占主导地位的美国模式，更为完备，更可借鉴，甚至更可持续。中国现代化的实践表明，发展中国家实现跨越式发展是可能的，中国的成功给发展中国家开辟了一条新路，必将对广大发展中国家产生一定的示范效应。

中国道路为世界未来共同发展贡献中国智慧

与中国特色社会主义进入新时代相反，现在西方世界不仅仅是在经历困境，更是进入了一个“系统性失调”时期。正是西方发展的不确定性和一片低迷，让世界更多向“东”看，更愿倾听中国声音、期待中国方案和中国智慧。党的十八大以来，以习近平同志为核心的党中央不仅着眼于中国自身的发展，更将中国发展放到全球视野中，就世界和平发展的诸多议题提出了一系列的“中国方案”。“中国方案”在国际社会的正式提出，凸显了新时代中国特色社会主义的实践经验和时代价值，体现了中国的定力、智慧、责任与担当。

基于自身发展道路的成功，中国适时提出了“一带一路”

倡议和发起成立亚投行，将自己在现代化发展中获得的宝贵资金、发展成果、先进技术和脱贫经验，分享和回馈给更多的发展中国家和欠发达国家，用中国智慧破解现代化发展的世界命题，使更多的发展中国家可以更好地搭上驶向发展繁荣的“中国高铁”。

中国道路所蕴含的新国际合作观和合作模式更加突出了发展中国家的重要性，避免了传统现代化发展中的地缘竞争陷阱，有望从根本上扭转现代化进程中富国越来越富、穷国越来越穷的格局。这既是对世界未来发展的远见卓识，也是中国道路的世界映象。伴随着发展进程，中国会有更多的发展经验，中国愿意主动承担大国责任、展现大国担当，愿意为世界发展贡献中国价值和中国方案，愿意在实现自身发展的同时同其他国家共享发展机遇和发展理念。

中国道路推动人类社会共同进步

当前一些西方发达国家根据过去西方发展的历史逻辑炒作“修昔底德陷阱”，认为国强必霸，大国崛起必然意味着掠夺与战争，强国即为“强权”与“霸权”。这只是西方兴起的历史映象。首先，中国崛起的路径不同于西方发展路径；其次，中华文明的包容性和开放性决定了中国人民的梦想与各国人民的梦想息息相通，中国发展不会对任何国家构成威胁，中华民族的伟大复兴只会扩大同各国的利益交汇点。

党的十九大报告郑重提出，中国无论发展到什么程度，永远不称霸，永远不搞扩张。这既是中国向世界做出的承诺，更体现了中国面对世界不确定性所展示出的中国力量和大国担当。习近平总书记在十九大报告中提出：各国人民同心协力，构建人类命运共同体。要同舟共济，促进贸易和投资自由化便利化，推动经济全球化朝着更加开放、包容、普惠、平衡、共赢的方向发展。要尊重世界文明多样性，以文明交流超越文明隔阂、文明互鉴超越文明冲突、文明共存超越文明优越。

中国以共商共建共享理念提出构建人类命运共同体，这不但重构了大国关系的理念，更颠覆了传统大国关系的理念，为全人类共同的美好未来指引了方向。中国不仅以自身发展直接为世界做出巨大贡献，而且胸怀天下、立己达人，为推动人类社会共同进步贡献出了中国智慧。

第七章

世界发展的中国时代

美国著名经济学家科斯（Coase）在谈到中国经济奇迹时说："中国的奋斗，就是世界的奋斗。"① 2008 年 12 月 10 日，《时代周刊》发表了一篇关于中国改革开放 30 年成就的评论，该文写道：这是我们时代的伟大故事。它是我们所有人的故事，不仅仅属于中国。

一、世界发展进程中的国家间发展差距

工业革命改变了世界贫富格局，使得一些在原始世界市场中处于半边缘、边缘地区的国家，一跃而起成为"富国"。与此相对，一些原本处于中心区的国家，如荷兰，由于未能及时开启工业化进程，逐渐被边缘化。

① 科斯，王宁．变革中国：市场经济的中国之路．徐尧，李哲民，译．北京：中信出版社，2013：205.

工业革命与国家间贫富差距扩大

在经历了数百年的全球纺织品市场的扩展和培育后，到18世纪初，英国已经创建了欧洲最大的纺织品市场，并拥有数量最多的纺织品手工业工厂。单纯依靠手工业作坊已经无法满足巨大市场带来的强烈需求。在利润的驱使下，为满足英国国内外市场对棉布的需求，飞梭被发明出来，极大地提高了织布的速度。但是，织布速度的提高又使纱线供给变得不足，因而推动了珍妮纺纱机的诞生，从此英国纺织业正式步入机械化大生产时代。而纺织机械化带来的巨大产能，使得“以具有家庭副业的小农业和城市手工业为‘枢纽’的社会所拥有的交通运输手段”①，完全不再能满足机械化纺织生产周期的生产要求。如此大规模增长的贸易量与运输需求，自然要求其他领域（采矿冶金、机器制造、交通运输）进行革命，进而如同链式反应一般，一举在英国国内引爆了第一次工业革命。

在英国开始工业革命后的几十年里，美、法、德、俄等国也开始了工业化进程，开启本国的工业革命。于是，在各国第一次工业革命达到高潮之时，在世界市场上，对用于规模化生产的生产工具本身的需求就开始变得旺盛起来。在利润的驱使下，对生产工具本身的规模化生产也就应运而生了。这种对机

① 马克思．资本论：第1卷．北京：人民出版社，2018：441.

械装备的规模化生产，形成了后来的重工业，而重工业的蓬勃发展吹响了第二次工业革命的号角。从时间上看，英国在18世纪60年代开始了第一次工业革命，在19世纪60年代开始了第二次工业革命。美国则于19世纪20年代开始了第一次工业革命，在19世纪80年代开始了第二次工业革命。最后，英美均在20世纪初完成了第二次工业革命。

20世纪初，英美德法等国相继完成了第二次工业革命，并在国内发展起化学工业和机械装备制造业，使得开启农业机械化、现代化成为一种可能。化肥与农用机械的普及，标志着农业生产正式进入工业化时代，人类的工业生产终于形成一个完整的循环系统。这样一个大工业循环系统，意味着工业化国家，从中间品到最终消费品，从零部件到生产工具本身，均可以实现规模化大生产。从此，工业国家全面超越非工业国家，农业单产大幅提高，彻底解决了粮食安全问题，从而成功跳出马尔萨斯陷阱。而非工业国家仍然停留在提供原材料、初级产品、廉价劳动力以及销售市场的位置上没有改变，非工业国家的财富积累与工业国家之间的差距越来越大。

二战后国家间贫富差距的新变化

第二次世界大战的战争破坏，暂时性地消解了西方世界产能过剩带来的危机，同时也打破了原本的世界格局，让国家间的力量对比发生了根本性的改变。

发达的工业国在20世纪60年代完成战后工业复苏以后，国内很快出现过剩，于是以向外转移低端制造业的方式进行化解。与此同时，在殖民时代形成的世界秩序逐渐解体，一大批新兴民族国家在全球反殖民运动中诞生，正好作为载体承载了发达国家转移的产业，并通过国际贸易为发达国家提供了廉价的商品。在新的国际分工体系下，虽然发达国家仍牢牢地占据价值链的高端，获得较高的利润，但是新兴国家也因此获得收益，开启了自身的工业化进程。

与此同时，发达国家在国内“资本过剩”的背景下，利用自身高汇率与低利息率的资本，进入“资本稀缺”的发展中国家，与当地低汇率、高利息率的国内市场进行对接，配合“华盛顿共识”的私有化、市场化、自由化政策，轻易地打垮了一些政府不够强势、国家能力不足的发展中国家的国内资本，并占有其收益高、战略性强的行业中的大部分资源和利润，使其国内资本积累缓慢，国内市场发展滞后，需求不足，工业化进程难以为继。

事实上，二战以来，除了中国、韩国、新加坡等少数国家和地区完成了工业化以外，拉美、非洲、东南亚、东欧等地区各国的工业化尝试多以失败告终，最终这些国家中的多数或陷入中等收入陷阱不能自拔，或陷入衰退，再次沦于贫困。这就造成在20世纪70年代以后，世界各国贫富差距开始急剧扩大。截至2015年，全球最富的10个国家人均GDP的均值是全球最穷的10个国家均值的192倍。而多哥作为最穷十国中的最“富”国，人均GDP不到550美元。[①]

二、世界的中国与中国的世界

清末著名学者梁启超将中国的历史分为三个时期：中国之中国、亚洲之中国和世界之中国，这也体现了中国三种不同的身份。[②] 今天，“中国之中国”指的是具有中国特色的社会主义，“亚洲之中国”讲的是东方文明（东亚文明），“世界之中国”则更加突出中国作为一个发展中国家和新兴大国的身份。

亚洲的中国与世界的中国

鸦片战争之后，中国开始丧失传统身份，并踏上了寻找新身份的漫漫长路。直到1912年，中华民国的成立，将中国传统政治结构与以主权、民族国家为核心的西方国际体系相结合之后，中国才最终获得了“亚洲的中国”和部分“世界的中国”的新身份。1949年中华人民共和国成立，中国又有了一

---

① 根据世界银行公开数据库提供的各国人均GDP计算得出。

② 梁启超．新史学．北京：商务印书馆，2014：80．许倬云在《万古江河》中也表达了同样的观点，他把中国分为中国的中国、东亚的中国、东亚体系的中国和世界体系的中国（许倬云．万古江河．长沙：湖南人民出版社，2017．）。

个新的身份——社会主义国家。中国也将自己定义为第三世界的国家；尤其是 1971 年恢复在联合国的合法席位后，中国更被认为是发展中国家的代言人。改革开放以后，中国在融入区域化和全球化的进程中，不断地与亚洲和世界相融合，逐渐成为一个新兴大国，也就是在这样一个背景下，“亚洲的中国”和“世界的中国”的身份才得以真正形成。

改革开放 40 多年来，中国坚持走和平发展道路。随着中国经济的崛起，中国政治和文化的发展也紧随其后。中国与世界的关系也到达了一个新的阶段，即“世界的中国”与“中国的世界”，这是一个关于中国在世界中处于什么位置以及中国如何看待世界的问题。现在中国正日益走近世界舞台中央，中国位置的改变促使人们的目光和关注点越来越从“世界的中国”向“中国的世界”转变。

历史学家章百家先生这样描述中国与世界的关系的逻辑：改变自己，影响世界。这种逻辑已经被中国近代历史所证实，也将进一步在新时代中国特色社会主义的实践中得到检验。

发展中国家、社会主义国家、东方文明古国，是中国的三重身份，由此构成了中国最大的基本国情：中国作为世界上最大的发展中国家，必须始终紧紧围绕发展这个中心，更加积极有效地为实现奋斗目标营造良好外部环境；植根于中国特色社会主义伟大实践，就必须对内追求公平正义、共同富裕、社会和谐，坚持制度自信、道路自信、理论自信和文化自信，主动承担大国责任，展现大国担当；作为东方文明古国，就注定要大力弘扬中华优秀传统文化，任何时候都要坚持文化自信和理论自信，不断为世界发展贡献中国智慧。

2019 年 9 月 27 日，在新中国即将迎来成立 70 周年之际，国务院新闻办公室发表了《新时代的中国与世界》白皮书，系统介绍中国的发展成就、发展道路、发展走向，深入阐述中国与世界的关系，引导人们以更宏阔的视野看待中国，从更精准的角度把握中国与世界的互动。“中国对世界的影响，从未像今天这样全面、深刻、长远；世界对中国的关注，也从未像今天这样广泛、深切、聚焦。”①

正如白皮书所指出的，中国是世界的中国，中国的发展与世界紧密相连。新中国成立 70 多年来，中华民族实现了从“站起来”“富起来”到“强起来”的伟大飞跃，实现了一个又一个历史性大跨越。中国取得的每一项成就和留下的每一个足迹都让“中国之中国”的色彩更加鲜明，也让“世界之中国”的印记更加清晰、更加光彩夺目。一个又一个具有标志性的巨大成就，代表着中国在变化着的世界格局中的分量。

中国的世界与世界的中国

随着中华民族的复兴，一个更让世界关注的话题就是中国

① 中华人民共和国国务院新闻办公室．新时代的中国与世界．北京：人民出版社，2019.

的世界与世界的中国，也就是中华民族的复兴是否会改变世界，或者世界是否会因中国崛起而改变。过去，西方可能更多想到的是中国如何融入西方的世界、西方会如何改变中国。科斯就曾一直强调“变革中国”[①]。正如 2009 年马丁·雅克在《当中国统治世界：中国的崛起和西方世界的衰落》一书中曾预言，中国兴起会重新塑造现代的意涵与模式。中国带给世界的改变将远远多于世界带给中国的改变。[②]

现在西方越来越不安，因为他们无法乐观地期待一个按西方想象来塑造世界的中国，更不可能期待中国融入西方的价值观，或者被现存的西方世界同化。他们担心，中国社会主义市场经济体制会越来越挑战西方自由市场经济，因此他们不断指责中国的市场经济不是真正的市场经济。这种担心被后来的中美贸易摩擦所证实。西方的焦虑是可以理解的，因为近代 300 年来，西方工业化震惊世界，让世界更多看到西方的现代化样板，看到西方现代化的物质力量。因此，西方习惯于居高临下，习惯了其以自我为中心的视角和世界观，习惯了去改变世界而不是顺应世界潮流。

事实上，世界发展大势浩浩荡荡，不同民族相互交融与互

---

① 科斯，王宁．变革中国：市场经济的中国之路．徐尧，李哲民，译．北京：中信出版社，2013. 科斯把中国社会主义市场经济称为笼中之鸟，见该书第 4 章。

② 雅克．当中国统治世界：中国的崛起和西方世界的衰落．张莉，刘曲，译．北京：中信出版社，2010：中文版自序 XXV．

鉴，才能让自己获得更大的发展，也才能让世界产生源源不断的动力。中国的世界与世界的中国，不是相互冲突、相互排斥的关系，而是相互融合、相互促进的有机辩证关系。莱布尼茨被誉为17世纪的亚里士多德，他是最早接触中华文化的欧洲人之一，并且非常看重中国和欧洲两大文明的交流，而不仅仅是香料、丝绸等贸易。他认为，要了解中国，学习中国的长处，促进欧洲和中国两大文明的交流。莱布尼茨在《中国近事：为了照亮我们这个时代的历史》中写道："我认为这是命运之神独一无二的计划，人类文明和最高雅的文化今天应该汇集在我们大陆的两端，即欧洲和地球的另一端的东方"①，"中国人以观察见长，而我们以思考领先，正宜两好合一，互相取长补短，用一盏灯点燃另一盏灯"②。

三、世界历史进程中的古代中国

许多人认为，我国封建社会时期都是小农经济，所以经济不会十分繁荣。事实上，世界历史中的古代中国远非这些人所能想象，其因成就辉煌而成为欧洲人心目中的天堂。正如著名

① 莱布尼茨．中国近事：为了照亮我们这个时代的历史．梅谦立，等译．郑州：大象出版社，2005：4.

② 同①2.

史学家陈寅恪所说，华夏民族之文化，历数千载之演进。[①] 作为世界上历史最悠久的国家之一，古代中国在漫长的历史发展进程中创造了极其辉煌灿烂的历史。近代之前，中国是世界上最发达的国家之一；西欧则长期处于黑暗的中世纪，美国更是一片蛮荒大陆。可以毫不夸张地说，在当时，中国就是整个世界的中心。

马可·波罗眼中的中国与魁奈笔下的中国

我们可以推测，《马可波罗行纪》13 世纪在欧洲出版时，给欧洲人带来的震撼，远远大于魏源的《海国图志》给亚洲人带来的震撼。《马可波罗行纪》一问世，很快便翻译出许多版本。欧洲人突然意识到，原来在东方还有这么发达、这么了不起的文明，所以欧洲人开始了各种各样寻找中国的探险，无数欧洲人都想到中国来寻求财富，遥远的中国开始成为欧洲人梦想的天堂。

1254 年，马可·波罗出生于威尼斯的一个商人家庭，其父亲和叔叔都是著名的“威尼斯商人”。马可·波罗幼承家训，17 岁时，就和他的父亲、叔叔一路东行，历时四年多，到达了蒙古和亚洲其他一些国家，并在中国游历了整整 17

① 陈寅恪．邓广铭宋史职官志考证序//邓广铭．邓广铭全集：第九卷．石家庄：河北教育出版社，2005：226.

年。回国后，由他口述，别人执笔，完成了《马可波罗行纪》。

这本书一经面世就引起了极大的轰动。在书中，马可·波罗盛赞了中国的繁盛昌明：发达的工商业，繁华热闹的市集，华美廉价的丝绸锦缎，宏伟壮观的都城，完善方便的驿道交通，普遍流通的纸币，等等。书中的精彩描述，使每一个读过这本书的人都对中国无限神往。这本书激起了欧洲人对东方的热烈向往，对以后新航路的开辟产生了巨大的影响。同时，西方地理学家还根据书中的描述，绘制了早期的世界地图。可以说，没有马可·波罗的游记，就不可能有后来的哥伦布发现新大陆。

在马可·波罗的眼中，中国人极富经商的天分。他提到了后来煊赫一时的晋商："从太原到平阳（临汾）商业及数种工业颇见繁盛，有大商数人自此发足前往印度等地经商谋利。城大而甚重要，其中恃工业商业为活之商人不少，亦产丝甚饶。"[①] 他还写到苏州城："其城甚大，周围有六十哩，人烟稠密，至不知其数。假若此城及蛮子[②]境内之人皆是战士，将必尽略世界之余土，幸而非战士，仅为商贾与工于一切技艺之人，此城亦有文士医师甚众。此城有桥六千，皆用石建，桥甚

---

① 马可波罗行纪．沙海昂，注．冯承钧，译．北京：商务印书馆，2012：239.

② 即中国南部。——引者注

高，其下可行船，甚至两船可以并行。”[①] 他对离苏州一步之遥的吴江（苏州市吴江区）更是赞叹不已：“工商繁盛之富庶大城也。使用纸币，产丝及其他不少贵重货物甚饶，皆良商贾与良工匠也。”[②]

游记写到杭州城及商人：“行在云者，法兰西语犹言天城。其灿烂华丽之壮，盖其壮实足言也，为世界最富丽名贵之城，良非伪语。其城甚大，周围广有百哩，内有一万二千石桥，桥甚高，一大舟可行其下。城中有一大湖，周围广三十哩，沿湖有极美之宫殿，同壮丽之邸舍。”[③] “此城有十二种职业，各业有一万二千户，每户至少有十人，中有若干户多至二十人、四十人不等。有商贾甚众，颇富足，贸易之巨，无人能言其数。应知此职业主人之为工厂长者，与其妇女，皆不亲手操作，其起居清洁富丽，与诸国王无异。”[④] 其他此类记载也散落颇多、不胜枚举。写到福州商人：“居民恃工商为活，产丝多，而有姜及高良姜甚饶。制糖甚多，而珍珠宝石之交易甚大，盖有印度船舶数艘，常载不少贵重货物而来也。”[⑤]

元代的海外贸易极为发达，发展了 1 000 多年的东西方海上丝绸之路至此时达到了顶峰。海上贸易带来的不同国家与民

---

① 马可波罗行纪．沙海昂，注．冯承钧，译．北京：商务印书馆，2012：316.

② 同①317.

③④ 同①319.

⑤ 同①338.

族的经济联结和文化联结，从来没有像这个时候一样广泛和紧密。更为重要的是，富饶的物产和先进的科技使中国成为当时世界上最强盛的国家。

在马可·波罗笔下，当时的刺桐①繁华无比："从印度来的所有船只，满载着香料、宝石和珍珠停泊在刺桐，简直难以想象。蛮子的所有商人们云集在此，它是全中国最大的进口中心。可以说，如果有一艘载着胡椒的船从印度群岛驶往亚历山大港，或者基督教世界的任何一个其他港口的话，那么，就有一百多艘驶往刺桐。"② 这样的情形在他的同行者、阿拉伯著名旅行家伊本·白图泰（ibn Battuta）的笔下得到了证实："那个国家的全部贸易都操在中国船只手中。这些船可分三等：较大者三至十二帆。帆以竹片制成，形如织席。每只船上有人员千人，即水手 600 人，军士 400 人。另附供应船 3 艘。此种船只仅刺桐及辛克兰③能制造，都制成三边，以三腕尺长的大钉钉牢。每只船有 4 个甲板和许多供旅客使用的附有更衣室及各种设备的公私船舱。"④

他的书中充满了对这样丰饶富足的场面的描述："从印度回来的船只满载着香料——胡椒、生姜和肉桂；或载着稻米的

① 即泉州。——引者注

② 马可波罗行纪．沙海昂，注．冯承钧，译．北京：商务印书馆，2012：341.

③ 即广州。——引者注

④ 白图泰．伊本·白图泰游记．马金鹏，译．银川：宁夏人民出版社，1985.

帆船沿长江顺流而下，或沿大运河逆流而上；杭州或泉州的商店内，贵重货物琳琅满目，有生丝、锦缎和绣花织锦，以及有特殊图案的缎子。”①

除海外贸易外，马可·波罗的笔触还涉及了元朝经济生活的方方面面。他在书中详细记述了元朝发行纸币的政策，以及这项政策对当时中国经济的影响。他称赞蒙古大汗通过发纸币得到超过全世界一切宝藏的财货，人们也自然而然地接受了纸币的流通使用。

马可·波罗用更幽默的口吻写道："我可以告诉你们，在中国，每个人都乐意接受这些纸币，因为无论他们走到大汗领地内的任何地方，都可以像使用金子似地毫不困难地用它们来做买卖。"② 中国是世界上最早发行纸币的国家，纸币的流行象征了当时元朝社会的繁荣程度。元朝的纸币是马可·波罗见所未见、闻所未闻的，他可能参观过大都城的纸币印刷厂，因而留下了详细的记录。③ 而且他在临终时还说，他所说的还不及他见到的一半。④

魁奈被称为"欧洲的孔子"，魁奈的《中华帝国的专制制度》一书可以说是集中代表了那个时代西方人对中国的看法。

① 马可波罗行纪．沙海昂，注．冯承钧，译．北京：商务印书馆，2012：320.

② 同①218.

③ 党宝海．马可波罗眼中的中国．北京：中华书局，上海古籍出版社，2010：61.

④ 同③100.

魁奈是法国重农学派的代表人物，已经有许多学者指出重农学派的思想，特别是魁奈的思想很多来自中国的农本思想，更有甚者认为其根本上就是来源于中国。无论从什么角度讨论，有一点毋庸置疑，那就是 19 世纪前的中国在西方产生了较大的影响。西方对书中描绘的中国很向往，中学西渐对西方形成了思想冲击，而该书反映了这个时期的中国热达到一个高潮。

魁奈在这本书里用很大篇幅介绍了中国的各种情况，包括自然条件、社会状况，以及政治制度。他写道："13 世纪末，著名的威尼斯人马可·波罗第一次带来了中国的消息。据他报道这个君主国的古老的法律和政治的明达，它的繁荣、富庶，贸易的兴盛，帝国居民的众多，人民的知识、教养，对艺术和科学的爱好，但这一切似乎都是难以置信的。所有这些报道曾被认为是夸大其词的。他那不寻常的游记，看起来更像是生动想象的产物，而不像一个忠实观察家的报告。"①

魁奈直接表达了欧洲人置疑的理由。"相信三千里以外能有这么一个强大的国家，它胜过欧洲最文明的国家，似乎很荒唐。什么！在有那么野蛮国家的远方，在世界的另一端，居然存在着这样一个古老、博学和文明的民族，就像这位威尼斯旅行家所描述的那样，这是一种幻想，只有那些头脑简单和易于盲从的人才会相信它。"② 进而，他深入探究了西方之所以对

①② 魁奈．中华帝国的专制制度．谈敏，译．北京：商务印书馆，2018：29.

中华帝国的起源产生怀疑的深层原因："时间的消逝隐没了万象，却从未中断中国的源流。大多数民族的古代历史只不过是传说故事编缀而成，这些故事或是出于想象的虚构，或是源于国家形成以前的无知和野蛮。一个民族越有名，就越想增加它的光彩，竭力把它的起源推溯于荒远的时代；而这种情形使人对中国的古老发生怀疑。"① 一句话，这其实是因为西方的不自信。

"随着时间的推移消除了这些疑虑。在16世纪之末，随着第一批传教士进入中国，他们发表了关于这个王国的各种报告，他们的报告进一步证实了马可·波罗游记的真实可靠。这些人的身份和才智足以保证他们的论述符合实际情况，而且许多与我的论述是相互一致的，故令人信服。于是怀疑化为相信，随之而来的是惊奇和羡慕。"②

魁奈十分推崇当时的中国模式，认为中国的政治制度以及政治思想最能反映自然秩序的要求，并有助于建立稳定、持久的良好统治。他甚至提出可以用中国的经验来处理法国迫在眉睫的各种问题。他在前言中申明："我从有关中国的报告中得出结论，中国的法制系建立于明智和确定不移的法律之上。"③ 对中国经济发展的繁荣盛况，他是这样描述的："众所周知，

---

① 魁奈．中华帝国的专制制度．谈敏，译．北京：商务印书馆，2018：32.
② 同①30.
③ 同①28.

中华帝国有着极为丰富的各种产品的供应，由此很容易想象出这个国家的商业是相当繁荣的。据史学家们说，在中国国内所进行的商业交易活动是如此巨大，以至全欧洲的贸易活动都不能与之相比拟。”[①] 因此，他倡导，一个繁荣和持久的政府应当以中华帝国为榜样[②]对土地收益课税，被他看作“许多世纪以来一直由中国政府如此杰出地遵循着的学说的基本原则”[③]，却为欧洲人所难以接受。他赞成不向日用物品或商品征税，也说是“根据中国人的意见”[④]。他还反复强调中华帝国“由于遵守自然法则而得以年代绵长、疆土辽阔、繁荣不息”，它是“一个稳定、持久和不变的政府的范例”，它的统治之所以能够长久维持，“应当归因于其内在的稳固秩序”[⑤]。魁奈的这些自我表白，足以证明他对中国资料的研究已不是单纯的借用，而是与他自己的理论体系紧密联系在一起。

郑和下西洋与哥伦布“发现”新大陆

从 1405 年到 1433 年，郑和下西洋的远航活动一共进行了七次，航行区域跨越东亚地区、印度次大陆、阿拉伯半岛，以及东非各地，总里程相当于绕地球三圈，被认为是当时世界上

---

① 魁奈．中华帝国的专制制度．谈敏，译．北京：商务印书馆，2018：78.

② 同①136.

③④ 同①146.

⑤ 同①155.

规模最大的远航。《郑和航海图》也是世界现存最早的航海图。这次远航比迪亚士发现好望角早了 70 年，比哥伦布发现美洲大陆早了近 80 年。郑和下西洋不仅对中国产生了重大的影响，也为世界的航海事业做出了积极贡献。

首先，郑和下西洋打通了亚洲与非洲之间的航线。几十年后，当葡萄牙人探索前往亚洲的航线时，他们无须寻找前往印度的航线，只需将自己走过的路线和郑和的路线连在一起，就开辟了一条欧亚之间的航线。

其次，郑和在下西洋过程中对水文资料进行了考察，早于西方国家的科学考察几百年，记录保存了大量的信息，这些信息都是宝贵的财富。

最后，郑和下西洋加强了航线沿途的经贸活动，增强了与沿途国家和地区的交往与沟通。郑和下西洋期间，通过多种形式与当地开展双边贸易，平等互利，互通有无，把中国的丝绸、瓷器、茶叶、漆器、麝香、金属制品和书籍等运往海外，换回当地的香料、药材、动植物、珠宝及生产瓷器所需的原料等。这种贸易活动，推动了中国和这些国家（地区）的经济发展。

邓小平曾专门提到“郑和下西洋”的重要意义。他指出：“现在任何国家要发达起来，闭关自守都不可能。我们吃过这个苦头，我们的老祖宗吃过这个苦头。恐怕明朝明成祖时候，郑和下西洋还算是开放的。明成祖死后，明朝逐渐衰落……如果从明朝中叶算起，到鸦片战争，有三百多年的闭关自守……把中国搞得贫穷落后，愚昧无知。”①

事实上，在郑和下西洋半个多世纪后，西方才开始了所谓“发现”新大陆及开通东印度航道的“探险”之旅。这种从大西洋出发的探险之旅，无论向西还是向东，始终以寻找中国为目标。哥伦布反复阅读《马可波罗行纪》后，曾坚定地认为东方无比富裕，远航东方可以获得巨大财富。在《马可波罗行纪》拉丁文印刷本上，哥伦布留下了很多阅读批注。1492 年，哥伦布正是带着西班牙女王致“中国大汗”及东方其他君主的国书开始了横渡大西洋的“东方航程”②。在当时欧洲人的地理知识中，将以中国为中心的亚洲大陆及群岛称为“印度”，哥伦布“发现新大陆”之旅所设定的向西航行目的地是“印度的泉州”“印度的杭州”“印度的广州”及“印度的日本”（泉州、杭州、广州不用说都是属于中国的地理区域，而日本显然是中国文化影响的区域）。

哥伦布登上新大陆之后，以为自己到了接近“印度的日本”的地方，前方不远就应该是“印度的杭州”，因此将所到达的地方称为印第安。后来人们才知道，哥伦布所到达的地方并非中国，而是一块新的陆地，因其由西取道大西洋航行，这

---

① 邓小平．邓小平文选：第 3 卷．北京：人民出版社，1993：90.

② 党宝海．马可波罗眼中的中国．北京：中华书局，上海古籍出版社，2010：96.

块新陆地被称为“西印度”。

亚当·斯密曾如此评价哥伦布：“他不大愿意相信，自己发现的地方，不是马可·波罗所描写的一些地方。马可·波罗在欧洲人中，是第一个到过中国和印度的，至少，把当地情况描写下来，他是第一个。于是，哥伦布在发现了圣多明各一座西巴奥山的名字与马可·波罗所提到的西潘各的名字有些相像后，便以为那是他早就放在心里的地方了，虽然明显的证据证明，不是那地方。他在给裴迪南及伊萨伯拉的信中，把他发现的那些地方叫做印度。由于马可·波罗的错误，那些不幸的国家，从那时以来，一直被叫做印度。最后发现新印度与老印度完全不相同，才把前者叫做西印度，后者叫做东印度，以示区别。”①

葡萄牙人达·伽马探寻“东印度”之旅的目的地也是中国。“东印度”是相对于西班牙之“西印度”而言的，达·伽马在到达今天的印度半岛南端城市古里时，称印度半岛为“小阿拉伯半岛”，意思是这里并非“东印度”之旅的目的地。待葡萄牙人夺取马六甲，蛰居澳门后，总算可以远眺“东印度”之旅目的地——中国——的腹地了。

早期欧洲称太平洋为“中国海”，称东印度群岛（包括印

---

① 斯密．国民财富的性质和原因的研究：下卷．郭大力，王亚南，译．北京：商务印书馆，1974：136.

度尼西亚及菲律宾等）为“大中国海群岛”。在当时欧洲人贫乏的地理概念中，无论是“西印度”还是“东印度”，起初都源于对中国的想象。

“西方兴起”的传统叙事

“西方兴起”这一概念包含了理论阐释和故事描述，旨在解释什么是现代世界以及它为何主要被烙上了欧洲的印记。支撑这一概念的思想相当简单，它紧随西班牙人征服美洲的脚步而产生，那时欧洲正处于文艺复兴时期。区区几百个西班牙征服者就摧毁了富丽恢宏的美洲文明，特别是阿兹特克文明和印加文明，这令欧洲人震惊。仅在美洲的墨西哥，成千上万人死于天花和流感这类欧洲疾病。欧洲人对疾病的细菌理论和墨西哥“大灭绝”的原因茫然不知，他们最初把自己的优越性归功于基督教信仰。后来，在 17 和 18 世纪的启蒙运动期间，他们又把自己的优越性归功于诸如世俗、理性、科学思想等希腊遗产。

18 世纪后期，这一故事还在继续发展。1789 年的法国大革命强化了欧洲人头脑中的自我意识：欧洲的先进与欧洲以外地区的落后，欧洲“日新月异”，而世界其他地区似乎停滞不前。与其他地区相比，欧洲是特别的，甚至是更好的。19 世纪的欧洲历史学家更是被人们口中的法国大革命的“普世”思想，即自由、平等和博爱所感染，并溯源到古代希腊人那里，包括：希腊人的民主与共和制度，希腊人从科学而不是宗教的角度来理解自然界的理性主义倾向。

“西方兴起”的整个故事如同一场接力赛：从希腊兴起的民主思想传到了罗马人那里，而后者却丢掉了接力棒（罗马帝国崩溃后，接下来是所谓的黑暗时期）。但是，基督教登台，重新捡起接力棒继续向前奔跑，在封建时代创造了独具特色的欧洲文化。古代希腊的遗产在文艺复兴时期被重新发现，并在启蒙运动时期得到阐发，最终在法国和美国革命以及“西方兴起”的浪潮中得到广泛传播。

如果说“西方兴起”在18世纪处于“进行时”，那么到19世纪它就达到了“完成时”。早在18世纪末19世纪初工业革命刚刚开始的时候，英国古典政治经济学家亚当·斯密、托马斯·马尔萨斯和大卫·李嘉图就形成了另外一个学术流派，他们的思想后来也被编织到“西方兴起”的故事中：资本主义工业的发展观念就是“进步”，西方是“进步的”，而亚洲（也涵盖非洲和拉丁美洲）是“落后的”“专制的”。诚然，拿西方的美德与东方的缺陷进行对比这种做法也许的确可以追溯到古希腊时期。然而，亚洲国家，特别是中国的财富和统治方式给18世纪的欧洲人留下了很深的印象。19世纪，欧洲加速推进经济变革，亚洲大部分地区则陷入内部衰落，斯密和马尔萨斯等学者的思想发生了逆转，他们认为：西方朝气蓬勃、具有远见、不懈进取、自由自在，亚洲则停滞不前、目光短浅、专横跛扈。

马克思和恩格斯是新的资本主义世界秩序最犀利的批判者，但他们也相信19世纪的欧洲扩张主义在给世界其他地区带来“进步”。就像他们在1848年出版的《共产党宣言》中所写的：“大工业建立了由美洲的发现所准备好的世界市场。世界市场使商业、航海业和陆路交通得到了巨大的发展。这种发展又反过来促进了工业的扩展，同时，随着工业、商业、航海业和铁路的扩展，资产阶级也在同一程度上发展起来，增加自己的资本，把中世纪遗留下来的一切阶级排挤到后面去。”①

“资产阶级，由于一切生产工具的迅速改进，由于交通的极其便利，把一切民族甚至最野蛮的民族都卷到文明中来了。它的商品的低廉价格，是它用来摧毁一切万里长城、征服野蛮人最顽强的仇外心理的重炮。它迫使一切民族——如果它们不想灭亡的话——采用资产阶级的生产方式；它迫使它们在自己那里推行所谓的文明，即变成资产者。一句话，它按照自己的面貌为自己创造出一个世界。”② 结果，“古老的民族工业被消灭了，并且每天都还在被消灭。它们被新的工业排挤掉了，新的工业的建立已经成为一切文明民族的生命攸关的问题”③。

---

① 马克思，恩格斯．共产党宣言．北京：人民出版社，2018：29.

② 同①31－32.

③ 同①31.

然而，在西方历史概念化的过程中更为重要的人物是马克斯·韦伯，他是一位德国社会学家，在19世纪末20世纪初撰写了大量著作。韦伯和马克思都着迷于解释资本主义为何只在欧洲得到发展，但是韦伯的解释却与马克思的不同。韦伯没有像马克思那样集中于“唯物主义”的解释，而是关注西方价值和文化的方方面面，他尤其认为源自新教的理性主义和工作伦理对资本主义的兴起至关重要。

韦伯没有把他的“西方兴起”的思想仅仅建立在研究西方的基础上，他实际上还考察了中国社会和印度社会，把它们与欧洲比较，最终得出结论：至少这两个社会——实际上涵盖了所有非欧洲社会——都缺少资本主义所必需的文化价值。他认为，尽管如此，它们也可以“现代化”，但必须经过一种痛苦的文化转型过程，去除它们那种妨碍资本主义发展的文化“障碍”。“从一切迹象看，中国人有能力，甚至比日本人更有能力吸收在技术和经济方面都在近代文化领域中获得全面发展的资本主义。显然不能设想，中国人天生达不到资本主义的要求。同西方相比，中国有大量十分有利于资本主义产生的条件。在那些我们喜欢称之为西方资本主义发展的障碍因素中，有些几千年来在中国就不复存在，例如封建制、大土地主制的束缚。”①

① 韦伯．儒教与道教．王容芬，译．北京：商务印书馆，1995：300.

不能忘却的事实："西方兴起"来自东西方交融和互鉴

按照"西方中心论"的解释，现代世界的许多主要特征源自欧洲，并且历史研究被认为能够解释工业、民族国家、贫富差距以及人类对全球环境与日俱增的影响如何能够决定我们的世界。然而，真实的世界历史又否定了关于现代世界起源的"欧洲中心论"的惯常解释。

简单地说，要做到这一点，我们可以扩展我们的故事情节，把那些至今仍被排除在外或被忽视的世界部分地区包括进来，我们可以从其他地方开始和结束我们的故事。当这样做的时候，我们将发现，只有一种新的全球性的故事情节——不是以欧洲为中心——才足以解释现代世界的起源。

一般认为，约 1492 年（哥伦布发现美洲）时，纯粹的西方已经站在了世界之巅。从那时起，传统的看法就已经形成——欧洲人向外扩张，征服东方，同时设计了资本主义的轨道，整个世界沿着这条道路发展，就能够摆脱贫困和悲惨的处境迎来近代的光明。[①] 因此，对于大多数人来说，把世界历史的发展与西方的崛起和胜利混为一谈，似乎是自然或者不言而喻的事情。承认这一点，就意味着西方一直占据着历史发展舞

---

① 霍布森．西方文明的东方起源．孙建党，译．济南：山东画报出版社，2009：2.

台的中心，东方则只能是永远的旁观者、一个世界经济活动的“他者”。但是，这明显不符合历史事实。

历史不能被写成仅仅是一群人的历史。[①] 东方（500—1800 年比西方先进）在促进近代西方文明的崛起上发挥了至关重要的作用。东方在两方面促进了西方的崛起：首先，东方在公元 500 年后缔造了一种全球经济和全球联系网，这些更为先进的东方“资源组合”（如东方的思想、制度和技术），通过我们称之为东方全球化的途径传播到西方并为其所吸收。其次，1492 年后的西方海外开拓导致欧洲人攫取了东方各种经济资源，从而使西方崛起成为可能。简而言之，西方并不是在没有东方帮助的情况下自主地开拓发展的，因为如果没有东方的贡献，西方的崛起是无法想象的。

韦伯、托尼、桑巴特（Sombart）和琼斯（Jones）等的资本主义阐释构架就是典型的“欧洲中心论”。他们都认为，纯粹的西方是靠自己与生俱来的优异禀赋和特性取得了现在的成就。这种观点假定欧洲是基于一种刚性的内在逻辑自主地发展。因此，这种观点认为，近代世界的兴起可以直接被描述为西方的兴起。

1998 年，兰德斯《国富国穷》出版，代表着新欧洲主义

---

① 霍布森．西方文明的东方起源．孙建党，译．济南：山东画报出版社，2009：1.

的另一种观点，即对近年来的反“欧洲中心论”发起了猛烈的贬损和抨击。在传统的“欧洲中心论”中，世界历史进程中的东方一直是被动的旁观者，是牺牲品，或者是西方权力的承受者，因而东方在世界发展史中被边缘化也是合理的。“从世界历史意义上说，边缘地区有时比中心地区需要更多的关注。”[①]历史的创造有时是由于这一部分人，有时又可能是另一群人的贡献。如果用优越性和内在的独特性解释，西方人只能讲述符合自己利益的故事。

西方著名学者贡德·弗兰克（Gunder Frank）在《白银资本：重视经济全球化中的东方》中驳斥了这一观点。他从时间、空间两个维度大大拓展了研究领域，对所谓“西方兴起”的原因做了全新的阐释。他认为，“西方兴起”并非源于内在的驱动力，比如制度、科技等，而是在整个世界体系中发生的，是在东方和西方的经济交流过程中发生的，具有明显的周期性特征。在近代早期的大部分历史中，占据舞台中心的不是欧洲而是亚洲。在1800年前，欧洲肯定不是世界经济的中心。无论是从经济分量，还是从生产、技术和生产力看，或者从人均消费看，从比较发达的资本主义机制的发展看，欧洲都谈不

① 霍布森．西方文明的东方起源．孙建党，译．济南：山东画报出版社，2009：4.

上称霸。[①]

"事实上，导致现代世界诞生的所有因素几乎悉数来源于欧洲以外：1400年以前的伟大技术发明差不多都是中国人贡献的；许多最伟大的科学发现是在希腊首创，然后在伊斯兰诸文明之内发扬光大。经由几条贯穿欧亚大陆的贸易通衢，1300年的欧洲已经吸收了世界各地的许多知识。"[②]

从哥伦布时代的航海大发现到18世纪欧洲工业革命之前，亚洲的中国和印度才是世界经济的中心。资料显示，由于航海业的发展和皇家的支持，西班牙在16世纪初期就已经到达了今天的秘鲁和墨西哥等地区，并且从当地挖掘了10万吨以上的白银运离了美洲地区，其中的一半以上运到了中国。

在1500—1800年，玻利维亚、秘鲁和墨西哥占世界白银生产和贸易的份额超过85%，这一信息跟2013年世界白银储量的全球分布基本吻合，可以看作有效的数据。通过考察1400—1800年的历史可知，15—19世纪的欧洲仍处于世界经济的边缘地位，世界经济的中心仍在亚洲，其中中国在亚洲乃至世界经济体系中占有支配地位。"当时全球经济可能有若干个中心，但是如果说在整个体系中有哪一个中心支配着其它中

① 弗兰克．白银资本：重视经济全球化中的东方．刘北成，译．北京：中央编译出版社，2008：5.

② 麦克法兰．现代世界的诞生．管可秾，译．上海：上海人民出版社，2013：18.

心，那就是中国，而不是欧洲。”[①] 由此可推翻近代西方主流史学所倡导的世界历史“欧洲中心论”。

弗兰克认为，从来没有过什么“亚细亚生产方式”，或者“闭关自守”“停滞落后”的东方，所有这些说法都是持欧洲中心立场的人编造出来的神话。在他看来，早在欧洲兴起之前，在1400—1800年长达几个世纪的时段，就一直存在着一个围绕亚洲，尤其是围绕中国的世界经济体系，欧洲则长期处于这一体系的边缘，直到19世纪这一局面才开始扭转，也就是说，欧洲居于中心的时间来得很晚，也很短。他强调，无论是资本的原始积累，还是资本主义的兴起，都必须放在这个大的世界体系的结构和发展中去解释才有意义。因此，那些认为现代文明是从欧洲社会内部生长出来的种种理论，用弗兰克的话来说，都是没有事实根据的无稽之谈。至于中国和亚洲其他地区的民间制度和国家制度由于某种原因比欧洲低劣，这显然不符合事实，其目的是证明子虚乌有的欧洲独特性。[②]

按照约翰·霍布森的说法，1700—1850年，在欧洲人的想象中世界被分裂为——或者更确切地说是迫使世界分裂为——两个对立的阵营：西方和东方（或是“西方世界和其他”）。在这一新的观念中，西方被想象成是优越于东方的。

---

① 弗兰克．白银资本：重视经济全球化中的东方．刘北成，译．北京：中央编译出版社，2008：109.

② 同①2.

确切地说，西方被想象成天然具有独一无二的美德：理性、勤勉、高效、节俭、具有牺牲精神、自由、民主、诚实、成熟、先进、富有独创性、积极向上、独立自主、进步和充满活力。然后，东方就成为与西方相对的“他者”：非理性、武断、懒惰、低效、放纵、糜烂、专制、腐败、不成熟、落后、缺乏独创性、消极、具有依赖性和停滞不变。也就是说，西方被赋予的一系列先进的特性在东方是不存在的。

霍布森对此提出强烈批评——把“‘他者’虚构成为一种浪漫的形象：冷酷，易受诱惑，淫荡，轻佻，但更多的是无助。这实际上是把东方想象成永远长不大的稚嫩孩童。这就再次得出了这样的结论：欧洲是沿着一条时间直线向前进步的，东方则被打上了消极停滞的烙印”[①]。

尤为重要的是，这一想象的过程确定西方一直是优越的（这种设想被追溯到了古希腊时代）。因为据称从一开始西方就充满了发展的活力，拥有自由和民主的价值观以及合理的制度——这必然也会产生理性的个体，欣欣向荣的生活促进了经济的发展，也使充满光明和激情的资本主义近代性能够实现必然的突破。通过类比，东方被打上了永久不变的低等烙印。东方被说成容忍专制观念和不合理的制度，这就意味着在黑暗的

---

① 霍布森．西方文明中的东方起源．孙建党，译．济南：山东画报出版社，2009：205.

深渊中，理性个体一产生就遭到了集体主义的残忍扼杀，由此使得经济停滞和奴役成为其永恒的命运。这种观点形成了东方专制主义和东方彼得·潘（Peter Pan）理论的基础，制造出一种“充满活力的西方”与“停滞不变的东方”的永久印象。

解读中华民族复兴一定要用大历史观

西方现在很焦虑：一个没有西方主导的世界会是什么样的？西方担心一旦由西方主导的世界落幕，一个熟悉的世界将会消失。但是，跳出西方中心的世界观，我们可能会有截然不同的判断，甚至视野会更宽广。斯宾格勒在《西方的没落》中说过，“每一个民族在世界上都不是孤零零的，它的前途将由它对其他民族和强国的力量对比，而非由它的纯粹内部安排来决定”[①]。

从中华民族的复兴可能会发现一个更广博的世界。中国好，世界会更好；世界好，中国才会好。弗兰克说，东亚的兴起是很自然的事情，不必因为它不符合西方的图式而大惊小怪。直到很近的时期，亚洲尤其是东亚还占据并维持着支配地位。只是在不到两个世纪之前，由于后面将要探讨的原因，亚洲才失去了在世界经济中的支配地位，而这种地位逐渐被西方

① 斯宾格勒．西方的没落：下册．齐世荣，等译．北京：群言出版社，2016：538.

所占据——显然是暂时的。世界经济的中心似乎正在转回到东方。①

今天的中国与历史上的中国是一个统一体。中华民族的复兴并不是一件唐突的偶然事件，而是历史长河中的中国反思近代以来落伍后的进取。从大历史观角度理解中华民族的复兴，可以看到，这是世界历史的大翻转，这种大翻转不但深刻改变了中国，也更好地促进了西方的发展，正是中华民族的复兴让世界发展显得更具有公平性和合理性。“历史不能被写成仅仅是属于某一群人的历史。文明是逐渐建立起来的，时而是这一部分人的贡献，时而是由于另外一部分人的贡献。”②

四、中国巨变

中国正值中国共产党成立100周年。中国是有着5 000多年文明史的大国，历史上曾长期走在世界前列。在几千年的历史发展中，中华民族创造了悠久灿烂的中华文明，为人类做出了卓越贡献，成为世界上伟大的民族。但是，近代以后，由于

① 弗兰克．白银资本：重视经济全球化中的东方．刘北成，译．北京：中央编译出版社，2008：7.

② 霍布森．西方文明中的东方起源．孙建党，译．济南：山东画报出版社，2009：1.

西方列强的入侵，由于封建统治的腐败，中国逐渐沦为半殖民地半封建社会，山河破碎，生灵涂炭，中华民族遭受了前所未有的苦难。

中国共产党的诞生是开天辟地的大事。这一开天辟地的大事变开启了中国历史的新纪元，深刻改变了近代以后中华民族发展的方向和进程，深刻改变了中国人民和中华民族的前途和命运，深刻改变了世界发展的趋势和格局。

中国巨变是人类社会的巨大进步

在 100 年波澜壮阔的历史进程中，中国共产党紧紧依靠人民，跨过了一道又一道沟坎，取得了一个又一个胜利，为中华民族做出了伟大历史贡献，中国发生了翻天覆地的变化，创造了人类历史上前所未有的发展奇迹，中国用几十年时间走完了发达国家几百年走过的发展历程。这不仅是中国的巨大变化，也是人类社会的巨大进步。

当今中国对世界最显著的影响可能来自“一带一路”倡议，现在已经有 100 多个国家主动加入“一带一路”倡议，“一带一路”沿线的 60 多个国家有 40 多亿人口因此受益。因为“一带一路”倡议，全世界发展中国家作为整体的发展受到优先关注，从依附、被剥削到自主发展、优先发展，改变了发展中国家在世界发展中的格局。

特别是近 10 年来，中国的崛起使西方的固有观念受到冲击，国际体系被动摇。中国的影响与日俱增，这可能会让西方焦虑，但这一过程终究不可抗拒。今日世界不仅正经历百年未有之大变局，也处在人类社会的巨变时刻。技术、业态和模式创新越来越丰富，每个国家都面临着重新锻造竞争力的挑战，没有人可以躺在过往的成就上懈怠歇脚。遥望未来，中国仍将处于奔跑状态，世界发展也应如此，发展的中国与发展的世界并不冲突，而是会相得益彰。

今天，我们比历史上任何时期都更接近中华民族伟大复兴的目标，比历史上任何时期都更有信心、有能力实现这个目标。我们完全有信心说，中华民族伟大复兴的中国梦一定要实现，也一定能实现。

中国巨变让世界印象深刻

传统西方观点一直认为中国迟早会遭遇经济大崩溃。但是这样的预言从来没有兑现过，而西方却不断发生危机，并严重影响着西方发展的稳定和信心。在过去的10多年里，中国是世界经济增长最快的经济体，是世界经济增长的主要源泉。中国现实中每天发生的变化远比故事更精彩。这是人类历史上最不寻常的发展故事，中国经济发展的场景已成为世界上最大的“情景剧场”。

西方人一时很难接受这一事实，这并不意外。面对历史性大翻转，任何人、任何国家从否认、抵触、对抗甚至诬蔑到尊重、理解、承认、欣赏，总有一个适应和认知的过程。尽管中国崛起已经让西方产生了生存危机意识并反思，但中国谋求发展是走自己的道路，实现自己的现代化，虽经历发展的巨变，却无意改变世界规则，更无意取代西方。从自省的角度看，中国巨变会促进西方反思自己的发展历程，只会让西方更好。

中国巨变还在继续，中国人仍然走在中华民族伟大复兴的征程上，下半程可能更宏大、更惊心动魄。中国曾是“廉价制造”的同义词，西方一度认为中国从来只有模仿，而不会超越，因为中国人勤劳但是创新能力不及西方人。但中国经济体不仅总量巨大，而且还极富创新性，中国已经用实际行动证明了自己不但可以跟跑和并跑，也有能力实现超越和领跑。深圳成了硅谷的竞争对手，华为、腾讯也有资格与谷歌、脸书和亚马逊站在同一行列。中国现在的专利申请数几乎占世界的一半。中国过去的经济发展源自持续的变革和创新，同样，今后的经济发展也离不开变革和创新。支撑中国不断走向进步的最重要的资源禀赋是 5 000 年的文化积淀和深厚的中国智慧，中华文化不盲目排外，注重学习和吸收任何先进的文化和技术。

四通八达的高速交通网络更让世界印象深刻。随着综合国力不断提高，我国高速公路和高速铁路发展得越来越好，截至 2020 年底，我国高速公路通车里程达 16.1 万公里，稳居世界第一；高速铁路营业里程达3.8万公里，覆盖百万人口以上城市比例达95%。我国高速铁路、高速公路以及港口万吨级泊位数量等均位居世界第一，机场数量和管道里程位居世界前列，“五纵五横”综合运输大通道基本贯通，中国路、中国桥、中国港、中国高铁成为亮丽的中国名片，现代综合交通运输体系初步形成。

现在高速铁路、航空和高速公路已将中国的主要城市连接起来，极大缩短了通行时间。仅靠陆上交通，中国任何一个地方的货物都可以在3小时内运达上海，可以覆盖3亿多人口，这个庞大的人口量相当于美国整个国家的人口量。3小时内可以将人员是从中国的任何地方送到上海，这是今天西方任何一个国家都很难实现的交通网络。今天的中国人完全可以自豪地说，中国不仅地大物博，而且交通发达。

五、中国经济与世界经济

改革开放是决定当代中国命运的关键抉择，它为社会主义市场经济的确立开启了现实的大门；建立社会主义市场经济体制，成为改革开放的核心内容，由此奏响了改革大业最激荡人心的恢宏乐章。社会主义市场经济不仅奠定了改革开放的基本路径和走向，更造就了中国大地上波澜壮阔的时代巨变。

历史上的经济全球化，中国只是一个被动的卷入者

经济全球化起源于资本主义殖民扩张和开拓世界市场时期。美苏冷战结束，两个平行的世界市场不复存在，加速了经济全球化和世界经济融为一体的进程。发达资本主义国家主导的经济全球化在促进生产力极大发展的同时，也带来了分配不公、贫富差距大等问题。尤其是自 2008 年起，受国际金融危机打击，世界经济发展长期停滞、复苏乏力，国际贸易和国际投资的规模和速度持续下降，贸易保护主义和投资保护主义泛起。世界贸易组织的数据显示，1990—2007 年全球国际贸易增长 6.9%，2008—2015 年平均增长约 3.1%。①

近年来，贸易投资保护主义、反全球化、逆全球化、单边主义、民粹主义泛起。特朗普当选、英国脱欧公投、美国先后退出 TPP 和《巴黎协定》等多个国际组织和协定、意大利宪政公投失败等“黑天鹅”事件不断涌现。其根源在于：资本主义社会矛盾、阶级矛盾激化，发达国家制造业的转移使这些国家的工人失业或收入降低。少数跨国垄断资本主义集团主导的经济全球化垄断了绝大部分的剩余价值，而占人口绝大部分的中产阶层和低收入阶层出现了收入下降的趋势，贫富差距持续拉大。皮凯蒂（Piketty）指出：“自 20 世纪 70 年代以来，收

① 张茉楠．用全球化视野应对贸易增速下滑．中国贸易报，2016－11－01.

入不平等现象在发达国家显著增加，尤其是美国，其在21世纪头十年的集中度回到了20世纪的第二个十年。”① 一方面，虚拟经济与实体经济脱节，产业空心化严重；另一方面，价值越来越不采取活劳动的形式导致资本与劳动之间分裂，结构性失业问题不断恶化，不可避免地加剧了收入分配两极化和工人阶级的相对贫困化。

观察近年来充满不稳定性、不确定性的世界，“黑天鹅”事件的出现在很大程度上是因为经济发展的包容性不足，不同国家、不同阶层、不同人群难以共享经济全球化的好处。从政治经济学角度来看，西方主导的经济全球化是资本主义内部发展乏力，寻求对外扩张及剥削的发展战略。当前资本主义世界危机使西方国家错误地认为这是经济全球化的后果，于是出现了诸如英国脱欧、美国贸易保护等逆全球化现象。逆全球化意味着去市场化，与资本主义逐利本性和市场经济开放性特征相背离，这不是解决资本主义经济危机和社会危机的良策。②

西方主导全球化已有500多年，历史已证明“西方标榜的共同利益不过是一个修饰性的比喻而已，失去共同目的和共同的利益，我们就失去了共同的准则、共同的思想和世界概念，

① 皮凯蒂．21世纪资本论．巴曙松，等译．北京：中信出版社，2014：16.
② 周文，方茜．当代资本主义危机的政治经济学分析．经济学动态，2017（6）.

世界已分裂成为无数原子式的个体和集团的碎片”[①]。

面对当今世界发展的新格局新趋势，习近平总书记提出构建人类命运共同体的思想。2017 年 2 月，“构建人类命运共同体”的理念被写入联合国决议，这说明人类命运共同体已经成为世界各国的共识。我国致力于“建设持久和平、普遍安全、共同繁荣、开放包容、清洁美丽的世界”[②]。

改革开放 40 多年来，我国正是通过不断扩大对外开放融入世界，才取得了让世界惊叹的成就，由此“开放已经成为当代中国的鲜明标识”。中国作为经济全球化的参与者，向世界贡献的不仅是发展的红利，而且是观念和理念的更新和发展。身处经济全球化时代的人类社会，人类命运已经紧密联系在一起，人类已经成为一个不可分割的命运共同体。人类命运共同体理念倡导人类共赢的价值观，这将使新型经济全球化建设更具普惠性和包容性，更富有活力和可持续性。

对外开放改变中国，也深刻影响世界

对外开放不仅深刻改变了中国，也深刻影响了世界。改革开放 40 多年来，中国持续扩大对外开放，主动拥抱世界，为

---

① 曼海姆．意识形态与乌托邦：知识社会学导论．李步楼，等译．北京：商务印书馆，2014：16.

② 中国共产党第十九次全国代表大会文件汇编．北京：人民出版社，2017：64.

改革创新提供了沃土。回溯既往，如果没有对外开放，很多改革实践就不可能“迈开步子”，更不可能“跑步前行”。以开放促改革、促发展，是中国经济发展的一条宝贵经验。中国从对外开放和经济全球化中获益，同时又会通过积极参与经济全球化为世界经济做出更大的贡献。正如习近平总书记所说，中国奉行互利共赢的开放战略，不断提升发展的内外联动性，在实现自身发展的同时更多惠及其他国家和人民。

过去 40 多年中国的经济发展是在开放条件下取得的，未来中国经济实现高质量发展也必须在更加开放的条件下进行。开放带来进步，封闭必然落后。中国坚持打开国门搞建设，实现了从封闭半封闭到全方位开放的伟大历史转折。社会主义市场经济是中国发展的方向，开放成为当代中国发展进步的鲜明标识。中国不断扩大对外开放，不仅发展了自己，也造福了世界。

市场经济是开放的经济，任何封闭的经济都不可能成为市场经济；市场经济的活力来自开放，而不是来自自我标榜。市场经济是交换经济，交换规模越大，经济总量就越大。只有市场经济才能发展好中国经济，同时又能让中国经济更好地融入世界经济。

社会主义市场经济只是表明中国的市场经济始终坚持社会主义的正确方向，并不表明社会主义市场经济与世界经济的相互隔离，恰恰相反，正是社会主义市场经济的形成与发展开启了中国市场与国际市场有效接轨的进程；正因为社会主义市场经济日益融入世界经济，所以它才取得了伟大成功。实践证明，市场力量与社会主义制度优越性的紧密结合，使中国逐步成为世界经济增长的重要动力引擎。社会主义市场经济的纵深发展使中国作为世界经济发展“领头羊”“助推器”的角色不断彰显。

世界经济离不开中国

2020 年中国经济总量占世界经济的比重预计超过 17%，20 年来，中国对全球经济增长的年均贡献率接近 30%。中国经济向高质量发展迈进，将给世界带来更高质量的机遇。麦肯锡全球研究院的研究报告认为，到 2040 年，中国和世界其他经济体彼此融合有望创造 22 万亿美元至 37 万亿美元的经济价值，相当于全球经济总量的15%～26%。[①] 世界其他经济体和中国加强合作，将会创造出巨大的经济价值。中国不仅是“世界工厂”“世界市场”，还是世界研发基地和创投中心，在全球供应链、产业链和价值链中均占有重要地位。

首先，中国经济在世界经济中举足轻重。从贡献率来看，2019 年，中国的经济总量已达 100 万亿元，对世界经济增长贡献率达到 30%，中国成为持续推动世界经济增长的重要引

---

① 钟声．“世界之中国”的时代内涵．人民日报，2019－09－30.

擎。从依存度来看，2007—2017 年，世界经济对中国的依存度从 0.7 上升到 1.2，而中国经济对全球的依存度则从 0.9 下降到 0.6，所以世界经济更需要中国。

其次，中国产业是世界产业链的重要环节。联合国 500 多种工业产品分类目录中，中国产量位居世界第一的品类超过 40%。中国拥有结构最健全的供应链集群、数量最庞大的产业工人、服务最完善的销售及物流体系，是全球产业链不可或缺的重要环节。

今天的经济已成为全球化经济，今天的世界是一个利益共同体。按中国经济增长 6%来测算，中国每年为世界经济总增长贡献 1%。这表明中国已是世界的中国，中国问题已成为世界问题，中国现象更是世界现象，所以无论中国发生了什么，对世界来说都是至关重要的，甚至会影响世界的走向。2008 年以来，全球经济已显露出了疲软的增长态势，奉行社会主义市场经济的中国一直以来用"中国行动"和"中国节奏"践行着全球化的使命和担当，有力地促进了全球经济的恢复和增长，更显示出经济全球化的优越性。中国道路启迪更多国家：全球化趋势不可逆转，并且中国经济发展强有力地支撑着全球经济发展，中国的强大并不是威胁，而是人类发展的福音。

市场经济是开放、融合的经济

现代市场经济在经济全球化中诞生，并伴随着经济全球化成长。离开了经济全球化，市场经济就成不了真正的市场经济。因此，只有全面理解和深刻认识市场经济，才可以更清楚地看到当今世界哪个是真正的市场经济国家。现在美国等西方国家自诩为真正的市场经济国家，在现实中却采取一系列逆全球化的措施。而中国却以更加开放自信的姿态面向世界，坚持走中国特色社会主义市场经济道路，不断让市场经济展现活力和生机，这证明中国特色社会主义市场经济在本质上并不背离市场经济，而是对市场经济理论与实践的丰富和发展。

正是遵循了市场经济的真谛，中国特色社会主义经济才能不断取得历史性的成功，从而丰富和发展市场经济，不断让市场经济展现出生机和活力。今日中国所取得的举世瞩目的成就，更是社会主义市场经济的伟大成功。从这个角度看，中国社会主义市场经济的世界意义，并不在于它提供了市场经济的"标准模板"，而在于它代表了一种信念，那就是坚持从国情出发、走自己的道路，同时以世界眼光和开放心态积极吸收借鉴一切有益经验，走出一条让世界瞩目的成功的社会主义市场经济道路。这不表明中国的市场经济不是真正的市场经济，恰恰相反，是某些西方国家的逆全球化潮流违背了市场经济的本质特征。

现在，新冠肺炎疫情不可避免地会对经济社会造成较大冲击。越是在这个时候，越要用全面、辩证、长远的眼光看待中国经济和世界经济，越要增强信心、坚定信心。新冠肺炎疫情发生以来，疫情不但无损中国经济发展的巨大潜力，反而让中国经济展现出令世界印象深刻的韧性与活力。

六、中国道路的世界意义

面对中国崛起，西方很焦虑，但遏制没有用，更为可取的做法是借鉴中国发展的经验，既让自己变得更好，也让世界变得更好。中国的发展也曾经历过曲折、挫折，但是，在曲折、挫折面前，中国从不止步，而是勇往直前。

国家治理的托尔斯泰定律

纵观历史可以发现，国家的发展也有一个托尔斯泰定律，这就是：成功的国家都是相似的，失败的国家各有各的失败。由此，可以得出结论：大凡成功的国家，政府都能更好地发挥作用。早期的资本主义生产方式和商品流通不断促进人员、物资和资金的流动，国家在自由交换中积累部分原始资本，为扩大再生产进行投资，工业化迅速崛起，进而创造了更为先进的生产力。“一般说来，国家形成过程与资本主义崛起并驾齐驱。国家的事务和资本主义的事务不可分割，它们是同一历史过程的两面。”① 因此，国家能力成为经济发展的重要驱动力。对于身处殖民半殖民的国家而言，工业化的启动异常艰难，探索适合自身发展的政治与经济制度面临着很多的不确定性，工业化的启动就更为异常艰难。没有强大的国家能力，社会秩序和生存就无从谈起。一些国家失败的原因在于其政府的治理陷入无政府状态，治理机制松散，缺乏建设国家和社会的战略目标，且无法激活生产要素和经济的增长动力。

国家的形成为所谓的自由市场铺平了道路，换句话说，如果国家不采用任何干预手段，资本主义就永远不能抬起头。因此，不是国家阻碍了资本主义的发展，而是经济发展只能由国家的经济措施推动。扭曲市场与国家，一味痴迷于新自由主义的药方，使国家职能不断被削弱，建设的能力逐渐丧失，让更多发展中国家落入了发展的陷阱，不但没有带来发展的希望，反而造就发展的灾难，市场无序、失控，发展无力，上演了一幕又一幕的发展悲剧。结果是，所谓乌鸦飞上枝头变凤凰的“美国梦”终成幻影。

对于发展中国家而言，没有健全的国家机构，就不可能有良好的国家治理。没有良好的国家治理，就很难持续发展经

---

① 维斯，霍布森．国家与经济发展：一个比较及历史性的分析．黄兆辉，廖志强，译．长春：吉林出版集团有限责任公司，2009：64.

济。“19世纪——不论我们赞之为文明的顶峰，或责之为癌毒发展——曾很天真地以为这种发展就是市场扩张的结果。”①“我们只要看看各种圈地法之中的复杂条款，在执行《新济贫法》——这是从伊丽莎白一世以来首次由中央政府有效地颁发推动的措施——时所涉及的官僚控制，或者在推动声誉卓著之都市改革时所导致的政府行政部门的扩张就可见一斑。”②

今天世界的发展面临着更多的不确定性和挑战。第一，如何驾驭全球化经济的风险与不确定性，既能让市场为经济发展提供动力，又能让国家驾驭市场？第二，如何提升国家治理能力，管理好市场秩序，保障民生和增进社会福祉？这是新时代最为关键的课题。任何国家要凭一国之力去解决好这些关键课题并不容易，如果仍然如以前一样置身于发展的孤岛，很可能掉入“分而治之”的陷阱。

现在西方模式同样面临着欲振乏力的困境，中国发展的诸多经验不但可以为更多发展中国家提供借鉴，而且也给发达国家提供了一个相互学习借鉴的机会。只有达到一定经济规模和发展基础，并具备强大的国家能力，才可能走好自己的道路；否则，发展前景将十分黯淡。因此，发展中国家必须借助集体力量，共同应对发展的不确定性和面临的挑战，结成命运共同

---

① 波兰尼．巨变：当代政治与经济的起源．黄树民，译．北京：社会科学文献出版社，2013：130.

② 同①147.

体参与发展事务，才能彻底控制发展的风险与破坏性，扭转发展不利的局面。

实现政府与市场有机统一

经济学特别强调市场和政府的关系问题。但是，西方主流理论一直认为市场经济是人类的自然扩展秩序，不能有政府行为，政府只是经济发展的外生变量。西方主流经济学是自由市场的盲目捍卫者，其坚决反对政府的行为，认为市场和政府的关系永远是对立的，有政府就不能有市场，有市场就不能有政府。西方主流经济学认为，西方之所以兴起，是因为其坚持了市场经济制度，反对政府的干预，主张自由放任、自然秩序。

中国改革开放 40 多年取得了伟大成就，走出了一条中国特色社会主义新路，破解了政府和市场关系的经济学世界性难题。总结我国政府和市场的关系时，最大的经验就是始终坚持政府和市场的有机结合和辩证法。西方主流经济学缺乏辩证法和唯物主义，它片面强调从逻辑到逻辑、从理论到理论，而缺少历史逻辑和现实逻辑。中国经验中很重要的一条就是强调理论逻辑、现实逻辑、历史逻辑的统一，既不拘泥于理论，被教条主义和本本主义束缚，也不停留于经验主义，而是通过实践不断丰富和发展理论，既注重历史的延续性，也注重现实实践的创新发展。

从整体层面来看，“中国奇迹”离不开经济体制改革。其中，正确处理政府与市场的关系是我国经济体制改革的核心命题。一方面，在传统西方理论中，政府与市场之间是“零和博弈”。如果按照萨伊定律的话，供给自动创造需求，市场自动调节生产，那么资本主义世界周期性爆发的危机尤其是生产过剩危机无疑证伪了这一观点；如果按照凯恩斯的理论，即基于有效需求不足而强调政府干预，那么高失业率、高通货膨胀率、低经济增长率构成的“滞胀危机”宣布了凯恩斯主义的失灵。20 世纪 80 年代以来西方盛行的新自由主义更是强调“自由化、市场化、私有化”，反对政府干预，必然导致经济金融化、虚拟化，对作为国民经济基础的实体经济产生巨大危害。另一方面，中国特色社会主义市场经济重构了政府与市场的关系，突破了西方主导的政府/市场替代论，从而走出了一条行稳致远的实现全面发展的康庄大道。

在“中国奇迹”的诠释中，国家的在场以及国家主体性的凸显对于社会主义现代化具有关键意义，这种国家主体性在实践层面首先表现为中国特色社会主义，并有一整套体制机制与之相适应。“中国奇迹”的成功得益于将马克思主义基本原理同我国具体国情相结合，牢牢把握社会主义初级阶段这个基本国情，以丰富鲜活的中国实践突破西方政治意识形态和经济意识形态话语范畴，解构西方抛出的所谓“历史终结论”和“中国威胁论”。

“中国奇迹”的成功，在经济治理层面就是创造性地将作为社会制度的“社会主义”与作为资源配置方式的“市场经济”相结合。其中，作为公有制经济主要实现形式的国有企业在我国社会主义市场经济经济体制改革过程中始终发挥着压舱石的作用，肩负着优化经济结构、引领经济发展的使命，承担着大量的社会功能和责任，维护了经济社会稳定。

“中国奇迹”的另一个秘诀就是始终坚持国家主体性。具体来看，国家主体性体现在两个维度：从纵向来看，“中国奇迹”是在改革开放的历史和现实实践中呈现出来的。中国特色社会主义作为“改革开放以来党的全部理论和实践的主题”，其最本质的特征和最大优势是中国共产党的领导。中国成功应对 1997 年亚洲金融危机以及 2008 年全球金融危机、中国从积贫积弱到成为世界上第二大经济体等事实表明，党总揽全局，协调各方，保障了政府与市场的有机统一、相互补充、相互协调、相互促进，掌控了经济发展大局，保证了经济发展的正确方向。从横向来看，“中国奇迹”立足于中国特色社会主义经济、政治、文化、社会、生态等多维形态，对西方发展话语进行了一场“术语革命”，提出了诸多原创性的概念和标识，如社会主义初级阶段、社会主义市场经济、宏观调控、供给侧结构性改革、新发展理念、“一带一路”、人类命运共同体等，拓展了发展中国家走向现代化的途径，为解决人类问题贡献了中国智慧和中国方案。

但令人遗憾的是，今天现实世界的许多实践中的重大问题往往陷入了韦伯式的“经济学看问题的方式”：“众所周知，庸俗的政治经济学就在于它以不断配置普遍幸福的菜谱为己任；

根据这种庸俗的政治经济学观，经济学工作的唯一可理解的目的就在于添醋加油以促进人类生存的愉悦平衡”[①]。结果，所谓经济学的理由就成了引证的根据。“在各个领域我们都可以看到经济学看问题的方式大行其道”[②]。

国家治理能力与市场经济呈正相关

近300年的工业化进程中，我们的国家从过去的闭关锁国到被迫打开国门，再到经历外部封锁和敌视；正是改革开放的政策激活了国家能力建设的密码，让中国不断融入全球化时代，趁势而为，抓住经济高速增长的机遇，累积起强大的经济实力。市场化的改革、生产要素的流动，以及社会生产力的解放，这一切均源于制度变革释放出巨大的能力。财富增长、城市化和工业化为国家治理能力的进一步提升打下了基础。任何市场经济都不可以在制度真空中运行，而西方主流经济学却把资源配置从经济制度中剥离出来，让经济学成为黑板经济学。制度与经济发展的良性互动就像一把钥匙，市场经济与社会主义制度的融合恰恰证明了制度具有内生性，开放、包容的文化适应了全球化的大潮。

事实上，经济学理论的运用，不但要考虑经济制度，更要

---

① 韦伯．民族国家与经济政策．甘阳，等译．北京：生活·读书·新知三联书店，牛津大学出版社，1997：89.

② 同①94.

考虑支撑经济制度的各国国情、文化、伦理道德因素。现在，斯密的《国富论》已风靡世界。但是，很多人忘记了，斯密晚年更钟情于比《国富论》早发表10多年的《道德情操论》。把《道德情操论》从斯密的经济学理论体系中剥离开，不仅误读了亚当·斯密，更误导了经济学的运用。幸运的是，中国的社会主义市场经济建设和伟大实践一直坚持对《国富论》与《道德情操论》给予同等的重视。

“新自由主义神学所依赖的理论基础，徒然好看，却与实际完全脱节。而极端自由主义的失败，却证实社会主义的看法比较合理，人类事务之重要，包括经济在内，的确非比寻常，绝不可由市场处理。而一国经济之成功，显然与其经济学大家的名望无关。”①

中国的工业化进程虽然落后于西欧国家，却在70多年的发展中开始逐步赶超。中国经过70多年艰苦卓绝的创业奋斗，一步步建立起完整的工业化体系，尽管在其间也遇到过许多的曲折和困难，给国家治理能力构成极大的考验。历史的局限性并未改变历史的轨迹。在强势领导层的决策体系内，自下而上的探索和自上而下的政策共同释放潜在的生产能力，从而奠定中国“世界工厂”的制造业大国地位和在全球产业链中的重要

---

① 霍布斯鲍姆．极端的年代：1914—1991．郑明萱，译．北京：中信出版集团，2017：681.

地位。每一次改革的浪潮往往是在危机四伏和动荡的社会秩序中酝酿出来的。国家治理的进化需要经济基础，有了经济基础和符合国情的改革方案，才能在稳定的秩序下实现改革的目标。

改革开放以来，中国的决策者果断开启了第二次工业化浪潮，以出口导向型、劳动力密集型产业聚集形成“世界工厂”的规模优势，为经济起飞奠定了坚实的物质基础和人力资本，释放出民营经济发展活力，并在“入世”后充分利用人口红利，使中国由制造大国向制造强国迈进，国家能力和政府政策在其中起着战略引领的作用。国家的角色和功能在超级国家的运转、社会治理的磨合中更加凸显。从传统国家走向现代国家，国家治理现代化需要的正是这种持久的创新与改革精神。通过供给侧改革、市场化改革和制度的优化建设夯实国家能力，才能在危机中寻求突破。

回顾中国百年工业化历程，在历史深处的选择总是充满了泥泞和坎坷，国家能力的考验一再进行，每一次都是险象环生。社会科学中有一种模式，叫挑战—回应模式，即在面临挑战时如何去正确回应。为什么世界上那些古代文明许多都灭亡了，而中华文明却能够历经五千年延绵不绝？原因就在于中华文明在面临多种挑战、各种风险时，总能强有力地正确回应，既不消极而为，也不胡乱作为。而那些无法应对挑战的文明都在挑战中消亡了。

我们面对的风险既有来自国内的，也有来自国外的；既有来自政治领域的，也有来自经济社会领域的，还有来自自然界的（比如污染防治的攻坚战，就是为了应对自然界的风险）。面对这些风险，我们要赢得主动，就必须推进国家治理体系和治理能力现代化。要运用制度威力应对风险挑战的冲击。今天西方之乱，就是制度不行。有好的制度才能够应对风险，才能够实现行稳致远的发展。没有一种好的制度，经济不可能稳定地运行。“在世界上，没有别的任何国家，能够像中国这样在2 000 多年的时间内，成功应对挑战，创造地方统治的工具。”①

国家能力的建设在不同的制度中会有相似之处，拥有共同的政治安全、社会安定和经济平稳等目标。但是，在复杂社会的博弈中，制度变革的风险并不在于技术层面，而是需要面对历史的考验，任何一次颠覆性的决策失误都无法挽回，破坏性极大。国家能力建设与国家治理的协调超出了成本—效益曲线所能表示的，非线性的变化更为关键，那些在危机中革故鼎新的历史人物做出了巨大的牺牲，政治体制的变革在周期中演化为不同的模式，成功的改革更需要天时地利人和。

国家治理是一个演进的过程——在动态中实现国家、社会

① 王国斌．转变的中国：历史变迁与欧洲经验的局限．李伯重，连玲玲，译．南京：江苏人民出版社，2010：111.

和经济的平衡。在和平年代，制度的优越性往往体现得不明显；而在危机面前，国家能力和决策机制会呈现差异化的特征和结果，无论是战争冲突，还是经济危机和大流行病，复杂社会的危机组织管理、互助和信任会因为历史文化的差异而不同。国家能力建设除了物质基础，更需要与时俱进的精神。全球化时代的国家能力与决策不再是单一的对内，而是内外互相平衡的动态过程。从当前的疫情大考中，我们更可以看到社会主义市场经济中不可或缺的中国精神和中国力量，正是这种中国精神和中国力量，让中国国家治理蕴藏着无穷的磅礴伟力。

很多人都相信市场是自发形成的，其实市场经济的形成有一套特定制度和法律体系支撑。回顾中国改革开放 40 多年来的巨大成就，中国的现代化进程与国家治理体系、治理能力的现代化是齐头并进、相得益彰的，正是中国特色治理体系和治理能力的不断提升，才更好地促进了现代市场经济的发展。从中国实践来看，国家治理能力与市场经济的发展是正相关的。更好地发挥政府作用并不意味着“大政府”。只有实现国家治理体系和治理能力现代化，才能更好地发挥政府的作用。

有国家治理能力的超越才会有经济的超越

中国经济从 100 多年前的糟糕表现到如今表现如此亮眼，主要得益于国家治理体系和治理能力的提升。中国古代王朝能够遥遥领先于世界上其他王朝或文明，就是因为当时中国在政治上、治理能力上远远超越它们。西方之所以能走出中世纪的迷雾，开始崛起并对当时的中国实现了经济上的超越，就在于它的治理能力和治理体系对当时中国的超越。今天中国能够再一次崛起，也正是因为我国的治理体系和治理能力已经实现了对西方国家的超越。“自然的力量是伟大的，而且极富功效，但是制度或成长环境的功效要比自然伟大得多，并可以对出现问题的或不良自然条件进行修正、改变以及提高，使之成为良性。广义而言，决定现代历史产物的是制度，而并非是气候、地理等自然力量，更不会是疾病爆发等因素。”①

我们今天为什么要全面总结新中国成立 70 多年、改革开放 40 多年的伟大成就？就在于我们并不满足于已有的成就，而是不断聚焦和开辟现代化中国之治的新境界。党的十九届四中全会决议是一篇马克思主义的纲领性文件和政治宣言书，也是中华民族伟大复兴的行动纲领。大道之行，天下为公，中华民族的伟大复兴必定会遵循大道之行。今天的美国，走的不是“大道”而是“霸道”。

国家制度不是消极因素

在西方的研究传统中，一直存在着“国家/社会”这组对

---

① 弗格森．西方的衰落．米拉，译．北京：中信出版社，2013：3.

词，并形成了两种基本传统：一是以洛克为代表的“社会先于国家”的自由主义传统；二是以黑格尔为代表的“国家高于社会”的国家主义传统。前者占据了主导，促成了“强社会弱国家”的倾向，一定程度上遮蔽了对国家问题的研究。究其原因，由于英国的经验主义传统，有用的概念必须以经验为基础，因此，强调个人效用导致国家观念在英语国家被忽视，这一现象突出地表现在亚当·斯密开创的古典政治经济学对于政府所扮演的“守夜人”角色的限定上。

长期以来，在西方的研究范畴以及国内的研究路径中，对于那段历史的分析往往缺乏比较，缺少批判性思维，将东方的政治文明以及国家制度理解为一种消极的因素，片面地认为近代中国政府对于经济社会治理、民众生活的稳定以及社会进步缺乏市场因素调节，并误认为近代中国对于工业革命、资本主义生产方式天然地排斥并持有偏见。这些根深蒂固的观点一直在西方学者的理论体系中传播，并且得到了国内外许多学者的认可，包括一般的民众。

“国家在经济事务里扮演的角色，事实上根本不可缺少。看看所有自由市场意识形态性格最强的政权中，首推英国撒切尔夫人的政府，在其执政 14 年后，英国人的税负反而远比当年工党时期为重便可知晓。事实上，遍观全球，并没有任何一个所谓完全建立在新自由主义之上的经济政策。唯一例外的恐怕只有前苏联集团社会主义各国。它们在西方经济天才的指点下，梦想一夜之间便变成自由市场。其结果自然可想而知，灾情惨重。各种事实证明，最坚持自由放任经济制度的国家，在骨子里，却往往是国家主义观念最深刻，也最不信任外面世界的国家。进入 20 世纪 90 年代，世界经济再度受挫，新自由主义的凯歌也只有悄然中止。众人愕然发现，当苏联共产主义落幕后，如今世上活力最足、增长最快的经济，竟然是共产党中国。”①

时运变迁，国家能力的强弱正在得到历史的检验。一场疫情不期而至，席卷全世界，并不断冲击国家能力和决策机制，不但让所谓现代化的西方惊慌失措，更让西方治理现出失败的“原形”。我们可以看到，疫情失控和意外的扩散造成了全球治理体系的碎片化，缺乏防范机制和应急管理的背后是长期以来被忽略的国家能力。过去很长一段时期，西方民主制度的优越性和“独树一帜”常常作为“普世价值”出现，但保守的观念和过度自信的态度在疫情危机面前“不堪一击”。经济的发达和城市的精致并不代表治理的现代化，这里的治理不仅仅是就城市社会管理而言，而且是就国家能力和决策而言。

“国家决不是从外部强加于社会的一种力量……就需要有

---

① 霍布斯鲍姆．极端的年代：1914－1991. 郑明萱，译．北京：中信出版集团，2017：504.

一种表面上凌驾于社会之上的力量，这种力量应当缓和冲突，把冲突保持在‘秩序’的范围以内。”① 国家的作用在不同的制度和社会中产生了不同的效率和效果，这种差异性最终体现在经济运行机制、社会管理模式上，而大分流便产生于内部的差异。大规模经济刺激、金融与资本市场注入流动性等现在看来仍存在缺陷，且并非长久之计。全球经济增长和社会发展的不平衡问题由来已久，贫富差距扩大、社会资源分配失衡、全球生态环境破坏和资源枯竭等常常被忽视，最终有可能导致灾难超出人类的承受能力，进而引发全球治理体系的崩溃。重塑治理体系的迫切性则更加需要国家能力的支撑，合作与共生不再是利益的互换，而是生存的必然选择。

政府的作用不可替代

新自由主义经济学总是喋喋不休地告诫，政府是问题的根源而不是消除疾病的良方。当然，政府不是万能的，政府也有失败，有时还存在重大失败。但是，市场同样也存在失灵。而且更重要的是，政府不乏成功的范例。新自由主义经济学总是放大政府的问题，结果让经济学成为魔鬼经济学。政府并不是经济发展的“冤家仇敌”，政府越小越有利于经济发展的信念

---

① 马克思，恩格斯．马克思恩格斯选集：第4卷．3版．北京：人民出版社，2012：186－187.

存在着明显的缺陷。实际上，今天所有的发达国家在过去的发展进程中都是在充分发挥政府作用后才富裕起来，发展起来的。今天的世界不是不需要政府，而是更需要创造性地思考如何才能让政府成为现代经济体系的动力元素，推动经济体系更具活力、更加稳定、更加平等，确立一个政府与市场的完善体系，从而共同建设好一个和谐美好的世界。

市场在资源配置中起决定性作用和更好地发挥政府作用并不是主张市场原教旨主义，更不是意味着政府的退出和不作为，而是要让政府和市场各司其职。西方话语强调“强市场、弱政府”，这是一套基于自由主义传统而形成的西方模式，这一模式在2008年全球金融危机中正式宣告破产。而中国改革开放的成就不仅在于学习借鉴了西方经验并推行市场体制改革，更重要的是更好地发挥了政府的作用，建立和完善国家宏观调控体系，通过改革财政税收体制、金融体制、经济法规体系，完善国民经济发展规划，制定产业政策等方式，有效构建了统一开放、竞争有序的社会主义市场经济体系。尤其在西方国家陷入治理失灵困境的今天，更好地发挥政府作用更具现实意义。

“政府的行为同企业家、父母、科学家或牧师的行为一样，在促进或阻碍经济活动方面起着重要的作用。但是，由于政治偏见，要对此得出一个正确的看法则比较困难。一方面，有人不相信个人的主动性，一味夸大政府的作用。另一个方面，有人不相信政府，一味夸大个人主动性的作用。双方都可以引经据典。如果没有高瞻远瞩的政府的积极推动，没有一个国家能够在经济上取得进展，尤其是英国，它成为一个伟大工业国的基础是自爱德华三世起的一批高瞻远瞩的统治者奠定的；美国也是一样，它的政府，不管是州政府还是联邦政府，在组织经济活动方面始终起着巨大的作用。”①

“国家越落后，政府开拓的余地越大。需要由政府来支持研究，请移民来建立新工业，保护新兴工业，支持外贸工作，建立农业推广服务，低息提供信贷等等。因此，如果一个落后国家的政府不管是由于懒惰还是由于哲学信念，采取自由放任的态度，那是不幸的。这正是 19 世纪和 20 世纪的大英殖民帝国的不幸。这个帝国在经济上失败了，原因正是它奉行自由放任的政策。”②

从前现代社会过渡到现代化社会，经济基础决定了国家治理的方式、机制和运作模式，每个国家都有自己独立的国家能力和决策话语语境，因而对类似新冠肺炎疫情、金融危机和地缘政治冲突等事件采取了不同的决策处理方式。国家及其政策在世界各国走上不同的增长与发展路径时发挥着重要作用，但国家的作用在当前世界经济史的研究中并未得到足够重视。现

---

①② 刘易斯．经济增长理论．周师铭，等译．北京：商务印书馆，1996：513.

在这一领域越来越倾向于强调地理、资源、要素禀赋和价格，而只有偏重制度主义的经济学家或经济史学家的著作特别强调国家对于经济发展所起的关键作用。现在，经济学家们将那些致力于创建具有国际竞争力的国民经济的国家称为“发展主义国家”，对这些国家而言，英国工业革命走过的历程更富有典型意义。

纵览日本、德国的工业化进程，国家在其中的作用举足轻重，无论是日本“明治维新”还是德国“统一”，均在制度、资本和市场上给予了经济增长、生产方式变革的创新空间。自上而下的改良和改革是国家治理语境下的一种渐进模式，现代工业革命、经济与军事的竞争最终仍取决于国家。大多数研究19世纪欧洲经济史的学者都承认：“当经济发展出现在更多地方的时候，各地经济的整合也更加紧密了起来。另一派学者则认为欧洲的国家起了更为活跃与积极的作用。法国大革命以及随后的拿破仑帝国保护了欧洲大陆市场，使之免于英国的竞争。这不仅促进了法国的工业化，也促进了比利时和瑞士的工业发展。一直到19世纪，政府在创建扩大市场所需要的基础设施方面都扮演着主要角色。法国国家投资兴建公路，开凿运河，然后又鼓励更多的资本投资于铁路。在德国，旨在取消地方关税的关税同盟导致了经济一体化发展，政府又兴建了交通运输基础设施以及将货币标准化，这些都促进了德意志国家的形成。因此，在造成19世纪经济发展的力量中，既包含了纯粹私人的动力，又包含了国家的积极性。”[①] 美国政治学者塞缪尔·亨廷顿在《变化社会中的政治秩序》一书中认为，各国之间最重要的政治分野，不在于它们政府的形式，而在于它们政府的有效程度。[②]

以史为镜，历史的比较分析需要辩证法的支撑。在漫长的历史长河中，重新认识东西方文明、工业革命启动、资本主义经济萌芽和商品化生产的缘起，可能会给我们提供一个全新的、独特的启迪和思维模型，从而使我们以更加客观、更加准确的视角切入中西方历史的大分流。“一切经济都是政治经济，每一种经济秩序都是以政治秩序为前提。”[③] “我们必须谨防时代错置的陷阱”[④]。国家能力建设不但重要，而且需要制度化，因为政治秩序在很大程度上取决于政治制度的发达程度。

我们看到，2008 年金融危机时期，美国和欧洲国家采取的量化宽松政策，更像是精英阶层“妥协”的产物，监管层、经济学家和华尔街金融高管更像是“监守自盗”，腐朽的制度暴露了西方民主制度的弊端。时至今日，这种制度仍然在左右国家

---

① 王国斌．转变的中国：历史变迁与欧洲经验的局限．李伯重，连玲玲，译．南京：江苏人民出版社，2010：69－70.

② 亨廷顿．变化社会中的政治秩序．王冠华，刘为，等译．上海：上海人民出版社，2015：1.

③ 弗里斯．从北京回望曼彻斯特：英国、工业革命和中国．苗婧，译．杭州：浙江大学出版社，2009：13.

④ 同③18.

的治理，政府的公信力大大降低，现代国家的治理要求和制度的不平衡诱发更加普遍的危机。我们需要反思的是制度的内在缺陷，以及在制度的脆弱性当中解决危机的根本办法，而不是“饮鸩止渴”。多样化的世界是基于制度的差异化和文明的多元化形成的，没有任何一种制度是一劳永逸的，制度在人类的历史变迁中都有一个演化、蜕变和重塑的过程。“20 世纪有一个重大的制度变革影响着所有的国家，这就是大大扩大了政府在经济中的作用。在经济国家主义最为兴盛时期——17 世纪，集权的君主按照自己的意愿随意支配经济，但是由于他们的资源有限、手段简单，因此无法产生很好的效果。”①

重塑国家治理体系

经过 300 多年的现代化探索，民主制度的分流逐步打破了所谓“普世价值”的话语体系，西方民主制度因面临巨大的危机，以及在危机面前表现出的脆弱性而遭到了前所未有的挑战。全球治理体系的“崩溃”、全球市场的不确定性和新冠肺炎疫情的爆发，打破了西方民主制度的神话，僵化的精英体制、巨大的贫富差距和发展不平衡问题导致发达经济体长期处于“分裂”状态，精英与民众的脱离、民主的外壳不断受到侵

① 卡梅伦，尼尔．世界经济简史：从旧石器时代到 20 世纪末．潘宁，译．上海：上海译文出版社，2012：411.

蚀、严重贫困、生态失衡等，成为政府治理的重要挑战。

重塑国家治理体系成为当前最迫切的任务。通过历史的比较，全面审视国家能力和国家治理的关系，我们发现，国家仍然是维系社会运转、推进经济增长的核心。国家作为一种制度安排并非完美无缺，国家治理现代化的首要目标便是国家能力建设，包括财政、军事、人口、经济增长和政府自身等方面。在此语境中，国家是“肌理”，社会则是“血管”，通过法治建设和制度设计确保国家高效率地运转和管理，以应对随时可能爆发的大挑战、经济危机和地缘政治冲突。

现在发展中国家成为自由市场的试验场，这也让它们成为受害者。发展中国家推行自由市场的结果是经济增长、社会稳定和社会公平比发达国家更糟。因此，世界经济体系需要重新“检修”，以便为发展中国家提供更大的发展空间，让发展中国家走符合自己国情的道路。发展中国家最为紧迫的是重塑国家治理体系，以更好地促进经济发展。同时，世界体系也要为发展中国家提供更好的宽容机制，因为发展中国家在国际体系中遭受了太多的不公正待遇，它们需要世界体系的巨变，以便扬帆起航实现追赶。

回顾现代国家崛起的历史和兴衰更替，国家在工业革命、政权维护和国家统一的进程中发挥着不可替代的作用，国家能力建设和制度相互促进。对于广大发展中国家来说，亟须建立现代国家的基础结构，不能等这种基础结构在社会中自发地出现。“实际上，如果现代国家的基础结构不能通过国家干预产生，那就几乎看不到任何发展的希望，这种发展或许在以后能够产生适当的自发反应。除了通过政府政策创造出制度的基础结构，以及通过政府干预促进这种基础结构成长外，别无他途。”①

历史没有假设。17—19 世纪中西方的国家能力和决策存在巨大的差异，正是近代中国国家能力羸弱的现状使分流成为必然。从全球民主制度的现状来看，“移植”的民主制度如果无法融入本国就会“水土不服”，现代国家的治理就无从谈起。世界秩序的变迁加速，国家能力建设应得到更多的重视，国家治理能力的提升必须走向现代化，否则在危机面前，国家和社会将陷入困局。国家能力是国家治理不可或缺的力量，是制度建构与治理效能融合的基础，重塑国家能力需要良好的制度支撑和勇于变革的思想。现代西方民主制度的所谓优越性已受到现实的严重挑战，精英脱离群众以及民粹思想的泛滥正在侵蚀全球治理的根基，全球化的分裂比以往任何时候都更加突出。重塑全球治理体系、加强国际合作、消除分歧和达成共识已成当务之急。

中国能够在短期内通过国家能力和决策机制实现经济发展

---

① 缪尔达尔．亚洲的戏剧：南亚国家贫困问题研究．方福前，译．北京：商务印书馆，2015：157.

的目标和应对危机挑战，这正是“集中力量办大事”的制度优势的体现。我们身处变化的秩序之中，制度的创新与变革需要国家能力的支撑，而每个组织和个体都应融入这种变化中，寻求制度的优化和文化的自信，通过群众参与、发挥自觉性以及舆论监督推动社会进步和制度创新。

国家治理的演化是一个曲折而漫长的过程。在复杂的社会体系中，国家治理的困境在于各个利益群体的博弈，现代民主制度的缺陷也逐渐在危机边缘充分暴露。国家可以调控的资源和实施的政策举措将社会、经济推向不同的路径。正如日裔美籍政治学者弗朗西斯·福山在《国家构建：21 世纪的国家治理与世界秩序》一书中所强调的，国家构建是重要的命题之一，因为软弱无能国家或失败国家已经成为当今世界许多严重问题的根源。[①] 提高弱国家的治理能力，增进这些国家的民主合法性并强化其自我维持的制度，已成为当今国际政治的第一要务。

我们正身处一个百年未有之变局的时代，危机与新生共存，秩序与无政府状态共生。全球金融危机步步逼近，大流行病肆虐，地缘政治动荡复杂。在这样一个时代，我们不得不重新审视国家能力和治理，回到制度的深处，拷问未来的生存与

① 福山．国家建构：21 世纪的国家治理与世界秩序．郭华，译．上海：学林出版社，2017：7.

发展。毫无疑问，国家治理的基石是国家能力。在历史的具体语境中，我们必须充分认识到国家能力的重要性。“在这种民族国家中，就像在其他民族国家中一样，经济政策的终极价值标准就是国家理由。我们所谓的国家理由，并不像有些人莫名其妙地所曲解的那样，似乎我们一味鼓吹国家扶助而非自助，或主张国家任意干预经济生活而非经济力量自由竞争。我们提出国家理由这一口号的目的只是明确这一主张：在德国，经济政策的一切问题，包括国家是否以及在多大程度上应当干预经济生活，要否以及何时开放国家的经济自由化并在经济发展过程中拆除关税保护，最终的决定性因素主要取决于它们是否有利于我们全民族的经济和政治的权力利益，以及是否有利于我们民族的担纲者——德国民族国家。”①

七、结束语

中国道路恰如宽广的高速公路，与西方道路的拥挤、混乱不堪相比，它运送的货物和乘客都更多；中国道路恰如一个大舞台，已上演了一个又一个精彩非凡的故事；中国道路又是一

① 韦伯．民族国家与经济政策．甘阳，等译．北京：生活·读书·新知三联书店，牛津大学出版社，1997：93.

条迷人的能够通向未来的道路，它充满希望，正在吸引着世界的更多目光。“中国成为了最富于戏剧性的交叉比较案例，这既是因为它幅员辽阔和历史悠久，也是因为它的工业和经济飞速发展。”“中国未来面临的中心问题是，怎样做到一方面保持自己独特的文化和个性，屹立于风诡云谲的 21 世纪，一方面充分汲取西方文明所能提供的最佳养分。中国面临的另一个重大问题，类似于西方走向充分现代的过程中遭遇的问题，那就是社会凝聚问题，何种因素能够将一个文明团结为一整体。”①

正是由于独特的文化和政治体制，中国才能一直保持中国特色的鲜明底色，并将创造更多自己的特色。去掉中国特色的中国道路，那既是不可能的，也不是世界愿意看到的，因为没有特色的中国道路并不是中国道路。“中国是这么大的国家，我们做的事是前人没有做过的。中国有自己的特点，所以我们只能按中国的实际办事，别人的经验可以借鉴，但不能照搬。”② “所有别人的东西都可以参考，但也只是参考。世界上的问题不可能都用一个模式解决。”③

只有坚持开放包容，坚持文明的多样化，世界才会变得越来越美好。中国既是世界上人口最多的国家，又拥有悠久的历

① 麦克法兰．现代世界的诞生．管可秾，译．上海：上海人民出版社，2013：5.

② 邓小平．邓小平文选：第 3 卷．北京：人民出版社，1993：229.

③ 同②261.

史和丰富的文化，其本身就蕴藏着无穷的活力，中国应该为人类的进步贡献更多。悠久的历史文化在创造中国奇迹上起到了重要作用。社会主义经济发展会以超出人们想象的速度继续昂首阔步向前，而五千年的中华文明将为其提供牢固的基石。作为成功从贫穷走向富强的社会主义国家，中国所走的通向繁荣富强的道路，可以为更多发展中国家提供发展借鉴。

"中印两国不发展起来就不是亚洲世纪。真正的亚太世纪或亚洲世纪，是要等到中国、印度和其他一些邻国发展起来，才算到来。这就像巴西不发展就不是拉丁美洲世纪一样。所以，应当把发展问题提到全人类的高度来认识，要从这个高度去观察问题和解决问题。"① "20 世纪给我们的最重要的经验教训，就是落后国家的问题绝不单是它们自己的问题，它们同样也是先进国家的问题。"② 当今的经济全球化面临着众多挑战——从穷困、可持续发展到能源短缺、生态环境保护，中国都在用行动践行着中国责任和中国担当。有人说，19 世纪是英国的世纪，20 世纪是美国的世纪，21 世纪是中国的世纪。这不是一种预言，更可能是一种事实性描述。随着世界经济的发展，中国会进一步融入全球化分工，在与外部世界合作中继往开来。中国不但会顺利实现中华民族伟大复兴的梦想，而且

---

① 邓小平．邓小平文选：第 3 卷．北京：人民出版社，1993：282.

② 格申克龙．经济落后的历史透视．张凤林，译．北京：商务印书馆，2009：35.

一个开放、包容、自信和创新的中国将带给未来世界一个又一个更大的惊喜。

中国道路还会不断上演精彩纷呈的故事。现在尤其需要的是不断总结中国经验，提炼和揭示成功故事背后的中国理论，因为还有许多事实是我们没有深入发掘的，仅仅是历史性描述还远远不够。如果没有丰富而又逻辑严密的理论引导，我们既无法挑选事实，更无法演绎理论。理论与经验的结合，可以更好地修正实践中的问题，避免走弯路，可以少犯非理性的错误。要完整、全面地解释中国道路也许会花费很长时间，但是在探求因果解释前，我们必须更好地把握中国道路的昨天、今天和明天。

“中国的发展同世界有着重要关系，因为中国有占世界五分之一多的人口。坦率地说，中国近代以来没有对世界作出应有的贡献。”① 福格尔（Fogel）曾经预测，中国经济将在2040年占据世界经济总量的五分之二。② 更多的人预测在2030年中国经济总量会超越美国，即中国会成为世界第一大经济体。对于中国来说，何时超越已不重要，重要的是中国经济发展的空间还很大。中国企业的研发基地已从加利福尼亚开到了纽约，从伊利诺伊开到了亚利桑那。中国有更大的机会攀登

---

① 邓小平．邓小平文选：第3卷．北京：人民出版社，1993：269.

② 科斯，王宁．变革中国：市场经济的中国之路．徐尧，李哲民，译．北京：中信出版社，2013：264.

科技进步的阶梯，变得更为创新和高效。更为重要的是，这会使中国在同多样的现代社会融合的过程中实现传统文化复兴。那时，中国将不仅仅是全球的生产中心，也是创造力与创新的源泉。①

中国道路的精彩故事还启迪人们："如果一个国家在适当的时候很幸运地拥有正确的领袖，它就有可能开创新的局面。归根结底，历史只不过是人们对他们时代的挑战如何作出反应的记录。所有国家只要鼓起足够的勇气和决心，都有它们可以抓住的机会。"②

"在某种程度上，我们大家都是这场戏剧的参与者。在戏剧的古典概念中，就像在科学研究的理论阶段一样，演员的意愿是受决定论的枷锁束缚的。戏剧开场的第一幕预先决定了最后一幕的结局，并说明了后来剧情发展的全部条件和原因。尽管主角试图改变自己的命运，但是他心里清楚自己的最终归宿。"历史不是预先决定了的。相反，"正是在人类力量的作用下形成历史。因此，这样表现出来的戏剧不一定是悲剧"③。

今天我们正处于一个巨变的时代。"我们唯一能做的或许

---

① 科斯，王宁．变革中国：市场经济的中国之路．徐尧，李哲民，译．北京：中信出版社，2013：265.

② 刘易斯．经济增长理论．周师铭，等译．北京：商务印书馆，1996：513.

③ 缪尔达尔．亚洲的戏剧：南亚国家贫困问题研究．方福前，译．北京：商务印书馆，2015：22.

只能是，为一个伟大的时代来临驱马先行。一个人只要时时具有天赋我辈的伟大激情，他就能永葆青春。一个伟大民族并不会因为数千年光辉的重负就变得苍老。只要她有能力有勇气保持对自己的信心，保持自己历来具有的伟大本能，这个民族就能永远年轻。”①

最后借冯友兰在《新事论》中的话作为结语：“真正底‘中国人’已造成过去的伟大的中国。这些‘中国人’将要造成一个新中国，在任何方面，比世界上任何一国，都有过之无不及。这是我们所深信，而没有丝毫怀疑底。”②

① 韦伯．民族国家与经济政策．甘阳，等译．北京：生活·读书·新知三联书店，牛津大学出版社，1997：108.

② 冯友兰．新事论．上海：东方出版中心，2017：162.

图书在版编目（CIP）数据

国家何以兴衰：历史与世界视野中的中国道路/周文著．-- 北京：中国人民大学出版社，2021.9
ISBN 978-7-300-29759-0

Ⅰ.①国…　Ⅱ.①周…　Ⅲ.①中国特色社会主义一社会主义建设模式一研究　Ⅳ.①D616

中国版本图书馆 CIP 数据核字（2021）第 160892 号

国家何以兴衰
历史与世界视野中的中国道路
周文　著
Guojia Heyi Xingshuai

出版发行	中国人民大学出版社		
社　　址	北京中关村大街 31 号	**邮政编码**	100080
电　　话	010－62511242（总编室）		010－62511770（质管部）
	010－82501766（邮购部）		010－62514148（门市部）
	010－62515195（发行公司）		010－62515275（盗版举报）
网　　址	http://www.crup.com.cn		
经　　销	新华书店		
印　　刷	涿州市星河印刷有限公司		
规　　格	148 mm×210 mm　32 开本	**版　　次**	2021 年 9 月第 1 版
印　　张	13.5 插页 2	**印　　次**	2021 年 11 月第 2 次印刷
字　　数	249 000	**定　　价**	69.00 元